21世纪高职高专财经类规划教材

21SHIJI GAOZHIGAOZHUAN CAIJINGLEI GUIHUA JIAOCAI

管理学基础

（第3版）

Guanlixue jichu

季辉 王冰 李曲 ◎ 主编

21SHIJI GAOZHIGAOZHUAN CAIJINGLEI GUIHUA JIAOCAI

人 民 邮 电 出 版 社

北 京

图书在版编目（C I P）数据

管理学基础 / 季辉，王冰，李曲主编. -- 3版. -- 北京 : 人民邮电出版社，2019.5（2021.11重印）
21世纪高职高专财经类规划教材
ISBN 978-7-115-50742-6

Ⅰ. ①管… Ⅱ. ①季… ②王… ③李… Ⅲ. ①管理学－高等职业教育－教材 Ⅳ. ①C93

中国版本图书馆CIP数据核字(2019)第013916号

内 容 提 要

本书以管理学的一般规律与内容为主线，涉及管理学的一般原理与一些共性问题。全书共九章，分为两篇。第一篇包括第一至第三章，属于管理理论基础部分，主要讲述管理的基本概念、管理理论的产生与发展、管理的基本原理、管理环境与组织战略；第二篇包括第四至第九章，主要讲述管理的计划、组织、领导、激励、控制和创新职能。

本书在正文中穿插了大量的“思考与讨论”“即问即答”“人物谱”“管理故事”“视野拓展”等小栏目，以方便教师在授课时开展互动式教学；读者可扫描书中的二维码阅读文章或观看视频，以便学习课本之外的知识。

本书配套的电子课件、电子教案、习题参考答案、视频案例、模拟试卷等教学辅助资料索取方式参见更新勘误表和配套资料索取示意图。

本书可作为高职高专院校财经类专业管理学课程的教材，也可作为企事业单位管理人员的培训用书。

◆ 主　　编　季　辉　王　冰　李　曲
责任编辑　万国清
责任印制　焦志炜
◆ 人民邮电出版社出版发行　　北京市丰台区成寿寺路 11 号
邮编　100164　　电子邮件　315@ptpress.com.cn
网址　http://www.ptpress.com.cn
天津千鹤文化传播有限公司印刷
◆ 开本：787×1092　1/16
印张：14.75　　2019 年 5 月第 3 版
字数：353 千字　　2021 年 11 月天津第 10 次印刷

定价：43.00 元

第 3 版前言

本书第 2 版在 2014 年出版后，得到了更多师生的认可。现在我们针对本书在使用过程中发现的一些问题以及管理科学的发展和高职高专教育的要求，再次进行修订。本次修订，一是删减了一些与管理学基础课程关联不大或与其他课程有冲突的内容，比如控制过程中人的行为反应、管理执行力、绩效考核等，更加突出管理学基础本身的内容；二是增加了思考与讨论、即问即答、管理故事、视野拓展等栏目的数量，方便授课教师开展互动式教学，以提高读者的学习兴趣；三是强化了一些过去忽视的内容，如组织战略等；四是对一些概念的解释及一些内容的阐述进行了修改，并对一些陈旧的案例资料进行了替换；五是对教材体例和编排形式进行了调整，以便更好地满足高职高专院校管理学基础课程教学的需求。

为了方便教师授课与学生学习，作者对本书的配套资料进行了扩充。本书的配套资料主要包括电子课件、电子教案、习题参考答案、视频案例、模拟试卷等，索取方式参见更新勘误表和配套资料索取示意图。

本次修订由季辉完成。

在修订过程中，编者汲取了很多读者的意见和建议，同时参考了同仁的大量研究成果，在此一并表示感谢!

由于编者水平有限，书中疏漏之处在所难免，希望读者继续批评指正，以便下次再版时进一步完善。

编　者

2019 年 1 月

目录

第一篇 管理基础篇

第二篇　管理职能篇

第一篇　管理基础篇

【本篇主要内容】

概述

管理的基本原理

管理环境与组织战略

【开篇明意】

深入学习管理知识前，必须夯实管理基础，明确管理基础工作的内容。本篇包括以下内容。

第一章主要介绍管理的基本概念、管理的性质与职能、管理理论的产生与发展过程和有代表性的学术思想，让学生了解管理思想发展的脉络，并给予学生必要的管理思维启迪。

第二章主要介绍管理活动中大家公认的、必须遵循的基本原理，学习处理管理问题的一些基本原则。

第三章主要讲述管理环境与组织战略。任何组织都是在一定环境中生存的，组织要稳定、可持续发展必须注重环境变化，要根据变化制定适合自身的发展战略。一个组织成员的行为会受到组织内部环境尤其是组织文化的影响，因此必须注重组织文化建设，用积极向上的组织文化引导员工行为。

第一章　概　述

管理格言：管理就是让别人完成事情。

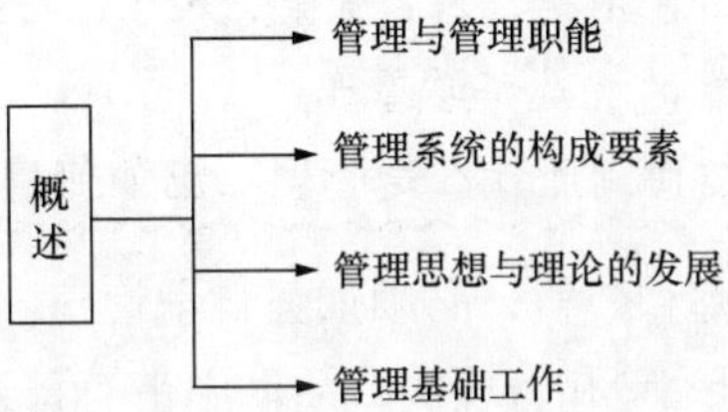

导入案例

任正非：企业之间的竞争，就是管理的竞争

任正非认为支撑华为发展的法宝有两个：一是管理架构、流程与信息技术支撑的管理体系，二是对人的管理和激励机制。华为相信，资金、技术、人才这些生产要素只有靠管理将其整合在一起，才能发挥出整体效应。以下内容为任正非的演讲摘录（有删改）。

从某种意义上来说，一些公司不比华为差，它们之所以没有发展起来，是因为没有融入管理。华为公司拥有一大批高学历、高层次人才，其目的就是要理解、接受、消化先进的管理理念和管理方式。要抓好管理，需要先理解管理。华为公司打翻身仗就是要靠管理，现在我们的管理效率太低，人员浪费太大，重复劳动太多。

规模是优势，规模优势的基础是管理。大规模不可能自动地带来低成本，低成本是管理产生的，盲目的规模化是不正确的，规模化以后没有良好的管理，同样也不能实现低成本。华为曾经是一个“英雄”创造历史的小公司，正逐渐演变为一个职业化管理的具有一定规模的公司。

华为与爱立信等大公司比什么？比效率，比成本，比谁能坚持得更长久。互联网不断地向新的领域发展，带来了技术的透明、管理的进步，加快了各公司之间差距缩小的速度。因此，未来的竞争是管理的竞争，我们要在管理上与竞争对手拉开差距。在互联网时代，技术进步比较容易，而管理进步比较困难，难就难在管理的变革，因为它触及的都是人的利益。因此企业间的竞争，说穿了就是管理上的竞争。如果对方在管理上持续不断地进步，而我们不改进的话，我们就必定会衰亡。我们要想在竞争中保持活力，就要在管理上改进，去除不必要的重复劳动；在监控有效的情况下，缩短流程，减少审批环节；要严格地确定流程责任制，也要让中下层员工承担责任，使其在职权范围内正确执行决策；把不能承担责任、不敢承担责任的干部调整到操作岗位上去，把明哲保身或技能不足的干部从管理岗位上换下来；不能论资排辈，要把责任心、能力、品德以及人际沟通能力、团队组织协调能力等作为选拔干部的标准。

单靠技术壁垒取胜的时代很快就要转变为靠管理取胜的时代。如果在我们领先的时间内占据了非常大的市场，从而将成本摊薄，并持续地控制成本，那么我们就有可能继续在市场中占据优势地位。我所说的成本并非单指产品技术成本。如果我们控制不住市场规模，别人取得技术突破后也可以很快追上来。公司要真正地走向科学管理，需要很长时间，我们需要扎扎实实建设好一个大平台。大家是否知道，2002年在华为快崩溃的时候，我们的主题还是抓管理，对此外界都嘲笑我们。现在有些人也说华为在这个时代必死无疑，因为华为没有创新了，华为的危险就是抓管理。但我认为，无论经济发展得多么好，不管高铁多么快，如果没有管理，那都是很危险的。

未来华为战胜对手的关键因素不是技术、资金、人才，而是管理和服务。由此可以看出，华为之所以能有今天的成就，靠的就是科学管理。

请问：管理确实很重要，然而到底什么是管理，应如何搞好管理呢？

要提高一个组织的工作效率和效益，必须加强科学管理。管理科学是指导管理实践的理论基础，它是把古今中外的管理经验和管理实践活动中带有普遍性和规律性的东西加以总结、概括和抽象，从而形成的一门理论科学。学习管理科学就必须对管理的一些基本范畴、理论知识有初步认识。

第一节　管理与管理职能

【本节任务】

掌握管理的概念与职能；理解管理的性质。

一、管理的概念

自从有了人类社会，就有了管理。管理活动作为人类的基本活动，广泛存在于社会生活的各个领域。管理是人类共同劳动的产物，在集体劳动的前提下，为使劳动有序进行，获得人们期望的劳动成果，就必须搞好协作，进行组织与协调，这就产生了管理。中国的长城、埃及的金字塔、古罗马的供水渠等宏大工程的建设，在没有现代化工具的年代，如果没有有效的组织、协调，没有有效的管理，则不可能完成。

管理从字面意思上可以理解为“管辖”和“治理”。“管辖”是指管理所达到的范围，是权限，“治理”则是指管理权限的运用，综合起来可以理解为在一定范围内对人员和事务的安排和处理。随着社会的发展，对管理的定义也在不断变化。例如，泰勒认为管理是一门建立目标，然后用最好的方法经过他人努力来达到的艺术；法约尔认为管理是计划、组织、指挥、协调和控制；西蒙认为管理就是决策；马克斯·韦伯认为管理就是协调活动；美国管理协会认为管理就是通过促使他人努力来达到目标。这些不同的观点虽然在认识上有所差别，但都丰富和发展了管理理论，对人们加深对管理的认识大有裨益。

> **视野拓展**
> 为了增强对管理概念的理解，推荐读者课外阅读《如何理解管理》一文。

我们认为，管理就是管理者在特定的环境下对其所辖范围内的组织资源有目的地进行计划、组织、指挥、控制等职能活动，协调组织资源与组织活动，以高效率地实现组织目标的社会活动。这一定义包含以下含义：①管理依赖于特定的环境；②管理的主体是管理者；③管理的目的是为了高效率地实现管理目标；④管理由计划、组织、领导、控制等一系列职能构成；⑤管理的本质是协调；⑥管理的对象是组织资源与组织活动。

管理故事

田忌赛马

据《史记》记载，田忌经常与齐国众公子赛马，并设重金赌注。孙膑发现他们的马脚力都差不多，分为上、中、下三等，于是对田忌说：“您只管下大赌注，我能让您取胜。”田忌相信了他的话并答应了他，就与齐王和诸公子用千金来作赌注。比赛即将开始时，孙膑说：“现在用您的下等马对付他们的上等马，用您的上等马对付他们的中等马，用您的中等马对付他们的下等马。”三场比赛结束后，田忌两胜一败，最终赢得了赌注。

启示：一个管理者面对相同的资源，因其配置和使用的方法不同，会产生不同的管理效果。

管理是一个普遍存在的话题。大到一个国家，小到一家企业、一个家庭，乃至我们个人都需要管理，都需要明确自己的目标，并对组织资源进行有效配置。资源配置的方法不同、效果不同，目标实现程度也不同。

思考与讨论

管理为什么是共同劳动的产物？马克思在《资本论》中曾经说过：“一个单独的提琴手是自己指挥自己，一个乐队就需要一个乐队的指挥。”结合所学内容回答下面的问题：你认为什么是管理？管理离自己远吗？

二、管理的性质与职能

（一）管理的两重性

对管理的性质可以从两个角度来分析，一是管理的自然属性和社会属性，二是管理的科学性和艺术性。

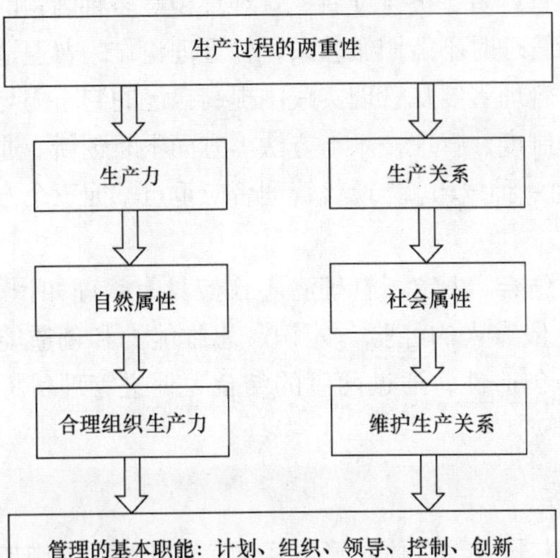

图 1.1　管理属性的关系图

1. 管理的自然属性和社会属性

从生产力与生产关系的角度来分析，管理具有的自然属性和社会属性是由生产过程本身的两重性决定的。由于生产过程是由生产力和生产关系组成的统一体，因此决定了管理也具有组织生产力与协调生产关系两重功能，从而使管理具有两重性（见图 1.1）。

管理的两重性是指管理的自然属性和社会属性。管理既有与生产力和社会化大生产相联系的自然属性，又有与生产关系和社会制度相联系的社会属性。

管理的自然属性主要指管理要处理好人与自然的关系，要合理组织生产力，故也称之为管理的生产力属性。因为管理是一切共同活动所要求的，是适应社会生产力和社会分工发展的要求产生的，是社会协作过程本身的要求。在管理活动中，为了有效实现管理目标，需要对一个组织的资源进行合理配置，对社会再生产的各个环节及其职能活动进行协调，从而促进生产力的科学组织。管理的自然属性是管理的共性，因为与生产力相联系的生产力配置、生产力诸要素的结合形式、手段和方法在任何社会制度下都没有本质区别。它取决于生产力发展的水平和劳动社会化程度，不取决于生产关系的性质。

管理的社会属性指在管理过程中要处理人与人之间的关系，维护一定社会的生产关系的属性，表现为管理的特殊职能。管理实际上是通过他人之力把事情做成的行为，所以管理过程必然涉及人与人之间的关系，涉及经济利益的调节。因此管理体现着社会集团、劳动者之间的经济利益，与生产关系的性质相联系。管理或多或少是为了实现生产资料所有者的特殊利益而进行的，生产关系性质不同，管理的社会性质、目的就不同。这种调整生产关系的管理功能，反映的是生产关系与社会制度的性质，故称之为管理的社会属性，也称之为管理的个性。

2. 管理的科学性与艺术性

从管理的客观性与实践性来看，管理具有科学性与艺术性。管理是一门科学，它是人类长期以来从事社会生产活动实践，对管理活动规律的总结。作为一门科学，管理规律要求管理者应具备系统化的理论知识。管理科学是把管理的规律性揭示出来，形成原则、程序和方法，来对管理者的管理活动予以普遍性指导，使管理成为理论指导下的规范化的理性行为。承认管理的科学性，就是要求在人们的管理活动中要不断发现并摸索管理的规律性，按照管理的规律来办事，在科学的管理理论与原则的指导下搞好管理，提高管理效率。

管理又是一门艺术。所谓管理艺术，是指管理者在管理活动中，针对管理对象，为实现管理目的，在管理原理、原则指导下所掌握和运用的富有创造性的各种管理技能、技巧、才能和方法。管理艺术的特点在于它的弹性，它受管理者、被管理者、管理环境等多种因素的制约与影响。强调管理的艺术性，也就是在进行管理时不能照搬教条，管理理论作为普遍适用的原理、原则，必须结合实际应用才能有效。管理者要从管理实践中提高自己的判断力与管理的技巧，掌握管理艺术，在管理组织、管理制度、管理技术与方法等方面不断创新。迪克·卡克森说过："管理技巧是所有技巧中最大的一种技巧。"现代管理者应重点掌握三个方面的艺术，即对人、对事、对时间的管理艺术。

> **思考与讨论**
>
> "管理无定式，处处皆学问"，这句话说明了管理的什么特性？

管理是科学与艺术的结合，决定了管理者不仅应具有管理知识、掌握管理的理论，还需要依靠人的经验、才识、思维能力和创造能力，注重管理的灵活性与创造性，通过两者的结合，促进管理目标的实现。

（二）管理的职能

管理的职能就是指管理活动的职责和功能。它是管理主体对管理客体在管理过程中施加影响的具体体现，是设计管理者职务和管理机构功能的依据。划分管理职能，有助于管理者在实践中实现管理活动的专业化，使管理人员更容易从事管理工作，大大提高管理效率。由于管理具有自然属性和社会属性，决定了管理具有两个基本职能，即合理组织生产力和维护社会生产关系。而这两个基本职能必须有赖于管理所具有的具体职能来实现。对于管理所具有的具体职能，管理学者的观点随科技进步和管理实践的发展而发展。但管理学界普遍接受的观点是，管理具有四大具体职能，包括计划、组织、领导和控制，结合现代管理的发展趋势，我们认为还应该加上创新职能。

1. 计划

计划职能是指组织根据内外环境状况，决定组织未来发展目标以及实现目标的活动所进行的具体设计、谋划及具体的部署安排。“凡事预则立，不预则废”，人们在进行某项活动之前首先应订个计划，预先决定干什么（what）、为什么去干（why）、如何去干（how）、什么时候去干（when）以及由谁去干（who）等问题，这样才能保证活动有条不紊地进行。广义的计划包括决策，但由于在管理活动中决策日益重要，因此有人把决策从计划中独立出来，使其成为一个专门的职能。计划职能是管理的首要职能。

2. 组织

组织职能是管理者为实现组织目标而建立与协调组织结构的工作过程。组织职能一般包括组织结构的设计与建立、职权的分配与职责的落实、人员的选拔与配置、组织的协调与变革等，它是保证组织目标的实现和计划有效执行的一种功能。任何一项决策、计划，只有建立一个高效的组织并得力地进行组织实施，才能取得预期的效果。

3. 领导

领导职能是管理者依据组织所赋予的行政权力和非权力影响力去指挥、命令、引导和激励下属，以有效实现组织目标的行为。领导职能一般包括领导方式的选择、领导影响力的综合运用、员工的激励、有效沟通的实现等。任何组织的管理者都要进行有效的管理，当然不同管理层次、不同职能部门的管理者领导的内容及其侧重点会有所差异，管理者要具有与其领导职位相应的素质与领导艺术。

> **视野拓展**
>
> 读者可参阅《对四大管理职能的简要分析》一文，以加深对管理四大职能的理解。

4. 控制

控制职能是管理者为保证实际工作与计划目标一致而采取的一切活动。控制是包括制定标准、衡量成效与纠正偏差的动态过程。管理者在管理活动中，总希望管理对象的经济活动过程产生合乎目的的变化，为此需要采取必要的手段对管理对象进行动态监控。

5. 创新

创新是人类根据需要，运用自己的体力和脑力创造出新的物质产品或精神产品的过程。英文的创新是 innovation，这个词起源于拉丁语，原意有更新、创造新的东西、改变三层含义。

创新作为一种理论，形成于 20 世纪。美籍奥地利经济学家熊彼特最早使用“创新”一词，将“创新”界定为一种新的生产函数，认为“创新”是指企业把一种从来没有的生产要素和生产条件的新组合引入生产体系，以获得“企业家利润”。他把“创新”的内容归纳为引进开发新产品（即产品创新）、采用新技术（工艺创新）、开辟新市场、获得原材料新供应源（市场开拓创新）和实现企业的新组织形式（组织创新和管理创新）五个方面。

第二节　管理系统的构成要素

【本节任务】

了解管理系统的构成要素；理解并掌握管理者担当的角色与应具备的技能；掌握三种主要管理方法的概念与特点，以及三种方法是如何发挥作用的。

任何管理都是一个科学的系统。管理者必须从系统的观点出发，整体地、联系地观察、分析和解决管理问题。管理系统是指相互联系、相互作用的若干要素和子系统，按照管理的整体功能和目标结合而成的有机整体。

管理系统是一个人造系统，由若干管理要素构成。管理是在一定环境条件下，为实现既定目标，对所属的组织、人员的活动施加影响的过程。要形成一种管理活动，除了管理行为本身之外，首先要有管理主体（也称管理者），即说明由谁来进行管理的问题；其次要有管理客体，即说明管理的对象或管理什么的问题；再次要有管理目的或目标，即说明为何进行管理的问题，没有目标，管理就失去了依据。管理主体要作用于管理对象还必须借助于一定的机制和管理方法。同时任何管理活动都必须在一定环境和条件下进行，在管理中必须考虑管理环境问题。

由以上分析可知，管理系统包括管理目标、管理者、管理对象、管理机制、管理方法、管理环境六个要素，离开任何一个要素，管理行为便无法产生。

一、管理目标

组织目的决定组织目标，组织目标由管理主体根据组织目的而制定，组织目的需要通过具体化为一定的目标才能成为组织行动的指南。

管理目标就是管理者在预定的时期内，组织活动所预期达到的目的或水平。管理目标为组织的前进指明了方向，从而也为组织的活动确定了发展路线。

确定目标是组织的战略、计划和其他各项工作安排的基础，只有把笼统的目的化为具体的目标，组织实现预期的效益才有比较大的希望。对管理者来说，目标就好比路标，它指明了组织努力的方向，确定了组织应在哪些领域取得成就以及要达到的标准。一个组织必须有明确的既定目标，任何管理系统都应有明确的目标，目标不确定或者混淆了不同的目标必然会导致管理的混乱。任何管理活动都必须把制定目标作为首要任务。

管理目标的重要性表现在管理目标为组织指明了发展的方向；管理目标为组织与成员的考核提供了主要依据；管理目标可以为管理者运用人、财、物等资源提供依据和标准。

思考与讨论

爱丽丝的故事

“请你告诉我，我该走哪条路？”爱丽丝问。

“那要看你想去哪里。”猫说。

“去哪儿无所谓。”爱丽丝说。

“那么走哪条路也就无所谓了。”猫说。

讨论：结合这段对话讨论一下管理中没有目标会怎样。

管理目标是管理系统建立与运行的出发点和归宿。管理者必须根据外部环境的变化、组织运行中存在的问题、上级主管部门的要求及组织内部条件的改变，确立组织在计划期内的管理目标。

管理目标对于不同的组织来说有所区别。例如，对于学校来讲，其目标是为社会经济发展培养人才。对于经济组织来讲，其目标一般包括两个方面：一是物质性的目标，即一个组织通过管理，在物质生产、劳务活动等方面所要达到的效益和效率；二是社会性的目标，即通过管理所要实现的，在维护生产关系、调整人们的社会关系、承担社会责任等方面的目的。对经济组织而言，物质目标是最主要的。

视野拓展

管理活动中效率和效果哪个更重要？可扫描二维码阅读李海峰老师的《管理活动的效率和效果都很重要》一文进行学习。

不管什么样的组织，在实现目标上都有一个效果与效率的问题。效率（efficiency）是管理极其重要的组成部分，它体现的是输入与输出的关系。它关系到如何把事情做对，也就是如何做的问题，最理想的结果是用最少的投入获得最大的产出。对于给定的输入，如果能获得更多的输出，就可以认为提高了效率。类似地，对于较少的输入，能够获得同样的输出，同样也提高了效率。管理的目标就是使资源成本最小化。然而，仅有效率是不够的，管理还必须使活动实现预定的目标，即追求活动的效果（effectiveness）。所谓效果就是完成预定目标的程度。当管理者实现了组织的目标后，我们就说管理是有效果的。因此，效率涉及的是活动的结果。

效率和效果是互相联系的。如果不顾效率，效果就很容易达到。比如精工（Seiko）集团在生产中不考虑人力和材料输入成本的话，能生产出更精确和更吸引人的钟表；如果一味地偷工减料则产品本身的效果难以达成。“慢工出细活”，这句话比较好地体现了效率与效果的辩证关系。因此，优秀的管理者既要关心效果，也要关心效率。必须把“效果”放在首位，在“效果”优先的情况下，才能去谈“效率”，成功的管理往往是高效果与高效率的结合。

管理目标有定性与定量之分，为了便于考核，在管理中要用数据说话，改变经验管理，管理的目标应尽可能定量化与明确化，以便于人们执行。

管理的物质性目标就是创造物质文明，以尽量少的投入实现尽可能大的产出，在生产（工作）上讲求效益与效率。社会性目标就是要求一个组织必须搞好精神文明建设，必须承担一定的社会责任，创造具有组织个性或特色的组织文化。从企业角度来讲，社会性目标的体现就是要承担企业的社会责任。企业社会责任是指企业在创造利润、对股东负责的同时，还应承担起对劳动者、消费者、环境、社区等利益相关方的责任，其核心是保护劳动者的合法权益，诚实守信。

思考与讨论

企业办起消防队

李立兴有双重身份，他既是金利浦制衣厂的董事长，也是金利浦消防队的总领导。说起萧山浦阳金利浦制衣厂，知道的人可能不多，但一说起金利浦消防队那可是鼎鼎有名的。因为，萧山发生的各种火灾、车祸等突发事件救援现场，大都能看到这支队伍的身影，而这支队伍的领军人物李立兴可以说是一个“救火狂人”，比如，只要听到警报声，哪怕手头有合同在签他都可以扔掉。金利浦消防队从2003年成立开始，15年间他们共参加各种抢险3700多次，每年用于车辆养护、维修等的费用支出近80万元。

本例原文

消防队办起来后，金利浦制衣公司的成衣出口增加了近30%。每当参加国际服装交易会时，公司的展位前都有外国客商观看消防车图片，随后而来的便是服装订单。外商之所以愿意与该公司做生意，是因为他们尤其是欧洲商人非常看重企业的社会义务，尤其是消防队在欧洲国家享有很高的声誉。消防队成了企业的金字招牌，为企业带来滚滚财源。

请问：企业为什么要重视社会责任？

一些发达国家关于企业社会责任的讨论颇多，甚至制定了社会责任标准，即SA 8000标准。我们国家要未雨绸缪，认真分析社会责任标准对我国的影响，借鉴SA 8000的合理因素，制定国内相关标准，从而提高企业履行社会责任的自觉性和能力，规范企业行为，努力为其与国际标准接轨、提升在国际市场上的竞争力创造条件，这样才能保证我国企业经营活动的国际化。

视野拓展

社会责任标准SA 8000是Social Accountability 8000的英文简称，它是全球首个道德规范国际标准，其宗旨是确保供应商所供应的产品皆符合社会责任标准的要求。SA 8000标准适用于世界各地任何行业、不同规模的公司。其依据与ISO 9000质量管理体系及ISO 14000环境管理体系一样，皆为一套可被第三方认证机构审核的国际标准。SA 8000的产生有人文社会发展的原因，即随着社会经济的发展，各界对劳工保护的关注，同时它也是国际市场上竞争格局失衡的产物。一些发达国家把它作为贸易保护的非关税壁垒，有的称之为“绿色壁垒”。SA 8000的要求包括废除童工、消除强迫性劳工、健康与安全、组织工会的自由与集体谈判的权利、不歧视、惩戒性措施、工作时间、工资和管理体系等九部分。有兴趣的读者可以自己在各种网络百科上查询相关内容。

二、管理者

所谓管理者，就是履行管理职能，对实现组织目标负有责任和具有影响力的人。

任何组织都是由一群人组成的集合体，根据其在组织中的地位与作用不同，组织成员可以分为两类：操作者和管理者。操作者是在组织中直接从事具体业务，且不对他人工作承担监督职责的人，如汽车装配线上的装配工人、商场的营业员、饭店里的厨师等，他们的任务就是做好组织分配的具体的、操作性的工作。管理者则是行使管理职能、指挥别人进行劳动的人，他们处于操作者之上的组织层次中。管理者是管理的主体，管理者的任务在于发挥每个人的优势，以高效率地实现组织目标。

即问即答

县长、一位知名的专科医生、公交车专职司机、你的管理学老师，这几个人中哪个是管理者？

（一）管理者的类型

一个组织有各种类型的管理者，可以根据不同的标准进行划分。

1. 按不同的管理层次划分

按不同的管理层次划分，可分为高层管理者、中层管理者和基层管理者（见图 1.2）。

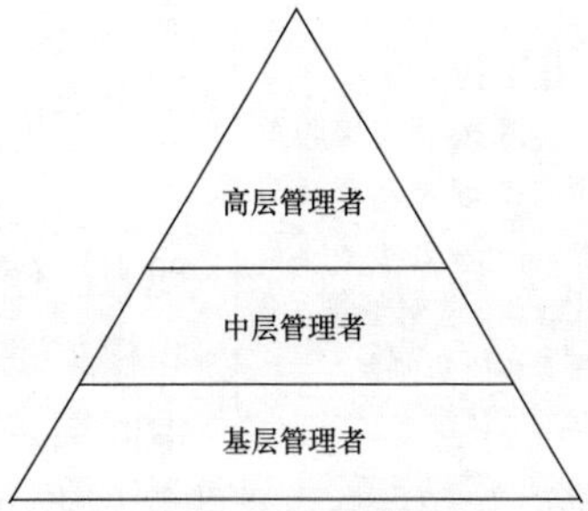

图 1.2　管理人员层次图

（1）高层管理者。高层管理者是指站在组织整体的立场上，对整个组织实行综合指挥和统一管理的人员。高层管理者的主要职责是制定组织长远发展的战略目标和发展的总体战略、制定政策、分配资源、评价组织的活动成效和业绩等。

（2）中层管理者。中层管理者的职责主要是执行高层管理者做出的决策和大政方针，并使高层管理者制定的目标、战略付诸实行。他们或者对组织的某个部分（如车间）负责，或者领导某个职能部门。中层管理者要为他们负责的部分或职能部门制定旨在达到组织总目标的次一级的管理目标；筹划和选择为达到目标所实施的方案；组织利用好自己的资源；协调管辖范围内的活动；采取措施确保目标的实现。中层管理者在高层管理者和低层管理者之间起到上情下达和下情上传的作用。

思考与讨论

中层管理者在管理中的作用明显，那么中层管理者在实际管理中应该怎么做？扫描二维码阅读《中层管理的三个黑洞》一文，然后说明你认为称职的中层管理者应该怎么做。

视野拓展

华为管理企业的核心理念是高层看决断、中层看理解、基层看执行！怎么理解呢？为了加深读者对各层次管理者各自职能作用的理解，请扫描二维码阅读文章《管理核心：高层看决断、中层看理解、基层看执行》。

（3）基层管理者。基层管理者是在一个组织活动中处于第一线的管理者，如企业的工段长、班组长。他们的主要职责是按中层管理者指示的程序组织、指挥和从事组织的具体管理活动，使决策在基层得以落实。

2. 按管理工作的范围与管理者职责领域划分

按管理工作的范围与管理者职责领域划分，可分为综合管理者和职能管理者（见图 1.3）。

（1）综合管理者。综合管理者是指负责整个组织或部门全部管理工作的管理人员。他们是一个组织或部门的主管，对整个组织或该部门目标的实现负有全部责任；拥有这个组织或部门所必需的权力，有权指挥和支配该组织或该部门的全部资源与职能活动，而不是只对单一资源或职能负责。

（2）职能管理者。职能管理者是在组织内只负责某种职能的管理人员。这类管理者只对组织中某一职能或专业领域的工作目标负责，只在本职能或专业领域内行使职权、指导工作。职能管理者大多具有某种专业或技术专长。

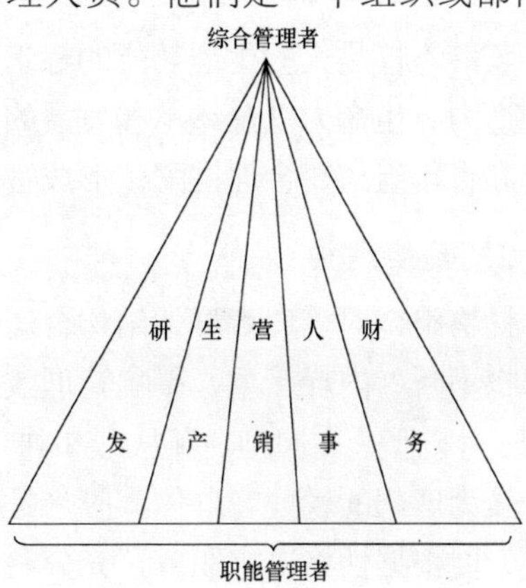

图 1.3　管理者的领域分类

> **即问即答**
>
> 如果按管理工作的范围与管理者职责领域划分，一家公司的总经理、财务、营销主管各属于什么样的管理者？

3. 按职权关系的性质划分

按职权关系的性质，可分为直线管理者、参谋人员和职能管理者。

（1）直线管理者。直线管理者是指有权对下级进行直接指挥的管理者。他们与下级之间存在着领导和隶属关系，是一种命令与服从的职权关系。这种命令式的职权关系自上而下，从组织的最高层，经过中间层，一直延伸到最基层，形成一种等级链。直线管理者的主要职能是决策和指挥。直线管理者主要指组织等级链中的各级主管。

（2）参谋人员。参谋人员是指对上级提供咨询、建议，对下级进行专业指导的管理者。他们与直线管理者的关系是一种服务和协助的关系，上级直线管理者通常授予参谋人员的是思考、谋划和建议的权力。

（3）职能管理者。职能管理者是一种介于直线管理者与参谋人员之间的管理者。参谋人员的身份往往是双重的，一旦在某些领域赋予参谋人员一定的行政职权，他们可在其专业领域拥有部分指挥权和决策权，这时的管理者就属职能管理者。例如，各级职能部门的管理者，他们对于整个组织来说是职能管理者，但相对于本职能部门来说，他们对自己的下属拥有绝对的指挥权和命令权，属于直线管理者。

> **即问即答**
>
> 在深圳三九集团，为了提高决策的科学性设有战略咨询委员会，各事业部设有总经理，其对事业部运行负全权责任，事业部下设财务、营销、人事部经理。
>
> **请问**：战略咨询委员会委员、事业部总经理、财务经理各属于什么类型的管理者？

（二）管理者的群体结构

管理者的群体结构是指两个或两个以上的管理者在各种素质、要素方面的构成比例和组合状况。随着组织的发展，现代管理涉及较多的领域和较多的管理要素，面对复杂多变的外部环境，个人管理越来越不适应管理活动日益复杂的局面，需要现代管理者形成一个管理者团队，于是出现了管理集团化倾向。其目的是为了克服个人管理能力不足的弊端，集思广益，发挥集体智慧。要实现管理者的优化组合，提高管理的整体效应，就需要分析管理者的群体结构是否合理。

管理者群体结构包括年龄结构、性格结构、知识结构、智能结构和专业结构五个方面。

1. 年龄结构

年龄不仅是人的生理功能的标志，也是人的知识、经验的标志。它是关系到个体和群体的创造力、生命力以及继承和发展的重要因素。一个合理的管理者群体结构，应当由老年、中年和青年组成，合理搭配，形成管理者梯形的年龄结构。

2. 性格结构

性格组合对管理者群体结构合理化有十分重要的意义。性格不合，往往会造成管理者之间摩擦不断、内耗严重，影响管理效能的发挥。一般来讲，人的性格有意志型、情绪型、理智型、外向型、内向型、顺从型和独立型七种。上级领导应根据管理者的不同性格进行组合。一个较为理想的管理者群体，应当是不同性格之人的互补和配合，总体上具备多方面的良好性格；要根据性格决定职务，充分利用一个人的性格优点。

3. 知识结构

现代管理涉及的科学知识很广，需要管理者具备相当深度和广度的合理知识结构。一般来讲，管理者应具备三个方面的知识：①基础知识。即具有一定的文化水平，有较丰富的哲学、心理学、社会学、领导学、法学、系统论、信息论等方面的文化科学知识。对这方面的知识，要求主要在于宽度，而不是深度。②管理知识。包括管理原理、行业管理学、专业管理学三方面的知识。③专业知识。管理者应当是自己主管行业范围的专业技术内行，使自己成为既懂技术，又懂管理的人。当然，对于不同层次、不同专业职能的管理者，其知识内容和结构的要求是不同的。对高层管理者而言，要求掌握更多的管理知识，而对于基层管理者则要求具有更多的技术性、专业性知识。

4. 智能结构

智能是指人运用知识的能力，包括创新能力、思维能力、表达能力、组织能力、研究能力等，对于高级管理人员来讲，在这几项能力中创新能力是最核心的部分。一般情况下，一个管理者很难同时具备上述所有的能力。因此，有必要使各管理者在智能上合理搭配，构成一个完整的智能团队。一个理想的管理者群体的智能结构，应该包括具有高超创造能力的思想家、具有高度组织能力的组织家、具有出谋划策能力的智囊和具有实干精神的实干家。一般而言，“思想型”与“组织型”的管理者适宜担任组织的主要领导人，而“智囊型”和“实干型”的管理者较适合当副手。

5. 专业结构

专业结构是指管理群体中成员的专业知识和技术分布与构成。专业结构是由管理业务的专业分工所决定的。现代组织中各项工作的专业性和技术性都很强，为了进行有效的管理，管理层的成员必须具备专业知识。这就需要按照专业互补的原则，对管理人员进行合理选配。

在管理团队建设中除了注重这些结构以外，要使团队有凝聚力，还必须使管理团队的成员接受组织统一的理念与价值，否则，理念与价值观不同也会造成组织内部的冲突与矛盾。

思考与讨论

各年龄层级的领导者适合干什么

老年领导者处事稳健，善于解决复杂问题、应对复杂局面，可以利用其丰富的阅历、广博的知识、敏锐的观察力等使之从事指导性工作；中年领导者年富力强，精力充沛，分析、判断、创造能力都处在最佳时期，因此，他们既可以弥补老年、青年领导者的不足，又可以吸取老年、青年干部的长处，可以利用其深刻的见地、成熟的思想、坚强的毅力，使之从事开拓性的工作；青年领导者则精力充沛，思维敏捷，接受新鲜事物快，具有创新热情和冒险精神，可利用其特点，使之从事攻坚性的工作。

请问：管理团队建设需要考虑这些结构，在其他团队建设中需要重视这些问题吗？一个寝室的同学要融洽相处，应注意什么问题？

（三）管理者的角色与技能

1. 管理者的角色

所谓管理者角色是指组织中管理者所需要做的一系列特定的工作。20 世纪 60 年代末，美国学者明茨伯格经过实证研究，具体分析了管理者的日常管理工作，将管理者在计划、组织、领导、控制活动中需要履行的特定职责简化为十种角色。管理者通过扮演这些角色，来影响组织内部和外部人们的行为。组织内部的人包括技术人员、管理人员和操作人员，组织外部的人包括投资者、消费者、供应商、组织所在社区的居民，以及与组织活动有关的政府机构人员。明茨伯格进而把管理者需要扮演的十种角色归纳为三种类型：人际关系、信息传递和决策制定。在现实生活中，管理者往往同时扮演上述几种角色。

（1）人际关系角色。管理者要代表所在组织与同行或外部组织开展有效联络和互动，对内开展领导工作，激励组织成员为实现组织目标积极工作。首先，管理者应扮演公关人员的角色，这是因为他是一个组织的代表人，需要履行礼仪性和象征性的义务，参加各种社会交往活动等；其次，要扮演领导者角色，鼓励组织成员为实现组织目标努力工作；最后，还必须扮演联络员角色，对内协调不同部门的活动，对外与外部利益相关者建立良好的关系。

（2）信息传递角色。管理者扮演信息传递的角色，需要进行信息的收集、分析、传递等工作。首先，作为监督者，管理者需要持续关注组织内外环境的变化以获取对组织有用的信息，根据这些信息，管理者才能够有效地配置各种资源、管理组织；其次，作为传播者，管理者应把信息传递给组织成员，以影响他们的工作态度和行为；最后，作为发言人，管理者要代表组织向外界传达信息，以提升组织形象，促成外界对组织的积极反应。

（3）决策制定角色。管理者扮演决策制定者的角色，需要发现和把握机会，为组织创造和选择新的发展空间。首先，作为企业家，管理者必须决定将从事何种项目或计划，决定如何利用组织资源来提高组织绩效；其次，作为混乱驾驭者，当面对重大突发事件时，管理者必须快速反应，及时采取补救措施，正确处理各种突发事件和危机；再次，作为资源分配者，管理者必须决定如何配置和利用组织的所有资源以提高绩效；最后，作为谈判者，管理者要与组织内外部群体和成员进行必要的谈判，以保证组织目标的顺利实现。

> **即问即答**
>
> 在一个学校中，校长经常要组织教职工开会，传达教育主管部门会议的精神或各级领导部门的文件要求，这些活动说明校长承担了什么角色？

2. 管理者的技能

管理人员在行使管理职能时都要力争使自己的工作富有成效，而管理工作是否有效，在很大程度上取决于管理者是否具备了相应的管理技能。通常而言，作为一名管理者，其所应具备的管理技能主要包括技术技能、人际技能和概念技能（各层次管理者对管理技能的比例要求如图 1.4 所示）。

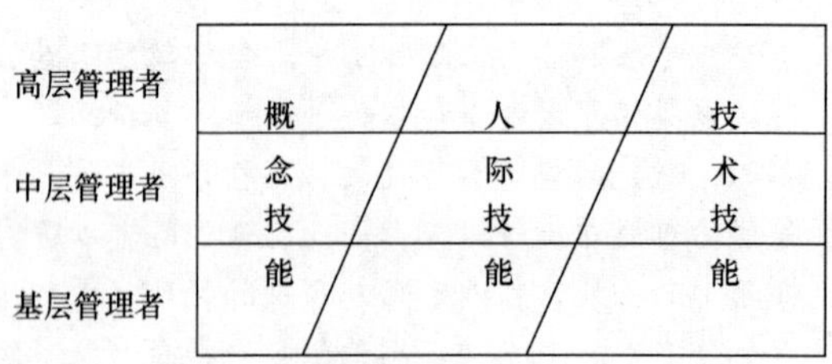

图 1.4　不同层次管理者对管理技能的比例要求

（1）技术技能。技术技能是指管理者掌握与运用某一专业领域内的知识、技术和方法的能力，包括专业知识和经验、技术技巧、操作的方法和程序、工具的熟练运用等。管理者虽不必像专业技术人员那样掌握精深的专业知识和技能，但必须了解并初步掌握与其管理的领域相关的基本知识和技能，因为这是管理者对相应专业领域进行有效管理的必备条件。对于基层管理人员来说，技术技能尤为重要。

（2）人际技能。人际技能是指管理者处理人事关系的技能，包括：观察人、理解人、掌握人的心理规律的能力，人际交往中与人融洽相处、与人沟通的能力，了解并满足下属需要、进行有效激励的能力，善于团结他人、增强向心力和凝聚力的能力等。管理者的人际技能对于建立和保持组织内和谐的人际关系、最大限度地调动组织成员的积极性以实现组织目标具有重要意义，这种技能对于各层次的管理人员都是十分重要的。

（3）概念技能。概念技能是指管理者观察、理解和处理各种全局性的复杂关系的抽象能力，包括：对复杂环境和管理问题的观察、分析能力，对全局性、战略性、长远性的重大问题的处理与决断能力，对突发性紧急情况的应变能力等，其核心是一种观察力和思维力。这种能力对于组织的战略决策和发展具有极为重要的意义，是组织中高层管理者所必须具备的一项重要技能。

不同层次的管理者对于管理技能的要求程度是不同的。基层管理者主要要求掌握技术技能，其次是人际技能；中层管理者对于人际技能的要求较高，其次是技术技能和概念技能；而高层管理者对于概念技能的要求较高，其次是人际技能及技术技能。

管理故事

丙吉问牛

西汉宣帝时期，丞相丙吉十分关心百姓疾苦，他经常外出体察民情。一天，丙吉到长安城外去视察，刚走到半路，就有人拦轿喊冤，查问之后得知原来是有人因打架斗殴致死，家属前来告状。丙吉回答说："不要理会，绕道而行。"过了一会儿，当看到一位老农赶的牛步履蹒跚、气喘吁吁时，他却马上下轿询问缘由。丙吉围着牛看了很久，问了很多问题。事后，人们议论纷纷，说这个丞相不称职，死了人不管，对一头生病的牛却这么关心。

宣帝听到传言之后就问丙吉为什么这样做，丙吉回答道："丞相是国家的高级官员，所关心的应当是国家大事。行人斗殴，由京兆尹等地方官处理即可，无须一国之相亲理，我只要适时考察地方官的政绩，有功则赏、有罪则罚就可以了。而问牛的事则不同，因为现在是春天，天气还不应该太热，如果那头牛是因为天太热而喘息，我怀疑今年天时不利，有可能出现瘟疫。若此，农事势必会受到影响，进而也会影响老百姓的生活，这则是我的失职。我必须弄清楚这头牛生病的原因。"丙吉问牛而不问人，说明他抓住了问题的要害。（出自《汉书·丙吉传》）

启示：管理者应该清楚自己所处的层次，明白自己的职责，有所为，有所不为。

三、管理对象

管理对象是管理者为实现管理目标，通过管理行为作用其上的客体。任何管理活动都是针对一定的管理对象而展开的，它要解决的是"管什么"的问题。对于管理对象包括哪些要素，不同时期不同的管理学者的看法有所不同。大家普遍接受的观点认为管理对象包括以下几种。

1. 人员

人是管理的主要对象。人在管理中具有双重地位：既是管理者又是被管理者。管理过程是一种社会行为，是人们相互之间发生复杂作用的过程。管理过程各个环节的主体是人，各个环节的工作都是由人去做的。因此，人与人的行为是管理过程的核心。

2. 财和物

财和物是一个组织赖以实现其目标的重要物质基础。财是组织所拥有的货币资金，资金是组织经营活动的"黏合剂"，进行资金管理就必须对资金筹措、资金运用、资金耗费与经济核算等过程加强管理，以降低成本，提高资金使用效益。物是组织所拥有的物资与设备。进行物资管理必须制订物资采购计划，搞好定额管理，加强库存管理，降低库存，提高物资利用率。进行设备管理同样要制订设备采购计划，加强设备的维修保养，提高设备使用效率与完好率。

3. 信息

在信息时代，信息已成为重要的管理对象。信息是能够反映管理内容的，可以传递和加工处理的文字、数据、图表等。信息系统是管理过程中的“神经系统”。管理中的人流、物流，都要通过信息来反映和实现。管理职能要发挥作用，也需要信息的支持。只有通过信息的不断交换、传递，把各要素有机地结合起来，才能形成现实的管理活动。

视野拓展

如何有效地管理时间？读者可参考《管理较重要的资源：时间》一文。

4. 时间

任何管理活动都是在特定时空条件下进行的，管理离不开时间。现代社会的一个重要特点是时效性日益突出。管理活动处在不同的时间区域，就会产生不同的管理效果。管理效率的提高主要表现为时间的节约。管理活动及其要素的分配都有一个时序性问题。管理者要加强时间管理，科学地运筹时间，提高工作的效率。

5. 技术

科学技术是第一生产力。在知识经济时代，科学技术在一个组织的发展中起着十分重要的作用。现代组织尤其是现代企业必须加大科技投入，加强科技开发的力度，搞好技术改造，推进科技进步，建立自己的科技研发体系，搞好技术创新，形成组织的核心竞争力，才能促进一个组织可持续发展。

四、管理机制

管理的机制与方法是管理主体作用于管理对象过程中的运作原理与实施方式、手段。要搞好管理就必须建立一个组织运行的合理机制，采取恰当的管理方法。

管理机制是指管理系统的结构及其运行机理。对于一般管理系统，管理机制主要包括运行机制、动力机制和约束机制。

运行机制是指特定系统内各相关要素在运行过程中形成的相互依存、相互作用、相互制约的关系及其功能。而运行机制往往与一个组织的所有制、体制设计有关。一个组织需要根据组织环境变化、所有制及体制情况，本着提高组织运行效率的宗旨来设计运行机制。

动力机制是使组织及其成员都有应获利益和应负责任，激励员工把组织目标的实现与其积极性的发挥融合在一起，形成组织发展的巨大推动力的一种机理。一个组织运行的动力，归根到底来自组织内部不同行为主体对自身经济利益的追求。组织的动力机制的作用就是通过激发组织内部的利益动机而形成组织运行所必需的动力。组织的动力机制的实质就是通过一定的经济利益机制，充分调动与发挥组织各利益主体的积极性、主动性和创造性。

约束机制是指为规范组织及其成员行为，便于组织有序运转，对组织行为构成的约束要素及其相互关系和综合作用，使组织的行为限制在不越出规定范围的制约机能。约束机制是对管理系统行为进行修正的机制，其功能是保证管理系统正确运行。在管理中约束因素包括权力约束、利益约束、责任约束、社会心理约束、供给约束、需求约束、法律约束等，管理者应根据不同的管理环境、不同的管理对象、不同的时期所形成的各种约束，灵活应对，确保组织活动在各种约束框架内有序进行。

> **思考与讨论**
>
> 为什么在一些组织中临时聘用的人员工作十分认真、积极，而一些正式员工却表现得不怎么好，是什么在起作用？

五、管理方法

管理主体要作用于管理对象必须采取一定的方法。所谓管理方法是指为了实现管理目的而运用的手段、方式、途径和程序等的总称。任何管理都要选择和运用相应的管理方法。管理的一般方法包括行政方法、经济方法、法律方法、数学方法和社会心理方法等。

在一个组织的管理中，管理方法的采用都有适用的问题，什么方法最适合？是单一方法就可以，还是需要采用综合的方法？管理者应根据具体对象、环境、时机来采取恰当的管理方法，以产生应有的效果。常用的管理方法有行政方法、经济方法和法律方法。

> **管理故事**
>
> **分粥的故事**
>
> 有七个人住在一起，每天共喝一桶粥，显然粥每天都不够。一开始，他们抓阄决定谁来分粥，每天一轮换。于是每周他们每人只有一天是饱的，就是自己分粥的那一天。后来他们推选出一个道德高尚的人出来分粥。强权就会产生腐败，于是大家开始挖空心思去讨好他，贿赂他，搞得整个小团体乌烟瘴气。然后大家开始组成三人的分粥委员会及四人的评选委员会，互相攻击、扯皮，结果粥吃到嘴里全是凉的。最后他们想出来一个方法：大家轮流分粥，但分粥的人要等其他人都挑完后拿剩下的最后一碗。为了不让自己吃到最少的，每人都尽量分得平均，就算不平均，也只能认了。这样大家快快乐乐，和和气气，日子越过越好。
>
> 启示：任何一件事情用不同的方法去做产生的结果是不同的，想完善一件工作就要不停地找方法，发现不足就要及时更正。

（一）行政方法

行政方法是指依靠行政权威，按照行政系统，借助行政手段，直接指挥和协调管理对象的方法。行政方法是一种最为古老和基本的管理方法。行政方法的表现有命令、指示、指令性计划、规章制度、监督、检查、协调等。

1. 行政方法的特点

行政方法是以权威和服从为基本原则，用非经济的手段直接指挥下属工作，它具有以下几个基本特点。

（1）权威性。行政手段以权威和服从为前提，行政命令接受率的高低在很大程度上取决于行政主体的权威大小。提高领导者的权威有助于提高行政手段的有效性。

（2）强制性。行政机构和管理者所发出的命令、指示、规定、指令性计划等对管理对象具有强制性，管理对象必须无条件地执行。行政方法就是通过这种强制性来达到指挥与控制管理活动过程的目的的。

（3）垂直性。行政指示、命令是按行政组织系统的层级纵向直线传达的，强调上下级的垂直隶属关系，横向结构之间一般无约束力。

（4）稳定性。行政方法是在特定组织行政系统范围内适用的管理方法。由于行政系统具有严密的组织机构、统一的目标、统一的行动和强有力的调节和控制，对于外部因素的干扰具有较强的抵抗作用，因此，运用行政方法进行管理可以使组织具有一定的稳定性。

（5）时效性。运用行政方法进行管理可因对象、目的、时间变化而变化，可以针对具体问题及时地发出命令、指示、规定等，以使组织向着实现目标的轨道按计划所要求的时间运行。

（6）无偿性。行政主体与行政对象之间的关系不是经济利益关系，而是一种无偿的行政统辖关系，两者之间不存在经济利益利害关系的纽带。上级组织对下级组织人、财、物的调动和使用可以不遵循等价交换的原则，一切均根据行政管理的需要进行。

2. 行政方法的作用

管理中运用行政方法可起到以下几个作用。

（1）行政方法能使管理系统保持集中统一。由于行政方法的权威性，可以做到统一目标，统一意志，统一行动命令、规定、计划等。如管理符合客观规律和组织的目标，会使科学的行政方法成为动员职工完成统一任务的重要手段。

（2）运用行政方法可以强化管理作用，能明显提高管理的效率。没有行政命令，没有权威，没有服从，管理就不复存在，更谈不上管理职能的发挥，正是从这个意义上讲，行政管理对任何一种管理都是必需的。在行政手段运用科学、指示（令）下达适当的前提下，会对提高管理效率起到重要作用。

（3）行政方法是实施其他各种管理方法的必要手段。在管理活动中，经济方法、法律方法、宣传教育方法等必须经由行政系统的中介，才能具体地组织与贯彻实施。

（4）行政方法便于处理特殊问题。行政方法具有时效性强的特点，它能及时地针对具体问题发出命令和指示，从而较好地处理特殊问题和管理活动中出现的新情况。

3. 行政方法的适用范围和条件

行政方法是最直接、有效的管理方法，它的适用范围广，无论是社会管理、军事管理、经济管理，还是科研、文化和教育管理，都离不开行政方法。可以说行政方法是任何管理所必不可少的手段。但是，由于种种局限，在管理活动中不能单一地使用和过分依赖行政方法，而必须将它与法律方法、经济方法、宣传教育方法等结合起来使用。

行政方法要发挥作用需做到以下几点。

（1）要建立起精简高效的行政体系，提高行政管理的效率与运行成本。

（2）要明确管理就是服务，为下属创造良好的工作环境。

（3）要选用高素质的领导，提高管理者的管理水平与艺术，树立管理权威，令行禁止。

（4）要优化行政办事的流程，通过流程再造提高办事效率。

4. 行政方法的局限性

行政方法虽然十分重要，但也有它的局限性，主要表现在以下几个方面。

（1）管理效果为领导水平所制约。由于行政方法更多的是人治，而不是法治，这样，行政命令的执行效果和管理优劣很大程度上取决于领导人和执行人的知识、能力、领导艺术和修养。

（2）容易造成各子系统缺乏自主权。由于行政方法采用的是指示、命令等强制性方式，强调下级服从上级，因而管理系统中各子系统的自主权较少，不容易实行分权管理，分权又往往会破坏它统一的特点。

（3）不利于发挥子系统的积极性。行政的方法以集权为主，子系统往往成为被动的执行系统，难以发挥子系统本身的积极性、创造性，子系统与子系统之间也难以沟通，不容易协调。

（4）信息传递迟缓、易失真。由于行政层次的繁杂会增加管理手续，所以沿垂直方向逐级传递信息较迟缓，容易失真，影响工作效率，甚至造成人为的隔阂，妨碍系统、部门、单位间的联系和必要的协作。

（5）容易忽视经济规律，忽视经济利益。行政方法的采用往往只强调命令的一致性，不顾各地、各部门的实际情况，造成一刀切状况，容易忽视经济利益的调节作用。

思考与讨论

2015 年我国一线城市房价飙升，针对一二线城市房价上涨速度过快、涨幅较大的现状，我国政府采取了加强推进保障房建设和棚改、增加住房供给、租售并举、新增共有产权住房、限售等行政措施以及经济措施，以抑制不合理的投机性需求，限制房价过快增长。2017 年下半年至 2018 年底，大部分一二线城市房价均有一定程度降低。

结合行政方法的相关知识，在网上查找相关资料，分析我国房地产市场迅速降温的原因。

（二）法律方法

法律方法是指通过制定和实施法律、法令、制度以进行管理的方法。法律方法也就是人们常说的“法治”，作为管理方法之一的法律方法，不仅包括法律的制定和实施的广义的法律方法，还应当包括由国家的各级机构以及各个管理系统所制定和实施的各种具有法律性质的规范。法律方法包括立法与司法两个方面。前者用于解决在管理中有法可依的问题，后者用以解决在管理中有法必依、违法必究的问题。

1. 法律方法的特点

法律方法有与行政方法相似的特点，如权威性、强制性和直接性。但是，它还具有以下几个与一般行政方法不同的特点。

（1）严肃性。法律和法规的制定必须严格地按照法律规定的程序和规程进行。

（2）规范性。法律和法规是所有组织和个人行动的统一准则，对他们具有同等的约束力。

（3）强制性。法律、法规一经制定就要强制执行，各个企事业单位以至每个公民都必须毫无例外地遵守。

（4）防范性。法规条文对人们的约束与要求都是事先明确提出的，对于违反时怎样制裁也是十分明确的。管理对象对于其行为的正确性以及行为后果等可预先做出判断。

（5）稳定性。它把管理中比较成熟、比较稳定和带有规律性的内容用立法的形式规定下来，加以强制实施。一经制定就具有一定的稳定性，不能经常更改。

2. 法律方法的作用

法律方法在管理中可起到以下几方面的作用。

（1）法律方法的规范性使它宜于处理具有共性的一般问题，可以用来调整及管理组织中各种一般的关系，明确各子系统的权利、义务和相互关系，维护管理系统的基本秩序和稳定性。

（2）它可以使管理活动纳入规范化、制度化的轨道。法律方法可以使人们有法可依、有章可循，使管理系统自动有效运转，既保证管理的效率，又节约管理者的精力。

（3）它能使管理具有某种自动调节功能。

3. 法律方法适用的范围和条件

要使法律方法发挥作用应做到以下几点。

（1）要建立完善的法律体系。法律方法要发挥作用就要制定与完善法律体系，使人们的活动有法可依。在组织管理中除了国家的法律法规，还要健全组织的规章制度体系。

（2）要普及法律知识。法律方法要发挥作用，就要增强人们的法律意识，用法律武器保护自身的合法权益，约束自身行为。

（3）要严格执法。通过严格执法，做到有法必依，维护法律的严肃性。

4. 法律方法的局限性

法律方法的局限性主要表现在采用法律方法进行管理活动时缺少灵活性和弹性，容易使管理僵化；不便于处理特殊问题；有时会不利于系统发挥主动性，产生“合理不合法”的现象；由于要保证法律的稳定，会出现法律滞后于现实的发展情况。

管理故事

商鞅变法，徙木为信

商鞅变法之初，恐民不信，便派人把一根三丈之木立于国都之南门，然后宣布将此木徙置北门者赐10金。搬动一根木头，何须如此重赏？人们自然不信。于是他又下令，将赏金加至50金。有人将信将疑把木头搬到北门，商鞅即赏其50金，以示不欺。于是商鞅在人们心目中树立了令出必信、法出必行的形象。（出自《史记·商君列传》）

启示：法律要得以推行，关键是要树立千金难买的威信，做到言必信、行必果。

（三）经济方法

经济方法是指依靠经济组织，通过利益驱动，利用经济手段，通过调节和影响被管理者的物质需要而促进管理目标实现的方法。经济方法的主要形式有价格、税收、信贷、经济核算、利润、工资、奖金、罚款、定额管理、经营责任制、股权红利、合伙人制度等。

经济方法的实质是围绕物质利益，运用各种经济手段正确处理好国家、集体与劳动者个人三者之间的经济关系，最大限度地调动各方面的积极性、主动性、创造性，增强其责任感，最终促进经济的发展与社会的进步。

1. 经济方法的特点

经济方法具有区别于其他方法的若干特点，具体如下。

（1）利益性与间接性。经济方法是通过利益机制引导被管理者去追求某种利益，从而间接影响被管理者行为的一种管理方法。这种利益引导而非强制的方法，使被管理者的行为具有自愿性和选择的余地，有助于调动被管理者的主动性与积极性。

（2）灵活性。经济方法的灵活性主要表现在两个方面：一方面是经济方法针对不同的对象，可以采用不同的方式；另一方面是，对于同一对象，在不同条件下，可以采用不同方式来进行管理，以适应不同的情况与形势。

（3）关联性。不但各种经济手段之间的关系错综复杂，而且每一种经济手段的变化都会影响社会多方面经济关系的连锁反应。

（4）平等性。经济方法承认被管理的组织或个人在获取自己的经济利益方面是平等的。社会按照统一的价值尺度来计算和分配经济成果。各种经济手段的使用对于相同情况的被管理者具有同样的效力，不允许搞特殊。

2. 采用经济方法的基本原则

管理中采用经济方法要遵循以下几项基本原则。

（1）要重视物质利益的调节作用，注重对经济手段的不断改进与完善。物质是第一性的，在一个组织中采用经济方法，最主要的是要重视物质利益的调节工作，重视物质动力，通过工资、奖金、津贴、各种奖励、保险、股权红利、合伙人等手段，调动人们的积极性，引导人们的行为。

（2）要重视考核，贯彻按劳分配原则。要通过物质利益调动员工的积极性，必须加强考核，把组织成员的收益与其对组织的贡献结合起来，充分体现按劳分配的原则。

（3）要按照客观经济规律办事。

（4）奖罚结合的原则。奖励先进和惩罚落后两个方面相辅相成、互为补充，才能达到有效管理。如果只重视其中一方面，就会阻碍下属积极性的发挥。

六、管理环境

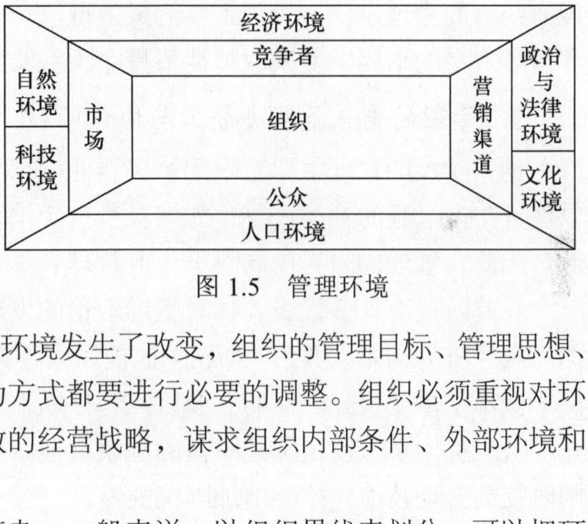

图 1.5　管理环境

管理环境（见图 1.5）是指影响一个组织生存与发展，对组织各种活动产生影响的各种因素的总和。它包括影响组织生存和发展的各种内外部条件。企业作为社会经济组织或社会细胞，其经营活动总是在特定的环境中进行的。而管理环境是不断变化的，管理环境发生了改变，组织的管理目标、管理思想、管理制度、管理手段与方法，以及人们的行为方式都要进行必要的调整。组织必须重视对环境的分析和研究，并根据环境的变化制定有效的经营战略，谋求组织内部条件、外部环境和经营目标三者之间的动态平衡。

一个组织的管理环境，其内容既广泛又复杂。一般来说，以组织界线来划分，可以把环境分为外部环境和内部环境。前者又可分为微观环境（涉及市场、营销渠道、竞争者以及社会公众等因素）和宏观环境要素（涉及政治、法律、经济、社会、技术、自然等多方面的因素）。内部环境包括组织的硬环境和软环境（具体内容见第三章）。

第三节　管理思想与理论的发展

【本节任务】

掌握西方管理理论的发展阶段及各阶段的特点；理解并掌握科学管理阶段、行为科学阶段主要代表人物的观点；了解现代管理理论的发展趋势；通过查看资料对现代管理各学派的观点有所了解。

管理理论的产生是以企业管理为基础的[①]，是对以往企业管理经验的概括和总结。因此，了解管理思想的发展过程对学好管理学是十分重要的，这有助于概括地了解管理学的形成及演变过程。西方管理思想的发展大致可以分为传统管理、科学管理、行为科学管理和现代管理四个阶段。

一、传统管理阶段

传统管理阶段从18世纪后期资本主义制度的兴起到20世纪初资本主义自由竞争的发展，其间约百年时间。这一阶段的管理思想有以下几个特点。

1. 由资本家直接担任企业管理者

资本家凭借手中的资本，将劳动者、劳动资料和劳动对象集中到一起，在工厂中进行商品生产，资本的所有权与经营权高度统一，产权单一。

2. 靠个人经验从事生产和管理

在此阶段，工人凭自己的经验来操作，没有统一的操作规程。产品也缺乏严格的规格、性能要求，生产出来的产品往往各不相同，缺乏互换性。管理人员凭借自己的经验来管理，没有统一的管理方法，管理工作的成效取决于管理者个人的经验、个性、特点和作风。工人和管理人员的培养主要采取师徒传授个人经验的办法。

3. 管理的重点是解决分工与协作问题

这一阶段的管理主要着眼于解决企业内部生产过程中如何分工、如何协作配合的问题，以保证生产过程的顺利进行；如何减少资金消耗，如何提高工人的日产量，以赚取更多的利润。因此，管理的内容仅局限于生产管理、工资管理和成本管理。

在此阶段有许多代表人物对管理理论的发展起到了推动作用，主要代表人物是英国著名的古典经济的创始人亚当•斯密。他被后人称为“改变历史方向的人”，这是因为他对古典经济学做出了重要贡献。他的主要观点包括以下几点。

（1）提出了劳动是国民财富的源泉。他认为只有减少非生产性劳动，增加生产性劳动，同时提高劳动技能，才能增加国民财富。

（2）提出了劳动分工的理论。劳动分工，即将工作分解成一些单一的和重复性的作业。劳动分工之所以能提高效率，是因为它提高了每个工人的技巧和熟练程度，节约了由于变换工作而浪费的时间，有利于机器的发明和应用。

（3）提出了经济人观点。他认为，人们在经济行为中追求的完全是私人利益，但每个人的私人利益又受到其他人利益的限制，这就迫使每个人必须顾及其他人的利益，由此产生了相互的共同的利益，进而产生了社会利益。社会利益正是以个人利益为立足点的。这种“经济人”的观点，正是资本主义生产关系的反映。

① 管理理论的研究与应用早已扩展到非企业的其他社会组织，本书以“组织”统称企业组织和非企业组织，但未对“企业”和“组织”进行严格区分。

二、科学管理阶段

自工业革命建立了工厂制度以后，人们对科学管理的探索就一直没有停止过。管理实践的这种不断积累，使人们对管理的认识终于在19世纪末20世纪初由感性认识上升到理性认识。这一阶段的管理思想具有以下特点。

（1）资本所有者和企业管理者的分离。随着资本主义生产的迅速发展，企业规模的扩大，企业的生产技术、协作关系与内部管理日趋复杂，一些资本家逐渐感到由自己来管理企业力所不及，于是聘请受过专门训练的经营管理专家代替自己，按照自己的意志来经营管理企业，从而在社会上出现了一个经营管理阶层，形成了所谓的“经理制”。

（2）用科学管理来代替单纯的经验管理。由于长期的管理实践，促使人们对过去的管理经验加以总结、提高，使之系统化、理论化，用以更好地指导管理实践活动。

（3）强调组织形式而忽视了人的社会性。表现在把人看成单纯的“经济人”，会说话的机器，认为工人只能服从而没有主动性；在组织结构上是独裁式的管理，强调组织形式而忽视了对人格的尊重；等级层次和规章制度过于僵硬，缺乏灵活性等。

科学管理阶段有三个人在管理理论的形成过程中做出了开创性贡献，他们分别是泰勒、法约尔和韦伯。泰勒提出了科学管理理论，从改进组织作业人员生产率的角度理解管理；法约尔提出了一般管理理论，这一理论关注的焦点是如何使整个组织的管理有效；韦伯提出了理想行政组织体系，分析何种类型的组织结构形式更为有效。

（一）泰勒的科学管理理论

19世纪末，提高劳动生产率成为美国工业生产中的一个突出的问题，泰勒的科学管理理论的核心问题就是如何提高劳动生产率。当时作为机械工程师的泰勒始终对工人的低效率感到震惊。于是，他开始在车间里用科学方法来纠正这种状况，寻求从事每一项工作的“最佳方法”。

泰勒的科学管理理论的主要内容包括作业管理、组织管理和管理哲学三个方面。

1. 作业管理

作业管理是泰勒科学管理最具特色的部分和主要内容，由一系列的科学方法组成。

（1）工作定额原理。工作定额原理建立在“动作—工时”研究的基础上，目的是为工人制定“合理日工作量”。

（2）标准化原理。要完成高标准的劳动定额，需要做两件事：一是按标准化的要求对工人进行培训；二是提供标准化的生产条件，包括劳动工具和劳动对象。

（3）能力与工作相适应。健全的人事管理的基本原则是使工人的能力与工作相适应。企业管理者的职责在于为雇员找到最适合的工作，将他们培训成一流的工人，激励他们尽最大努力来工作。因此，任何一项工作都必须挑选“一流的工人”——既适合于其作业又愿意努力干活的人，把工人培训成“一流的工人”是领导的职责。

（4）差别计件工资制。工人“磨洋工”的一个重要原因是报酬制度不合理，为了鼓励工人完成定额，可以根据其完成定额情况实行差别计件工资制，使工人的贡献大小与工资高低紧密挂钩。

管理故事

泰勒的“铁锹试验”

铁锹试验是系统地研究各种材料能够达到标准负载的锹的形状、规格，以及各种原料装锹的最好方法的问题。泰勒通过对工人劳动过程的观察，以及使用秒表和量具来计算工人用铁锹铲煤的效率与铁锹尺寸的关系，发现每锹重量为 21 磅时效率最高，探索出实现铲煤最高效率的铁锹尺寸大小与铲煤动作的规范方式，并相应设计出 12 种规格的铁锹。工人每次劳动时要使用指定规格的铁锹，以提高效率。此外，泰勒还对每一套动作的精确时间做了研究，从而得出了一个“一流工人”每天应该完成的工作量。这一研究的结果是非常杰出的，它使堆料场的劳动力从 400～600 人减少为 140 人，平均每人每天的操作量从 16 吨提高到了 59 吨，每个工人的日工资从 1.15 美元提高到了 1.88 美元。

启示：科学管理不能只建立在经验基础上，要提高效率，就需要梳理工作流程，进行科学分析以及科学安排，这样才能增强管理的有效性。

2. 组织管理

泰勒对组织管理的贡献很大，他主张在工厂中将计划职能与执行职能相分离，实行职能工长制，在组织机构管理控制上实行例外原则。

（1）把计划职能和执行职能分开。在传统的管理中，将生产中的工作责任都推到工人身上，而工人则按照自己的习惯和经验来进行工作，工作效率由工人自己决定。泰勒认为，若要实现最高效率，就必须用科学的方法来管理。要用科学的方法找出标准并将标准规范化，然后在工作中实行，这就需要专门的人来负责。必须把计划职能和执行职能分开。管理当局执行计划职能，并设立专门的计划部门，由计划部门确定标准化的操作方法、工具和定额，拟订计划并发布指示和命令，进行有效的控制。现场工人行使执行职能，按照计划部门制定的操作方法和指示，使用标准工具从事实际作业，不得自行改变计划。

（2）职能工长制。职能工长制是将管理的工作予以细分，使所有管理者只承担一种管理职能。其优点是：①对管理者的培训较少；②管理者责任明确，可以提高效率；③车间现场的职能工长只需进行指挥监督。

（3）例外原则。所谓例外原则，就是指企业的高级管理人员把一般日常事务授权给下属管理人员负责处理，而自己保留对例外事务的决策权和控制权。

3. 管理哲学

管理是以管理哲学为指导的，管理哲学是管理中的世界观、认识论和方法论，是从思维角度和存在的角度对管理本质和发展规律所做的哲学概括。泰勒的科学管理在管理世界观、认识论和方法论上对管理进行了归结和变革：“资方和工人密切的关系和个人之间的合作，是现代科学或责任管理的精髓。”他认为，没有劳资双方的密切合作，任何科学管理的制度和方法都难以实施和发挥作用。必须使劳资双方实行“一次完全的思想革命”和“观念上的伟大转变”。要求在任何一个具体机构中工作的工人进行一场全面的心理革命——要求他们在对待工作、同伴和雇主的义务上进行一种全面的心理革命。此外，也要求管理部门的人——工长、监工、企业所有人、董事会进行一场全面的心理革命，要求他们在对管理部门的同事、对他们的工人和所有日常问题的责任上进行一场全面的心理革命。没有双方的这种全面的心理革命，科学管理就不可能存在。

劳资双方在思想上要发生的大革命就是：双方不再把注意力放在盈余分配上，而是要将注意力转向增加盈余的数量上，使盈余增加到使如何分配盈余的争论成为不必要。他们将会明白，当他们停止互相对抗，转为向一个方向并肩前进时，他们的共同努力所创造出来的盈余会大得惊人。科学管理的常规特征是协调而不是不和，科学管理中没有一点慈善的内容，任何一种管理措施如果含有慈善因素，则一定会失败。科学管理是一种使人们对管理实践重新审视的管理哲学。

人物谱

弗雷德里克·温斯洛·泰勒

弗雷德里克·温斯洛·泰勒（Frederick Winslow Taylor，1856—1915），美国著名管理学家、经济学家，被后世称为“科学管理之父”，其代表作为1911 年出版的《科学管理原理》。

泰勒从工厂学徒干起，先后当过技工、工长、总机械师、总绘图师，28 岁时升为总工程师。在 1898 年独立创业，从事工厂管理咨询工作。由于对科学管理的特殊贡献，他被称为科学管理之父。

（二）法约尔的一般管理理论

法约尔以大企业为研究对象，着重分析高层领导和企业组织问题。其主要贡献在于首次提出管理职能，并确立了管理的基本原则。他的主要理论如下。

1. 企业的基本活动和管理的五种职能

亨利·法约尔认为，经营与管理是两个不同的概念。经营是引导一个组织趋向一个目标。经营包含六种活动：技术活动（生产）、商业活动（交换活动）、财务活动（资金的筹集、控制和使用）、安全活动（设备维护与人身安全）、会计活动（记账算账、成本核算和统计）和管理活动（行政管理）。

法约尔认为，管理活动一般应包括计划、组织、指挥、协调、控制五大职能要素，这些职能广泛存在于企业、事业单位和行政组织，是一般性的职能。

2. 管理的 14 条原则

法约尔认为，正如宗教需要教规约束教徒的行为一样，管理也需要有“管理原则”作为管理者行动的指南。法约尔根据自己的管理经验总结了 14 条原则。这 14 条原则是：分工、权责相等、纪律、统一指挥、统一领导、个人利益服从整体利益、报酬合理、集权（集中化）与分权、等级链、秩序、公平、人员稳定、首创精神、团结精神。

这 14 条原则在管理中的意义非常重要，但在管理工作中并不是绝对和死板的，需要掌握一个度，问题的关键在于了解其真正的本质，并能灵活地应用于实践。这是一门很难掌握的艺术。

人物谱

亨利·法约尔

亨利·法约尔（Henri Fayol，1841—1925），古典管理理论的主要代表人物之一，亦为管理过程学派的创始人。

法约尔出生于法国的一个小资产阶级家庭，1860 年从法国国立采矿学院毕业后进入康门塔里·福尔香堡采矿冶金公司工作，成了一名采矿工程师，并逐渐成为一名专业的管理者。在公司总经理岗位上任职 30 多年。1916 年，法约尔的代表作《工业管理与一般管理》问世，他在书中提出了一般管理理论，对西方管理理论的发展产生了重大影响，成了过程管理学派的理论基础，他本人被称为“过程管理之父”（经营管理之父）。

（三）韦伯的理想行政组织体系

韦伯的理想行政组织体系的核心是组织活动要通过职务或职位而不是通过个人或世袭地位来管理。韦伯管理思想的主要内容包括以下几个方面。

1. 权力论

韦伯认为，任何社会组织的管理都必须以某种形式的权力为基础，如果没有某种形式的权力，任何组织都不能达到自己的目标。人类社会中存在的权力分为以下三种类型。

（1）合法合理的权力。合法合理的权力是由社会公认的或法律规定的，对这种权力的服从是绝对的，没有普通百姓和领袖官员之分。这种权力是由依照一定法律而建立的一套等级制度赋予的，对这种权力的服从就等于对确认的职务或职位的权力的服从。

（2）传统的权力。传统的权力是由历史沿袭下来的惯例、习俗而规定的权力。对这种权力的服从是指绝对地服从于统治者，因为他具有沿袭下来的神圣不可侵犯的权力地位（犹如帝王之位的权力一样）。

（3）神授的权力（个人崇拜式的权力）。神授的权力指的是以对某人特殊的、神圣的英雄主义或模范品质的忠诚热爱与崇拜为依据而规定的权力。

韦伯认为合法合理的权力是理想行政组织体系建立的基础。

2. 理想行政组织体系理论

韦伯认为理想行政组织体系有以下特征。

（1）明确的劳动分工。把为实现组织目标所需进行的全部活动分解成各种具体的任务，再把这些任务分配给组织的成员或各个职位，同时明确每个人或职位的职责和权力，并使之合理化、合法化。

（2）等级严密。按职权组织体系将所有职位构成从上到下的权力结构和指挥体系。

（3）规范录用。人员的任用必须根据职务的要求，通过考试和教育训练按程序录用。

（4）实行任命制。组织中所有担任公职的人员除个别需要通过选举产生外，其余皆由上级委任，不采取选举方式。

（5）管理职业化。管理人员有固定的薪金和明文规定的升迁制度，是一种职业管理人员，而不是组织的所有者。

（6）遵守规则和纪律。组织中包括管理人员在内的所有成员必须严格遵守组织中规定的规则、纪律以及办事程序。

（7）公私有别。组织中人员之间的关系完全以理性准则为指导，职位关系不受个人情感的影响。这种不偏不倚的公正态度不仅适用于组织内部，而且适用于组织与外界的关系。

韦伯认为，这种正式的、高度结构化的理想行政组织体系是达到目标、提高效率的最有效形式。韦伯设计的理想行政组织结构为后来组织结构理论的发展勾勒出了基本的框架。韦伯的理论对泰勒及法约尔的理论是一种补充。通常把以上三位学者为代表的理论称为古典管理理论。

人物谱

马克斯·韦伯

马克斯·韦伯（Max Weber，1864—1920）出生于德国一个社会和政治关系广泛的富裕家庭，从小受到良好的教育，对经济学、社会学、政治学、宗教学有浓厚的兴趣。

他先后在柏林、佛莱堡、海得尔堡和慕尼黑等大学担任过教授。韦伯在管理思想上的主要贡献是提出了所谓理想的行政组织机构模式，这集中体现在他的《社会组织与经济组织》及《经济史》中。正是由于他对古典组织理论有杰出的贡献，所以有人称他为“组织理论之父”。

三、行为科学管理阶段

由于以泰勒为代表的科学管理理论的广泛传播和实际应用，大大提高了生产效率。但这些理论多着重于生产过程、组织控制方面的研究，却未对管理中人的因素和作用给予足够的重视。这种重物轻人、严格管理的思想在使劳动生产率大幅度提高的同时，也使工人的劳动变得异常紧张、单调和劳累，引起了工人的不满，使得劳资关系日益紧张。这促使管理学家开始重视生产中物质条件以外的人的情绪和积极性对劳动生产率的影响，重新审视科学管理理论，研究新的管理理论，于是行为科学应运而生。

20 世纪 30 年代，行为科学理论开始逐渐形成。这是继古典管理理论之后管理学发展的一个重要阶段。行为科学基本上可分为两大时期，前期称作人际关系学说（或人群关系学），后期是以 1949 年美国芝加哥大学讨论会上第一次提出的“行为科学”而正式定名为行为科学的。这些管理理论的共同点是：力图克服科学管理理论的弱点，从社会学、心理学、人类学的角度出发，强调人的需要、人的相互关系对生产经营活动的影响。

（一）行为科学的早期理论——人际关系学说

行为科学的发展是从人际关系学说开始的，人际关系理论最初始于著名的霍桑试验。1924 年，美国国家科学院的全国科学研究委员会在西方电器公司的霍桑工厂开展试验研究，分析工作条件与生产效率之间的关系。1927 年，美国哈佛大学心理学教授梅奥作为顾问加入试验活动，直到 1932 年结束。

人物谱

乔治·埃尔顿·梅奥

乔治·埃尔顿·梅奥（George Elton Mayo，1880—1949），原籍澳大利亚的美国行为科学家，人际关系理论的创始人，美国艺术与科学院院士。他在美国西方电器公司霍桑工厂进行的、长达九年的实验研究——霍桑试验，真正揭开了作为组织中的人的行为研究的序幕。

霍桑试验的初衷是试图通过改善工作条件与环境等外在因素，找到提高劳动生产率的途径，从1924年到1932年，先后进行了四个阶段的实验：照明试验、继电器装配工人小组试验、大规模访谈和对接线板接线工作室的研究。但试验结果却出乎意料：无论工作条件（照明度强弱、休息时间长短、工厂温度高低等）改善与否，试验组和非试验组的产量都在不断上升；在试验计件工资对生产效率的影响时，发现生产小组内有一种默契，即大部分工人有意限制自己的产量，否则就会受到小组的冷遇和排斥，奖励性工资并未像传统管理理论认为的那样使工人最大限度地提高生产效率。而在历时两年的大规模的访谈试验中，由于职工可以不受拘束地谈自己的想法，发泄心中的闷气，从而使他们的积极性有所提高，生产率也相应地得到了提高。

对这种“传统假设与所观察到的行为之间神秘的不相符合”，梅奥做出了如下解释。

（1）影响生产效率的根本因素不是工作条件，而是工人自身。参加试验的工人意识到自己“被注意”，是一个重要的存在，因而怀有归属感，这种意识助长了工人的整体观念、有所作为的观念和完成任务的观念，而这些是他在以往的工作中不曾得到的，正是这种人的因素导致了劳动生产率的提高。

（2）在决定工人工作效率的因素中，工人为团体所接受的融洽性和安全感较之奖励性工资有更为重要的作用。

在总结霍桑试验研究成果的基础上，1933年，梅奥出版了其代表作《工业文明中的人的问题》，创立了人际关系学说。梅奥人际关系理论的主要内容有以下几点。

（1）职工是社会人的假设。梅奥认为，人们的行为并不单纯出自追求金钱的动机，还有社会方面的、心理方面的需要，即追求人与人之间的友情、安全感、归属感和受人尊敬等，而后者更为重要。因此，不能单纯从技术和物质条件着眼，而必须首先从社会心理方面考虑合理的组织与管理。

（2）新型的领导能力在于提高工人的满意度。在决定劳动生产率的诸因素中，置于首位的因素是工人的满意度，而生产条件、工资报酬只是第二位的。职工的满意度越高，其士气就越高，从而生产效率就越高。高的满意度来源于工人个人需求的有效满足，不仅包括物质需求，还包括精神需求。为此，不仅要为工人提供舒适的工作环境，还要创造一种工人参与管理、自由发表意见、同事之间及上下级之间坦诚交流的和谐的人际关系。

（3）企业存在非正式组织。梅奥认为，在企业中除正式组织外，还存在着非正式组织。这种非正式组织的作用在于维护其成员的共同利益，使之免受其内部个别成员的疏忽或外部人员的干涉所造成的损失。为此非正式组织中有自己的核心人物和领袖，有大家共同遵循的观念、价值标准、行为准则和道德规范等。非正式组织与正式组织有很大的差别。在正式组织中以效率的逻辑为重要标准，而在非正式组织中则以感情的逻辑为重要标准。梅奥认为，非正式组织的存在并不是一件坏事，它与正式组织相互依存，对生产率的提高有很大的影响。

梅奥的贡献在于推动了对工作场所中人的因素问题的研究，开辟了管理学发展的新领域。梅奥的人际关系学说虽然在纠正古典管理理论忽视人的因素方面有贡献，在管理实践中也取得了一定的成效，但它也有偏颇之处，主要是在重视非正式组织的作用时忽视了正式组织，在强调感情和社会因素时忽视了理性和经济因素。实际上，构成社会的基本单位是正式组织而不是非正式组织。人的感性和社会因素虽然重要，但理性和经济因素也是不可忽视的。

很明显，在古典管理理论和人际关系学说之间有一条鸿沟：古典管理理论只承认理性和经济因素，只承认正式组织，把正式组织看作达到最高效率的唯一保证；人际关系学说则强调人性和感情因素，偏重非正式组织。填补这条鸿沟的是切斯特·巴纳德。

（二）行为科学研究的主要内容

行为科学是以梅奥等人创立的人际关系理论为基础发展起来的，它通过研究人们在生产过程中的行为以及这些行为产生的原因，寻求有效的办法，以便创造一种和谐的人际关系，提高生产效率。它研究的主要内容包括以下几方面。

1. 个体行为理论

个体行为理论主要包括两个方面的内容。一是有关人的需要、动机和激励方面的理论，可分为三类：内容型激励理论，包括需求层次论、双因素理论、成就激励理论等；过程型激励理论，包括期望理论、公平理论等；行为改造型激励理论，包括强化理论、归因理论等。二是有关企业中的人性理论，主要包括 X-Y 理论、不成熟-成熟理论等。

2. 群体行为理论

行为科学认为，管理面对的不仅仅是个体行为，群体行为对生产效率的影响也很大。在管理过程中，人与人之间的关系、群体行为及其对个人行为的影响也是研究的重要领域之一。在一个组织中面对许多相互关联和作用的群体，领导者必须正确掌握和处理群体间的关系，充分发挥群体的作用。群体行为理论主要研究群体动力、信息交流和群体及成员的相互关系。

3. 组织行为理论

组织行为理论主要包括领导理论和组织变革、组织发展理论。领导理论又包括三大类，即领导性格理论、领导行为理论和领导权变理论等。

（三）行为科学思想阶段的特点

相对于传统管理阶段和科学管理阶段，行为科学思想阶段体现了以下两个特点。

（1）提出以人为中心来研究管理问题。科学管理思想阶段强调了组织形式而忽视了人，行为科学思想阶段则主张以人为中心来研究管理问题，这是管理科学思想的一个重大转变。行为科学思想阶段尽管有各种各样的学说，但其共同的特点是重视人在组织中的关键作用，认为人是组织中最重要的资源。管理者要善于激励和领导其他人，必须学会理解和处理人际关系。

（2）否定了“经济人”的观点，肯定了人的社会性和复杂性。行为科学注意吸取心理学、社会学、人类学、经济学等多学科的研究成果，对人的行为规律进行多方面的剖析，认为人们工作不仅是为了物质利益，也不仅是为了建立社会关系，人的行为的动机和需求是复杂多变的，行为科学研究的重点就是人的动机、人的需求、人的行为的激励和领导方式等问题。

行为科学重视发挥人的主动性、创造性，强调民主性、参与式的领导方式。

四、现代管理阶段

（一）现代管理“丛林”的出现

第二次世界大战后，随着现代科学技术的发展，生产和组织规模扩大，生产力迅速发展，生产社会化程度日益提高，这引起人们对管理理论的普遍重视。除了从事管理和研究管理学的人，还有一些研究心理、社会、人类、经济、生物、哲学、数学的科学家也从各自不同的角度，用不同的方法对管理问题进行研究，从而出现了各种各样的学派。这一现象带来了管理理论的空前繁荣。

20 世纪 50 年代以来，在已有的古典管理理论、行为科学理论和管理科学理论的基础上，又出现了许多新的理论和学说，形成了许多学派，这些学派大大小小加起来达到一百余个。故美国著名管理学家哈罗德·孔茨把这一现象形象地描述为管理理论的“丛林”。由于这些学派都是从各自的背景出发，以不同的理论为依据来研究同一对象——管理过程的，因此产生了在管理的概念、原理和方法上的众说纷纷、莫衷一是的混乱局面。近年来，许多学者都在力求将各派的观点兼容合并，为走出“丛林”、建立统一的管理理论寻求新的出路。

西方现代管理理论形成的标志是美国管理学家哈罗德·孔茨于 1961 年 12 月发表于美国《管理学杂志》上的文章，题为“管理理论的丛林”。与古典理论的“经济人”假设和行为科学的“社会人”假设的前提不同，西方现代管理理论是建立在“决策人”假设基础上的。这一假设认为人是决策的主体，但由于个人所掌握信息的局限，限制了人们进行正确决策的能力。在这一假设基础上，各学派大都以决策作为管理的主题来研究。为了克服个人决策的局限性，现代管理理论主张用大量的数学模型来定量描述和评价管理活动，而且可以使用电子计算机作为管理的主要技术手段。

人物谱

哈罗德·孔茨

哈罗德·孔茨（Harold Koontz，1908—1984），美国管理学家，管理过程学派的主要代表人物之一。

他早年于美国耶鲁大学获博士学位。以后在美欧各国讲授管理学，并在美国、荷兰、日本等国的大公司中进行咨询工作。曾担任美国管理学会会长，在美国加利福尼亚管理研究院任管理学名誉教授。他从 1941 年始陆续出版了二十几本书，发表了八九十篇论文，主要代表作有《管理学原理》《管理理论丛林》《再论管理理论丛林》等。

（二）现代管理理论的主要学派及主要观点

1961 年，哈罗德·孔茨把各种管理理论划分为六大主要学派：①管理过程学派，以美国管理学家哈罗德·孔茨为代表；②经验学派，以比德·德鲁克为代表；③人类行为学派，以梅奥为代表；④社会系统学派，以巴纳德为代表；⑤决策学派，以西蒙为代表；⑥数理学派，以杰文斯为代表。截至 1980 年，哈罗德 • 孔茨认为管理学派并不是六个学派所能概括得了的，故又在原有六大学派的基础上增至十一个学派，增加的五个学派分别是组织行为学派、社会技术系统学派、权变理论学派、管理者工作学派和经营管理理论学派。

尽管管理学术界还有其他划分方法，但纵观主要观点，国内外多数学者同意把诸家观点归纳为管理过程学派、权变理论学派、经验主义学派、行为科学学派、系统管理学派、决策理论学派、管理科学学派和企业战略学派八大学派。学派的划分主要便于理论上的归纳和研究，并非意味着彼此独立、截然分开。它们在内容上都相互影响、彼此交叉融合。现把主要管理学派的代表人物及主要观点列于表 1.1 中。

表 1.1　主要管理学派的代表人物与观点

学派名称	代表人物及其代表作或突出贡献	学派的理论观点
管理过程学派	孔茨（Harold Koontz）、奥唐奈（Cyril O'Donnell）《管理学》	①管理是由相互关联的职能所构成的一种程序；②管理的职能与程序是有共性的；③对管理职能的分析可归纳出管理原则，它们可指导实践
权变理论学派	伍德沃德（Joan Woodward）《工业组织：理论和实践》；劳伦斯（Paul Lawrence）、洛希（Jay Lorsch）企业分类研究法	①组织和成员的行为是复杂的、变化的，因此管理不可能有通用程序，它完全依环境、自身的变化而变化；②管理的规律性与方法应建立在调查、分类基础上
经验主义学派	德鲁克（Peter Drucker）《管理的实践》《管理：任务、责任、实践》；戴尔（Ernest Dale）《伟大的组织者》，彼德斯（Thomas Peters）《追求卓越》等	①管理的理论知识解决不了现实问题，充其量是过时的经验；②管理的科学应建立在目前成功或失败的企业管理经验之上，对它们进行调查、概括、抽象，进而提供建议
行为科学学派	马斯洛（Abrahan Maslow）需求层次论；赫兹伯格（Frederick Herzberg）双因素理论；麦格雷戈（Douglas Mcgregor）人性假设；布莱克（Robert Blake）领导方格理论	①管理之本在于人，要探索人类的行为规律，善于用人，善于激励人；②强调个人目标与组织目标的一致性，调动积极性要考虑人的需求；③企业中要恢复人的尊严，实行民主管理，启发职工的创业、自主精神；④改进工作设计
系统管理学派	卡斯特（F.E. Kast）、约翰逊（Richard Johnson）、罗森茨韦克（James Rosexweig）《系统理论和管理》	①企业是一个人造的开放系统，由多个职能子系统构成，并与环境保持协调；②企业组织是一个完整的系统；③管理靠系统性实现
决策理论学派	西蒙（Herbert Simon）《管理决策新学科》；马奇（J.G.March）《组织》	①管理的关键在决策；②决策是一个复杂的过程；③决策分为程序化决策与非程序化决策；④决策的满意行为准则；⑤管理是设计决策系统
管理科学学派	伯法（E.S.Buffa）《现代生产管理》；丘奇曼（Churchman）《运筹学入门》等	①尽量减少决策中的个人艺术成分，尽量以数量方法客观描述；②决策依据尽量以经济效果为准；③尽量使用数理方法与计算机
企业战略学派	安索夫（H.Ansoff）公司战略；波特（M.Porter）竞争战略；欧迈（K. Ohmae）制胜要素	①企业经营之魂在于正确的战略，战略是一种指导思想与行为准则；②战略是一个协调环境与自身能力的全局性决策过程

（三）现代管理思想的主要特点

纵观管理学各学派，虽各有所长、各有不同，但不难寻求其共性。管理学的共性实质上就是现代管理学的特点，可概括如下。

1. 强调系统化

这是指运用系统思想和系统分析方法来指导管理的实践活动，解决和处理管理的实际问题。系统化要求人们认识到一个组织就是一个系统，同时也是另一个更大系统中的子系统。所以，应用系统分析的方法，就是从整体角度来认识问题，以防止片面性和受局部的影响。

2. 重视人的因素

由于管理的主要内容是管人，而人又生活在客观环境中，因此，虽然他们也在一个组织或部门中工作，但是他们在思想、行为等诸多方面可能与组织不一致。重视人的因素，就是要注意人的社会性，对人的需求予以研究和探索，在一定的环境条件下，尽最大可能满足人们的需求，以保证组织中全体成员齐心协力地为实现组织目标而自觉做出贡献。

3. 重视“非正式组织”的作用

这一观点就是注重“非正式组织”在正式组织中的作用。非正式组织是人们以感情为基础而结成的集体，这个集体有约定俗成的信念，人们彼此感情融洽。利用非正式组织，就是在不违背组织原则的前提下，发挥非正式群体在组织中的积极作用，从而有助于组织目标的实现。

4. 广泛地运用先进的管理理论和方法

随着社会的发展，科学技术水平的迅速提高，先进的科学技术和方法在管理中的应用显得越来越重要。所以，各级主管人员必须利用现代的科学技术和方法，促进管理水平的提高。

5. 加强信息工作

由于人们普遍强调通信设备和控制系统在管理中的作用，所以对信息的采集、分析、反馈等的要求越来越高，即强调及时和准确。主管人员必须利用现代技术建立信息系统，以便有效、及时、准确地传递信息和使用信息，促进管理的现代化。

6. 把“效率”和“效果”结合起来

作为一个组织，管理工作的目的不仅仅是追求效率，更重要的是要从整个组织的角度来考虑组织的整体效果以及对社会的贡献。因此，要把效率和效果有机地结合起来，从而使管理的目的体现在效率和效果之中，也即通常所说的绩效（Performance）。

7. 重视理论联系实际

现代管理理论来自人们的实践，并将不断发展。主管人员要乐于接受新思想、新技术，将其运用于自己的管理实践，并在实践中创造出新的方法，形成新的理论，促进管理学的发展。

8. 强调“预见”能力

管理学中强调要有很强的“预见”能力来进行管理活动。社会在迅速发展，客观环境在不断变化，这就要求人们要用科学的方法进行预测，以“一开始就不出差错”为基点，进行前馈控制，从而保证管理活动的顺利进行。

9. 强调不断创新

要积极促变，不断创新。管理就意味着创新，就是在保证“惯性运行”的状态下，不满足于现状，利用一切可能的机会进行变革，从而使组织更加适应社会条件的变化。

10. 强调权力集中

要使组织中的权力趋向集中，以便进行有效的管理。由于电子计算机的应用，现代通信设备的使用，使组织的结构趋向平面化，即减少了管理层次。由于权力统一集中，使最高主管人员担负的任务更加艰巨。因此，主管人员必须通过有效的集权把组织管理统一化，以达到统一指挥、统一管理的目的。

课后实践

在学习了本节内容的基础上，自己上网收集相关资料，了解现代管理的发展变化趋势并写成课程小论文，以加深对管理理论发展变化的了解。

第四节　管理基础工作

【本节任务】

掌握管理基础工作的概念；知晓管理基础工作包括的内容；了解管理基础工作的特点。

要实现管理的现代化与信息化，必须加强管理的基础工作。没有管理基础工作，就如同大厦没有地基一样。

一、管理基础工作的概念和特点

所谓管理基础工作是一个组织为实现其目标和管理职能，做好各项专业管理工作所必需的各项基础性保障工作。一般包括标准化、定额工作、计量工作、信息工作、规章制度、员工的基础教育等工作。管理标准化有利于使各项管理工作达到合理化、规范化和高效化，信息则是沟通组织内外各方面联系的重要工具，而建立健全组织内部责任制，是使组织有序、有节奏的整体行动的制度保障。基础教育有利于通过提高员工素质增强组织的竞争力。

管理基础工作有以下特点：①科学性。它要体现和反映企业组织生产经营活动的客观规律。②群众性。它涉及的面较广，工作量也比较大，要持之以恒，需要全员参与。③先行性。它要为各项专业管理提供资料、准则、条件和手段，是搞好组织管理的一项先行性、前提性的工作。

二、管理基础工作的内容

管理基础工作包括以下内容。

（1）标准化工作，主要是针对组织技术标准、管理标准和工作标准的制定、贯彻执行和管理工作。标准化有助于提高社会效益和组织经营效益，通过“标准”的提供，大大减少具体的经营协调、技术协调和管理协调工作。

管理故事

小和尚撞钟

某天，某寺院新来了一个小和尚，寺院住持安排其担任撞钟之职。按照寺院的规定，他的职责是每天早上和黄昏各撞钟一次。数月后，小和尚觉得撞钟的工作极其简单，渐感无聊。于是，他干脆"做一天和尚撞一天钟"了。

一日，寺院住持忽然宣布要将他调到后院劈柴、挑水，原因是他不能胜任撞钟之职。小和尚觉得奇怪，就问住持："难道我撞的钟不准时、不响亮？"住持告诉他："你的钟撞得很响，但钟声空泛、疲软，因为你心中没有理解撞钟的意义。钟声不仅仅是寺里作息的准绳，更为重要的是用来唤醒沉迷众生。因此，钟声不仅要洪亮，还要圆润、浑厚、深沉、悠远。一个人心中无钟，即是无佛；如果不虔诚，怎能担当撞钟之职？"

启示：管理者在日常管理中不仅要告知每个员工工作的标准，更重要的是应该明确工作标准，工作标准是员工的行为指南和考核依据。

（2）定额工作，主要指各项技术经济定额的制定、执行和日常管理工作。比如劳动定额、物资消耗定额、资金使用定额等。定额工作是制订、实施计划和进行考核的重要依据。

（3）计量工作，主要指测试、检查、化验、分析等方面的计量技术、器具、规则、要求和计量管理工作。

（4）信息工作，是指为满足组织的经营管理需要而进行的信息收集、处理、存储、分析、利用等工作。如市场信息、经营环境信息、客户信息、各种原始记录、台账、统计报表和档案等信息资料。信息是组织经营管理的重要资源，信息管理是组织经营决策和绩效评价的重要依据，管理信息化是管理现代化的重要内容。

（5）建立规章制度，指组织的各类责任制度、管理制度和工作制度的制定、完善、执行和考核工作。制度约束就是"内部法治"，对规范管理过程、规范活动行为有十分重要的作用。

（6）员工的基础教育，主要指以提高员工素质为目的，对全体员工进行的基础教育和基本技能培训。之所以称为基础工作，是因为员工素质的提高能有效促进组织经营管理工作的执行。

思考与讨论

飞轮效应指为了使静止的飞轮转动起来，一开始人们必须用很大的力气一圈一圈反复地推，每转一圈都很费力，但是每一圈的努力都不会白费，飞轮会转动得越来越快。达到某一临界点后，飞轮的重力和冲力会成为推动力的一部分。这时，无须再费大的力气，飞轮依旧会快速转动，而且不停地转动。这一原理告诉人们，每件事情在开始时我们都必须付出艰巨的努力才能使事业之轮转动起来，而当你的事业走上平稳发展的快车道之后，一切都会好起来。一个组织的管理刚开始也是如此，只要建立起必要的规章制度，持之以恒地运行，就能走向正轨。

讨论：飞轮效应给我们什么样的启示？应该如何搞好一个组织的管理？

本章小结

管理就是管理者在特定的环境下，有目的地对其所辖范围内的组织资源进行计划、组织、指挥、协调、控制，通过组织资源的优化配置，有效实现组织目标的社会活动。

管理的性质可以从两个方面来理解。由于管理具有双重性，决定了管理具有合理组织生产力、维护社会生产关系的基本职能，而这一基本职能的实现，要通过管理的计划、组织、指挥、控制和创新等基本职能来实现。

任何管理都是一个科学的系统。管理系统一般由管理目标、管理者、管理对象、管理机制与方法、管理环境构成。

要实现管理现代化与信息化必须加强管理基础工作。管理基础工作包括标准化工作、定额工作、计量工作、信息工作、建立规章制度、员工的基础教育等工作。

综合练习与实训

一、重点概念

管理　管理目标　行政方法　法律方法　经济方法　管理基础工作

二、填空题

1. 管理既有与________和________相联系的自然属性，又有与________和________相联系的社会属性。

2. 泰勒的科学管理理论主要致力于________的提高。

3. 管理是________的产物。

4. 法律方法包括________和________两个方面。

5. ______是指为满足组织的经营管理需要而进行的信息收集、处理、存储、分析、利用等工作。

6. 1933 年，梅奥出版了其代表作《工业文明中的人的问题》，创立了______学说。

三、单项选择题

1. 被称为科学管理之父的是（　　）。

A. 法约尔　B. 韦伯　C. 泰勒　D. 亚当·斯密

2. 提出管理就是决策的是（　　）学派。

A. 经验主义　B. 数理经济　C. 管理过程　D. 决策理论

3. 管理的首要职能是（　　）。

A. 计划　B. 组织　C. 领导　D. 控制

4.（　　）以人为中心来研究管理问题。

A. 科学管理　B. 行为科学　C. 传统管理　D. 统计学

5. 韦伯认为理想行政组织建立在（　　）基础上。

A. 传统的权力　B. 神授的权力　C. 合理合法的权力　D. 决策的权力

6. 有权直接对下属进行指挥命令的管理者是（　　）。

A. 直线管理者　B. 参谋人员　C. 职能管理者　D. 专业管理者

四、判断题

1. 传统管理的重点是提高劳动生产率。（　　）

2. 搞好各项技术经济定额的制定、执行和日常管理工作，是管理的计量工作。（　　）

3. 管理是一门艺术主要指管理是管理实践的结晶，是对管理实践的理论化。（　　）

4. 经济方法具有直接性的特点。（　　）

5. 管理的本质是协调。(　　)

6. 管理的性质是指管理的二重性。(　　)

五、思考题

1. 什么是管理？管理有哪些职能？

2. 管理为什么既是一门科学，又是一门艺术？

3. 管理系统由哪些要素构成？

4. 行政方法如何发挥作用？

5. 现代管理的特点是什么？

6. 梅奥的人际关系学说的主要观点是什么？

六、案例分析

国际商用机器公司（IBM）的创始人托马斯·沃森曾经给其部下讲过这样一个故事：有个男孩得到一条长裤，穿上一试太长了，他请奶奶帮他剪短一点，但奶奶说家务事太多了。于是他去找妈妈，妈妈却回答说没时间。他又去求姐姐帮忙，但姐姐有约会，也不能帮他的忙。这个男孩十分沮丧，又担心明天不能穿这条裤子去上学，就怀着忐忑不安的心情去睡觉了。奶奶干完了家务事，想起孙子的裤子，就把裤子剪短了一些。妈妈忙完了工作，把儿子的裤子再给剪短了一些。姐姐赴约回来，心疼弟弟，又把他的裤子给剪短了一些。第二天早晨，全家人发现长裤成了短裤。

案例思考：

1. 为什么会造成这种结果？

2. 管理仅限于企业吗？

七、实训练习

实训项目：懂得管理的重要性

实训组织：组织学生到企业或其他组织参观，增加对组织的感性认识，请该组织的领导讲解组织的管理及方法，使学生加深对管理重要性的理解。

实训要求：完成管理重要性的单元课程论文。

第二章 管理的基本原理

管理格言：管理无定式，事事皆学问。

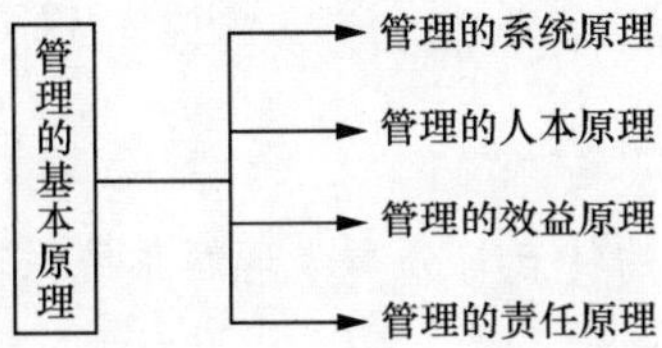

导入案例

海尔的“80/20 原则”

海尔集团的管理有个“80/20原则”，即关键的少数人制约着次要的多数人。管理人员是少数，但属于关键性人物；员工是多数，但从管理角度看则处于从属地位。从战略目标的确定到计划的制订再到实施控制，都是管理人员的职责。员工干得不好，主要是管理人员指挥得不好；员工的水平反映了管理人员的素质。因此，出了问题就把责任推给下属，是违背管理学基本原则的行为。

有一次，海尔某公司财务处一位实习员工在下发通知时漏发了一个部门，被审核部门发现。由于该员工系实习生，没有受到任何处罚，但作为责任领导的财务处处长则根据“80/20原则”被罚款50元。继“80/20原则”之后，海尔管理层进一步提出了“员工的素质就是领导的素质”的观点。董事长张瑞敏对公司中层领导讲过这样一句话：“部下的素质低，不是你的责任；但是，如果不能提高部下的素质，就是你的责任。”

海尔的这一管理原则是要求管理者有效承担起应有的责任，防止责任下推外移。在海尔集团，各管理层干部一致认为，作为领导，没有抓好员工工作，就不能抱怨员工的素质低。如果领导没有制定一套提高员工素质的培训机制和激励机制，那么，素质低的员工永远不会自发地提高素质，素质高的员工也会因为没有激励的氛围而渐渐变得素质低。“只有落后的干部，没有落后的群众”，这句话在海尔已经成了经典。

请问：“80/20 原则”有哪些科学道理？这一原则可以应用于哪些方面的管理？

现代管理必须根据管理的基本原理，建立处理各种管理活动的基本原则，只有这样才能保证管理活动有序进行。

管理原理是对管理活动实质，对管理活动最基本的、普遍性的运动规律的科学表述，是对管理工作进行科学分析、总结而成的基本道理，反映了管理的基本规律。管理原理是管理学在不同业务领域都能应用的概念、理论、准则和方法。管理原则是在管理原理的指导下，人们在处理管理活动时所依据的法则或标准，原则不是普遍存在的规律，而是在某些特定条件下处理问题的准则。理念是用来引导行为的指导思想和准则。管理的实践自古以来就存在，而管理原理则是在人类长期的管理实践活动基础上形成的。随着管理原则的进一步完善与发展，它对现代组织的管理活动具有日益重要的指导意义。管理的基本原理主要包括管理的系统原理、管理的人本原理、管理的效益原理、管理的责任原理等。

第一节　管理的系统原理

【本节任务】

掌握系统的概念；了解系统的特点与分类；理解系统原理的相应原则。

任何社会组织都是由人、物、信息组成的系统，任何管理都是对系统的管理，没有系统，也就没有管理。管理的系统观不仅为认识管理的本质和方法提供了新的视角，而且它所提供的观点和方法已经渗透到管理的人本原理、责任原理和效益原理之中，从某种程度上来说，它在管理理念的有机体系中起着统率的作用。

一、系统的分类和特征

世界上的一切事物都具有系统的属性。所谓系统，就是由若干相互依赖、相互作用的要素组成的，具有特定功能的一个有机整体。系统普遍存在于自然界和人类社会的一切事物之中，如在宇宙中，有各种行星系统；在自然界，有动物系统、植物系统、生态系统、分子原子系统等；在人体中，有呼吸系统、消化系统、神经系统等；在产业界，有工业系统、农业系统、服务业系统等。系统广泛而大量地存在，因此在管理中，人们可以把任何一个组织及其环境看成一个系统。

系统必须符合下列三个条件：①系统是由若干要素（部分）组成的；②系统有一定的结构；③系统有一定的功能，或者说系统有一定的目的性。

1. 系统的分类

系统多种多样，为了便于认识，可将其按不同的方式分类。

（1）按其自然属性，系统可分为自然系统和人造系统两大类。自然系统基本上是由自然过程形成的系统，如生态系统、植物系统等。人造系统是指靠人类活动创造出来的系统，如社会系统、知识系统等。

（2）按自然界进化程度，系统可以分为无机系统、生物机体系统及社会系统三大类。无机系统是指由自然界无机物质构成的系统；生物机体系统是指由有生命特征的生物机体构成的系统，如动物系统、人体系统等；社会系统是指以人为基本单元的群体组织系统。

（3）按系统与环境的联系，系统可以分为封闭系统与开放系统两大类。封闭系统是指不与环境发生任何联系和交流的系统。开放系统是指与环境发生各方面联系与交流的系统。事实上，绝对封闭的系统是不存在的，只是为了研究的需要而把一些与环境交流较少的系统看作封闭系统。因此，封闭系统只是一个相对概念。

（4）按其反馈属性，系统可以分为开环系统和闭环系统两大类。开环系统是指系统内不存在反馈通道和机制的系统，而闭环系统是指系统内存在反馈通道和机制的系统。

（5）按其运动属性，系统可以分为动态系统与静态系统两大类。动态系统是指系统状态会随着时间的变化而发生相应变化的系统。静态系统则是指系统状态不随时间变化而变化的系统。实际上，世界上万事万物都处于运动中，绝对静止的系统是不存在的，关于相对静止的分类，也是为研究活动服务的。

2. 系统的特征

系统一般有以下几个特征。

（1）整体性。每一个系统都是由若干子系统（或称要素）构成的，这些子系统之间相互联系、相互作用且服从于共同的目标，从而构成统一整体。系统的整体性决定着系统的质量，决定着系统对内调控和对外适应的能力，整体性是系统最基本与本质的特征。

（2）结构性。任何一个系统都有属性和功能，但系统要素不能直接形成系统属性和功能，必须通过“结构”这个中介来实现。结构说明系统的存在及系统要素互相联系、互相作用的内在方式。而要素间的相互关联，要素与系统的相互依存，是系统结构性的基础。有机结合的结构产生系统属性和功能，也就是说系统的结构决定系统的功能。

（3）层次性。构成系统的各个子系统不但有相互联系的一面，也有各自独立的地位与作用，它们由各自的子系统构成。整体的统一，靠多层次子系统的分工与协作来实现；整体的功能，靠多层次子系统的各自作用及其综合作用而发挥；整体的优化，靠多层次子系统的最佳组合而达到。

（4）相关性。相关性是指系统内各要素之间存在相互制约、相互影响、相互依存的关系。表现为系统中一个因素的变化必然引起其他因素以至整个系统的变化。

（5）目的性。任何系统都有自己特定的目的（或目标），它在系统中发挥启动、导向、激励、聚合和衡量的作用。如果没有目的，则各要素就是一盘散沙，系统就不能存在和运转。每个系统只能有一个总的目的（或目标），系统内的各子系统都要围绕总目标统筹运动，确定或调整子系统的具体目标必须服从总目标。

（6）开放性。系统是对外开放的，任何系统都要与外界不断交流物质、能量和信息，才能维持生命，只有系统从外部获得的能量大于系统内部消耗损失的能量，系统才能不断发展壮大。

（7）适应性。适应性指系统随环境的改变而改变其结构和功能的能力。任何系统都不是孤立存在的，它要与周围环境中的事物发生各种联系。系统的适应性越强，其生命力就越强，越能适应竞争和发展的需要。

视野拓展

为了更好地了解系统管理理论的相关内容，推荐通过网络百科（如百度百科等）“系统管理理论”词条了解更多内容。

二、系统原理相应的管理原则

管理的系统原理，就是运用系统理论，对管理活动做系统分析，实施系统化的管理，以达到管理的优化目标。之所以要运用系统原理的观点，是因为人类面临的问题越来越复杂，社会生产实践范围不断扩大，管理因素越来越复杂，只有运用系统原理的观点去观察、分析和处理问题，才会有好的效果。管理的系统观被认为是管理理论中非常重要的一个理念。

系统原理相应有以下几项基本管理原则。

1. 整体性原则

整体性原则是指系统要素之间的相互关系及要素与系统之间的关系以整体为主进行协调，局部服从整体，使整体效果最优。系统必须具有两个或两个以上的要素才能构成，这些要素必须统一和协调于系统的整体之中，系统的整体功能是建立在一定要素功能基础之上的，但是系统的整体功能不是要素功能的简单相加，它通过要素之间的有机联系才能发生质的变化，产生出每个要素都不可能具有的新的功能，所以系统的整体功能应该比部分功能之和要大，管理的奥妙在于实现“整体大于部分之和”。

这里的“大于”不仅指数量，而且指质量，即产生一种系统的综合功能，这种功能的产生是一种质变，它大大超过了各部分功能之和。但是如果要素功能不协调，就不能发挥出整体的优势，很多情况下，单独提高某些要素的功能并不会使整体功能提高，有时还会使其降低。

在管理中如何应用整体性原则？主要需做到以下几点。

（1）要考虑系统各要素的兼容性。系统是由各要素组成的，各要素之间是相互联系、相互矛盾的，如果系统各要素不融合，矛盾丛生，则难以取得整体的功能放大。现代管理是靠团队精神的，如果一个人缺乏团队意识，与团队成员水火不容，则团队的凝聚力、战斗力就无从谈起。

即问即答

金刚石与石墨都是由碳元素构成的，但两者的硬度却有天壤之别，这是什么原因造成的？这给了我们什么样的启示？

（2）要注重系统结构的构建。系统的功能决定于系统的结构，因此，要实现系统功能的放大必须搞好系统结构整体设计。

（3）要有全局观，统筹协调。当局部与整体发生矛盾时，局部利益应服从整体利益，以达到整体的最大优化。

2. 动态性原则

动态性原则是指要在动态变化中研究系统的动态规律，搞好管理工作。动态性原则是系统的运动性的体现。动态性原则要求人们不能静止地看待事物，要用动态和变化的观点看待问题。在管理活动中遵循动态性原则，要求做到如下几点。

（1）要有前瞻意识。要分析系统的过去和现在的情况，并由此充分预测未来，以便做出具有前瞻性的正确决策。

（2）要有长远意识。协调好近期利益和长远利益的关系，近期利益应当服从于长远利益。

（3）要有创新意识。系统及其环境在不断变化和运动，因此不能因循守旧，任何过去行之有效的管理模式、管理措施和竞争策略都应当随着时间的推移而不断地更新。

（4）要有反馈意识与机制。既然系统是动态变化的，那么管理要及时有效应对，就离不开灵敏、准确、迅速的反馈。反馈就是由控制系统把信息输送出去，又把其作用结果返送回来，并对信息的再输出产生影响，起到控制的作用，以达到预定的目的。原因产生结果，结果又构成新的原因、新的结果……反馈在原因和结果之间架起了桥梁。反馈分正反馈和负反馈两种，前者使系统的输入对输出的影响增大，后者则使其影响减小。在一般管理中追求的是负反馈效果，在劳动竞赛中追求的是正反馈。反馈的最终目的就是要对客观变化做出应有的反应，这就要求建立信息反馈系统与制度，保证信息及时反映。

管理故事

不动的炮兵

据说，曾经有一位年轻的炮兵军官上任后到下属部队视察操练情况，发现有几个部队操练时有一个共同的情况：在操练中，总有一个士兵自始至终站在大炮的炮筒下，纹丝不动。经过询问，得到的答案是：操练条例就是这样规定的。

原来条例因循的是用马拉大炮时代的规则，当时站在炮筒下的士兵的任务是拉住马的缰绳，防止大炮发射后因后坐力产生的距离偏差，以减少再次瞄准的时间。现在大炮不再需要这一角色了。但条例没有及时调整，而出现了不拉马的士兵。这位军官的发现使他受到了国防部的表彰。

启示：管理的首要工作就是科学分工。只有每个员工都明确自己的岗位职责，才不会产生推诿、扯皮等不良现象。但时代是发展的，管理者应当根据实际动态情况对制度及分工及时做出相应调整，否则，队伍中就会出现“不拉马的士兵”。而之所以出现了“不拉马的士兵”，是我们对一些身边常见事物习以为常，且缺乏反馈机制造成的。

3. 整分合原则

整分合原则是指为了实现高效率管理，必须在整体规划下明确分工，在分工基础上进行有效的综合。也就是在任何组织管理活动中要做到“整体把握、科学分解、组织综合”的要求。

在运用这一原则时一般要经过整体目标确立、系统分解和综合协调三个步骤。

首先，要从整体角度设计组织系统的结构功能，确定系统的总体目标。

其次，在整体目标指导下，对计划、任务进行分解，对系统内各部门及各成员的职责及其相互关系进行分工。

最后，为了避免系统分解活动所带来的诸如部门间的脱节、各行其是、横向协调难等问题，在系统内按照系统内在的联系把各部门、各环节有效地结合起来，协调它们之间的关系，使各部门相互支持、相互配合，使整体力量集中到整体目标的实现上来。

4. 封闭原则

封闭原则是指在任何一个管理系统内部，管理手段、管理过程等必须能够形成一个连续封闭的回路，才能形成有效的管理活动。该原则的基本理念是组织系统内各种管理机构之间，各种管理制度、方法之间，必须具有相互制约的管理，管理才能有效。系统的封闭原则有以下三个方面的含义。

（1）管理过程的封闭性。一方面，管理过程由计划、组织、领导、控制等职能组成，这些职能必须形成一个封闭的回路。制订了计划就应该监督、检查，并根据情况进行奖惩；另一方面，管理过程是动态发展的，一个管理过程完结后，在总结经验的基础上，下一轮管理过程在一个新台阶上继续连续不断地进行。

（2）控制反馈过程的封闭性。一个完善的管理控制系统应该实行闭环控制，以便根据信息反馈情况及时调整管理措施，使管理系统处于控制状态。

（3）管理权力的封闭性。为了有效实现管理职责，必须根据管理职责的大小赋予每个职能机构与不同管理层次相应的管理权力。但为了保证权力不被滥用，还必须实现权力的相互制衡、相互监督，构成权力相互制衡的一种封闭系统。一个健全的管理机构应当由决策、执行、监督和反馈机构四部分组成。指挥中心是决策机构，管理的起点就是由决策机构发出指令。指令一方面通向执行机构，另一方面又发向监督机构，监督执行的情况。指令执行结果输入反馈机构，反馈机构对信息进行处理，比较指令执行结果与指令的差距后将其返回决策机构，使决策机构根据情况发出新的指令，这就形成了管理的封闭回路（见图 2.1）。

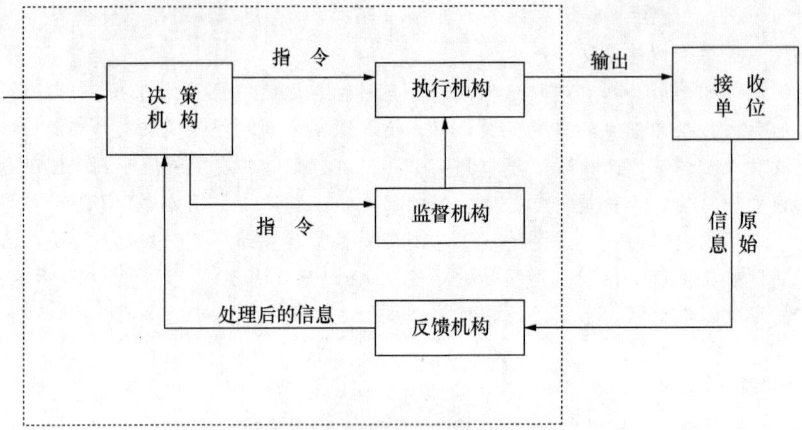

图 2.1　管理系统机构相对封闭的回路图

第二节　管理的人本原理

【本节任务】

掌握人本原理和动力原则的概念；知晓如何利用能级原则和动力原则。

一、人本原理的内涵和要点

管理的人本原理就是管理要以人为中心，一切以调动和激发人的积极性、主动性和创造性为根本，追求人的全面发展。管理的人本原理要求要从管理者的角度对人的本质属性进行认识和理论探讨。人尽其才、才尽其用是实现人本管理的关键。这一原理认为，人是管理系统中最活跃、最有能动性、最有创造性的要素，管理活动中的一切工作都离不开人，人在管理中居于核心的地位，要尊重人、依靠人、为了人、发展人、做好人的工作，这是做好管理工作的根本。所以它要求管理者在一切管理活动中十分重视处理人与人之间的关系，充分调动人的主动性和创造性，做到人尽其才，使管理对象明确组织的整体目标和自己所担负的责任，自觉、主动地为实现整体目标努力工作。从“物本管理”到“人本管理”，是 21 世纪初管理理论与实践发展的主要特点之一。

社会越是向前发展，就越要强调以人为本，显示人的自我价值。工业化时代组织的发展靠资本，知识经济时代组织的发展靠“知本”，而人是载体。管理诸要素中人是第一位的，任何管理活动的全部要素和整体过程都需要人去掌握和推动。没有人在整体上对其他管理对象的合理使用，就不可能实现管理目标。实践证明，人的能动性发挥的程度与管理的效应成正比，人的能动性发挥的程度高，管理的效应就好；人的能动性发挥的程度低，管理的效应就差。因此，现代管理科学把人本理论的研究列为它的核心内容，强调把人的因素放在第一位，强调按人的发展规律进行管理，充分发挥人的能动性，这是现代管理发展的趋势。

概括地说，在组织管理中，人本原理有以下几个要点。

（1）依靠人——全新的管理理念。人是社会经济活动的主体，是一切资源中最重要的资源。归根到底，一切经济行为都是由人来进行的；如果人没有活力，组织就没有活力和竞争力。

（2）开发人的潜能——最主要的管理任务。管理的任务在于如何最大限度地调动人们的积极性，释放其潜藏的能量，让人们以极大的热情和创造力投身于事业之中。

（3）尊重每一个人——组织最高的经营宗旨。组织不仅要尊重每一名员工，更要尊重每一位消费者、每一个用户。

（4）塑造高素质的员工队伍——组织成功的基础。每一个组织都应把培育人、不断提高员工的整体素质作为经常性的任务。尤其是在急剧变化的现代，技术的生命周期不断缩短，知识更新速度不断加快，每个人、每个组织都必须不断学习，以适应环境的变化并重新塑造自己。提高员工素质，也就是提高组织的生命力。

（5）人的全面发展——管理的终极目标。

（6）凝聚人的合力——组织有效运营的重要保证。组织本身是一个生命体，组织中的每一个人不过是这个有机生命体中的一分子，所以，管理不仅要研究每一位成员的积极性、创造力和素质，还要研究整个组织的凝聚力与向心力，以形成整体的强大合力。

思考与讨论

参考下文，讨论管理为什么要以人为本。

海尔的人本管理

在现代市场经济条件下，企业竞争的本质是人才的竞争，是员工素质的竞争。海尔的兴旺与成功，来源于海尔人的活力与成长。海尔人本管理的核心是让海尔的人才辈出，让更多的海尔人成为创新的主体，让更多的海尔人在创新中与海尔共同成长。

虽然海尔已经很优秀了，但在资金、技术、管理等方面仍无法与世界上的一些竞争对手相比。海尔靠什么优势在竞争中取胜呢？张瑞敏的答案是："靠人的优势。"张瑞敏力主人本管理。他为海尔设计、缔造了以人为本的企业文化，一切以人为中心，把人当作主体，在企业内部营造一种尊重人、信任人、关心人、理解人的文化氛围，让每个员工都成为创新主体，让每个人都以百倍的热情投入海尔事业的发展中，使管理的艺术和心灵的需求更加和谐、完美地统一起来。张瑞敏认为：人是现代化的主体，员工是企业的主体，企业文化的作用就在于营造一种宽松、和谐的氛围，使员工创造性地开展工作，最大限度地挖掘员工的潜能，最大限度地发挥员工的主动性和积极性。海尔制定了许多制度，通过公开招聘上岗，来发现人才和促进人才流动；让许多年轻有为的员工走上领导岗位；让员工有自我表现的动力；让员工承担责任并进行创造性的工作；建立员工"自我设计""自我表现"的机制；设立"海尔奖"和"海尔希望奖"，重奖有发明创造的人才；等等。这些制度使每个员工都能感受到自身价值的存在。

海尔思想政治工作的原则是"三心换一心"，即解决疾苦要热心，批评错误要诚心，做思想工作要知心，用这"三心"换来职工对企业的"铁心"。海尔有一个运转体系，专门帮助职工解决生活上的实际困难。员工手册有《排忧解难本》，职工如有困难，只要填一张卡或打一个电话，排忧解难小组就会随时派人解决。这被海尔人称作"上班满负荷，下班减负荷"的排忧解难工程。一次，工人肖同山因患脑出血住院治疗，他母亲卧病在家，他的家中还有一个两岁多的小孩需要人照看，他妻子一个人要顾三头，实在是应付不了。得知这一情况后，海尔公司从生产一线抽调人昼夜护理肖同山，让他妻子安心回家照顾公婆和小孩。领导和同事还送去钱和食品，并常到医院和他的家中探望。他妻子感激万分，肖同山病房中其他病人对海尔的做法赞叹不已。在海尔，这类例子不胜枚举。

张瑞敏提出要把每一名员工都变成一个合格的"小老板"，让每一个"小老板"经营一个小的"微型公司"，让他们以"微型公司"老板的意识和方式来进行日常工作，做到大型企业微型化，从而能保持小企业的快捷的反应速度。他说："我们这样做是希望每个细胞都动，每个细胞都相当有活力。比如，鹿可以被狮子吃掉，但被吃掉的永远是年老体弱的。如果狮子老了，连牛也可以踢它两脚。这是为什么呢？因为它的每个细胞都老化了。所以，关键取决于每个细胞。对于一家企业，不要只看它外表多么强大、多么有力量，关键要看它的细胞有没有活力。"

海尔实行"赛马不相马"，在选人、用人机制上是对传统人力资源开发模式的变革。海尔赛马机制的设想是：给每一个人比赛的场地和参赛的资格，比赛的标准公开化。所以，一个人要跑在别人前面，就得努力前行。海尔的赛马机制包含三条原则：一是公平竞争，任人唯贤；二是职适其能，人尽其才；三是合理流动，动态管理。其中，有"三工并存，动态转换"的机制，有干部分类考核、干部职位不固定、竞争上岗、届满轮换、海豚式升迁等制度。海尔整个管理层的平均年龄仅 26 岁，冰箱公司和空调公司的总经理都只有 31 岁。松下电器公司的人员到海尔参观时，曾戏称海尔实施的是"毛头小子战略"。张瑞敏的用人观是："用人要大胆，在位要监控。"对于人才既要大胆使用，又要严密监控，这是现代管理的精髓。海尔由小到大、由弱变强的飞速发展，和它拥有一支廉洁高效的干部队伍是分不开的，和它的用人之道是分不开的，也和它一直坚持这种人才监控观是分不开的。

正是这种以人为本的管理，使得海尔成为了一家在国际上有竞争力的知名企业。

二、人本原理的相应原则

1. 能级原则

能级原则是指建立一套合理的能级，根据单位和个人能量的大小安排其工作，使其发挥不同能级的能量，以保证结构的稳定性和管理的有效性。

"能级"是从物理学中借用过来的词，原意是指原子由原子核和电子构成，电子由于具有不同的能量，就按照不同的轨道绕原子核运转，即能量不同的电子处于不同的相应能级。这种物理现象在管理上同样存在。能级原则是指在现代管理中，机构、法和人都有能量，根据其能量的大小可以建立一定的秩序、一定的规范或一定的标准。能级原则认为，人和其他要素的能量一样，都有大小和等级之分，并会随着一定条件而发展变化。它强调知人善任，调动各种积极因素，把人的能量发挥在与管理活动相适应的岗位上。

正确贯彻能级原则，要求注意以下几点。

（1）能级管理必须按层次进行。根据能级来考察，一个稳定的组织能级结构应呈正三角形态。从三角形的顶端往下看，第一层负责战略的制定，第二层在战略指导下进行各种具体政策的制定，第三层执行各种管理指令，第四层从事具体的操作以完成工作任务。由此可见，管理组织的正三角形态是一种全稳态能级结构系统，有利于政出一门、令行统一，是一般组织较理想的能级结构。

（2）不同能级应该表现出不同的权力、责任和利益。权力、责任、利益是能量的外在体现，只有与能级相对应，才符合能级原则。

（3）各级能级必须动态对应。人有各种不同的才能，各种管理岗位有不同能级。现代管理必须使具有相应才能的人处于相应能级的岗位上，做到人尽其才、各尽所能，这样的管理体制才能形成稳定的结构，才能持续而高效地运转。

2. 动力原则

动力原则是指管理必须有强大的动力，促使各种管理要素有效地发挥作用，产生强大的合力，使管理运动持续而有效地进行。动力是驱使人们不断前进的内在力量。管理活动要持续有效地进行下去，就离不开能源，离不开动力。动力不仅是管理活动的动因、源泉，而且，动力运用得正确与否，还决定着管理是否能够有序地进行。

现代管理的动力包括以下三种。

（1）物质动力。物质动力包括对个人的物质报酬、奖励以及组织创造出的最佳经济效益。除了必要的物质刺激，更重要的是经济效果。经济效果是检验管理实践的标准。将物质利益与管理活动结果相结合就能大大提高经济效果。

（2）精神动力。精神动力既包括信仰、精神刺激，也包括日常思想工作（解除思想顾虑）。精神动力不仅可以补偿物质动力的缺陷，而且其本身就有巨大的威力，在特定情况下，它也可以成为决定性动力。

（3）信息动力。信息是现代管理的重要动力。人们在信息的收集、处理和交流中，可以发现自己的不足，从而产生前进的内在动力。对组织而言，信息是效率的基础；对个人而言，掌握信息、知识多的人，就有大的生活动力。

现代管理运用动力原则要做到以下几点。

（1）三种动力要综合协调运用。三种动力往往同时存在于一个管理系统中，不同管理系统的三种动力是不会绝对平均的，必然有所差异。即便在同一系统中，随着时间、地点及其他条件的变化，三种动力的比重也会发生变化。现代管理应及时洞察和掌握这种差异和变化，综合而又灵活地使用动力原则。

（2）要处理好集体动力与个体动力的关系。组织都是由个人组成的。组织和个人是不可分割的，是相互影响、相互联系的，在管理中要以集体动力为基础，充分发挥个人动力的作用，以获得最佳的管理效果。

（3）正确掌握刺激量。管理的三种基本动力都要有一个适当的量。它们中的任何一种，如果刺激量过小，则起不到激励作用，而刺激量过大，又会产生抑制或干扰作用，同样起不到激励作用。在管理中只有掌握了各种动力的高效量，才能发挥最大的激励作用。然而，对刺激量并不可能定出一个具体数量，必须在管理过程中，根据本地区社会环境、经济基础、文化发展水平、本部门及个人的具体情况综合考虑。

思考与讨论

某高校开展青年教师课堂教学竞赛，规定一等奖奖励1200元，二等奖奖励800元，三等奖奖励500元。竞赛采取自愿报名、系部推荐参赛的方式，结果一些系没有老师参加，他们认为费力不讨好，个别系主任只能指定新来的教师参加。

请问：为什么资历深的教师不愿参加？你认为校领导应该在哪些方面做些改进呢？

视野拓展

《从以人为本的"一分钟"谈起》一文可说是对"以人为本搞好管理"的一种实践，读者可通过扫描下面的二维码阅读该文。

3．环境创设原则

环境创设原则是指为员工创造出适应其全面发展的环境。组织环境或氛围会影响每个员工的行为，环境具有引导性。现代管理强调自我管理，认为人人都是管理者，要引导组织成员走上自我管理之路，使组织成为个性化发展的场所，必须创设与上述要求相符合的环境，使组织成员在此环境中能够个性化发展，自我管理，与之相适应的是现代管理者应该实行的是赋能型领导。环境条件会影响员工自由个性的发展，所以，以人为本的管理要重视组织环境的创设。

在管理中运用环境创设原则要做到以下两点。

（1）要尽可能创造好的物质环境。这些物质环境包括工作条件、设备、文化娱乐设施、生活空间安排等。良好的物质条件可以为员工开展科技创新活动、搞好发明创造等奠定物质基础。

（2）要搞好软环境建设。软环境包括一个组织的工作氛围、政策、规章、组织文化、人际关系等。良好的软环境有利于潜移默化地影响人们的行为，引导员工的行为与组织目标保持一致，员工的发展与组织共成长，并为员工自由个性的发展营造良好氛围。

第三节　管理的效益原理

【本节任务】

了解效益原理的概念与原则；知晓提高效益的途径。

一、效益与效益原理

1．效益与效果、效率的联系和区别

效益与效果、效率既相互联系，又相互区别。

效果指人们或组织通过某种行为、力量、手段、方式而产生的结果。这种结果中有的是有效益的，有的是无效益的。例如，有的企业生产的产品虽然质量合格，但产销不对路，在市场上卖不出去，积压在仓库里，最后甚至变成废弃的物质，这些产品是不具有效益的。所以，只有那些为社会所接受的效果才是有效益的。效益是某种活动所要产生的有益效果及其所达到的程度。

效率是指特定的系统在单位时间内的投入与所取得的效果之间的比率。效率常用来衡量管理水平的标准。例如，要衡量组织管理的水平，就必须考察组织投入的资金、技术、人力、物力等因素与所获得的利润之间的比率。在一定的时间内，如果消耗的物资、能量等因素越少而产生的效果越大，就意味着效率越高；反之，如果消耗的物资、能量等因素越多而产生的效果越小，就意味着效率越低。

2．经济效益和社会效益

效益可分为经济效益和社会效益两类，其中经济效益是人们在社会经济活动中所取得的收益性成果；社会效益则是在经济效益之外的对社会生活有益的效果，是人们在消耗了一定量的活劳动和物化劳动后实现社会目标的程度。

经济效益和社会效益，两者既有联系又有区别。经济效益是社会效益的基础，而追求社会效益又是提高经济效益的重要条件。两者的区别主要表现在，经济效益比社会效益更加直接，显而易见，经济效益可以运用若干经济指标来计算，而社会效益则难以计量，必须借助其他形式来间接考核。在管理活动中，管理者既要高度重视经济效益，也要重视社会效益，要把二者有机结合起来。

3. 效益原理概述

效益原理是指组织的各项管理活动都要以实现有效性、追求高效益作为目标的一项管理原理。它表明现代社会中任何一种有目的的活动都存在着效益问题，它是组织活动的一个综合体现。“用最小的投入，获得最大的产出”已成为管理活动永恒的主题。影响组织效益的因素是多方面的，如科学技术水平、管理水平、资源消耗和占用的合理性等。任何组织管理的最终目标都是为了追求和获取效益。

效益原理要求各项管理活动都要始终围绕系统的整体优化目标，通过不断提高效率，使投入的人力、财力、物力、信息、时间等资源得以充分、合理、有效的利用，从而产出最佳的管理效益。向管理要效益、管理出效率，已成为人们的共识。效益和对效益的不断追求是管理活动的永恒主题。

组织管理遵循效益原理必须体现以下三个原则。

（1）价值原则。效益的核心是价值，必须通过科学而有效的管理，实现经济效益和社会效益的最大化。

（2）投入产出原则。即效益是一个对比概念，通过以尽可能小的投入取得尽可能大的产出的途径来实现效益的最大化。

（3）边际分析原则。即在许多情况下，通过对投入产出微小增量的比较分析来考察实际效益的大小，以做出科学决策。

二、实现管理效益的途径

1. 加强科学预测，提高决策的正确性

组织要实现理想的管理效益，首先必须确保组织决策的正确性，这是取得管理效益的前提和基础。而决策的正确性必须以科学的预测为依据。通过预测，就能比较准确地把握市场需求、技术、人力资源等环境因素的变化趋势，从而为组织确定经营方针、资金投向、生产规模等重大决策提供可靠依据，提高决策的准确性和经营管理活动的预见性。

2. 优化组织结构，增强组织的运作效率和适应性

组织结构是组织正常运营和提高经济效益的支撑和载体。现代组织如果缺乏良好的组织结构，没有一套分工明确、权责清楚、协作配合、合理高效的组织结构，其内在机制就不可能充分发挥出来。一个组织如果不能根据外部环境的变化及时调整、创新和优化组织结构，就会影响管理效能和组织效益的提高。

3. 实施有效控制，确保组织目标的充分实现

组织要实现理想的管理效益，就必须使组织的各项活动按照预定的计划进行，避免或尽

量减少计划执行中的各种失误和偏差。这就要求对组织的活动进行有效的控制，控制资源的消耗，减少成本与费用。

4. 及时评价成果，提高员工的积极性

一段时期的组织管理目标实现后，要及时对目标成果进行评价、总结。对于对目标实现有贡献的员工要进行公平合理的奖励；对工作懈怠、缺乏责任心的员工要进行惩罚，以维持和调动组织成员饱满的工作热情和积极性。同时，要及时总结经验教训，制定新的奋斗目标，实现组织新发展。

5. 现代管理要不断创新，追求长期、稳定的高效益

现代社会时时处处充满着激烈的竞争，如果一个组织只满足于眼前的经济效益水平，而不以新品种、高质量、高技术含量、低成本迎接新的挑战，就会随时有落伍甚至被淘汰的危险。所以，现代管理者必须有远见卓识和改革创新精神，要不断增强组织可持续发展和创新的能力，积极进行组织的技术改造、技术开发、产品开发和人才开发，才能保证组织有长期、稳定且较高的经济效益，才能使组织持久地兴旺发达，尽可能大地提高组织的管理效益。

三、实现管理效益应注意的问题

1. 要树立全局效益观

任何一个组织都是由若干个要素组成的系统，系统内的每一个要素都有自己的局部利益，都会追求自己的局部效益。因此，在组织的管理活动中，要处理好局部效益与全局效益的关系，一方面要善于从全局着眼，从部分入手，统筹考虑，各方协调，加强二者的统一。局部效益好，就有可能带动全局效益。另一方面，要树立全局观念，局部要服从全局。如果全局效益差，局部效益的提高就难以持久。

2. 要处理好长期效益与短期效益的关系

组织要得到持续高效的发展，就不能只满足于当前短期效益。要有长远眼光，善于追求长期稳定的高效益。如果组织只满足于眼前的经济效益水平，不能根据市场需求的变化开发生产各种新产品，那么随时会有落伍甚至被淘汰的危险。著名管理学家德鲁克在《管理、任务、责任和实践》一书中指出："如果管理人员只限于已经做过的事情，那么，即使外部环境和资源条件都得到充分利用，他的组织充其量不过是一个墨守成规的组织。这样下去，很有可能造成衰退，而不仅是停滞不前的问题，在竞争的情况下，尤其是这样。"

视野拓展

二维码链接页面展示的是南怀瑾先生讲演片断的文字整理版，其内容较详细地解释了"亡德而富贵，谓之不幸"的含义。推荐读者参阅，并可展开讨论。

3. 要处理好经济效益与社会效益的关系

如果没有经济效益，企业则无生存的可能性，但只讲经济效益而不顾社会效益，迟早会被社会抛弃。2008 年的三聚氰胺事件使三鹿集团在 2009 年 2 月 12 日宣布破产，可以说是被社会抛弃的典型。"君子爱财，取之有道"，"亡德而富贵，谓之不幸"[①]是祖先留给我们的

① 编辑注："君子爱财，取之有道"出自《增广贤文》；"亡德而富贵，谓之不幸"出自班固《汉书·景十三王传》，"亡"通"无"。

宝贵财富，不仅在个人修身中可作为指南，也是企业和外部和谐共存的行为准则。

企业在追求经济效益的同时，不应做违背社会效益的事情，而要重视社会效益，要有社会责任，只有这样才能使社会经济和谐健康地发展，才有可能建成“百年老店”。

第四节　管理的责任原理

【本节任务】

掌握责任原理的概念；理解责任原理的内容与要求。

一、责任原理的概念

责任原理是指管理工作必须在合理分工的基础上，明确规定各部门和每个人必须完成的工作任务和必须承担的相应责任。责任原理的核心是责任，必须在数量、质量、速度、效益上有明确规定，并通过一定的条例、规定等形式表现出来。

在实际活动中要提高工作的效率和效益，充分发挥人的潜能，明确责任是最有效的方式。在合理分工的基础上明确责任，就能有效完成组织的目标。职责是组织整体赋予组织成员的任务，也是维护组织正常秩序的一种约束力。

管理故事

联产承包责任制显威力

中国经济改革由农村起步，而农村改革的起点正是家庭联产承包责任制。“交够国家的、留足集体的、剩下全是自己的”，中国农民长期受“大锅饭”“平均主义”压抑的生产积极性，在这几句朴素话语的鼓舞下得到了最大程度的爆发，并在最短的时间内奇迹般地解决了困扰中国上千年的吃饭问题，也推动了我国整个经济体制的改革。

推荐通过网络百科“家庭联产承包责任制”词条对家庭联产承包责任制做进一步了解。

启示：家庭联产承包责任制之所以会产生如此威力，就在于明确了每个农民自己的经济责任与利益，在动力机制的刺激下，极大调动了中国农民的生产积极性。

二、责任原理在管理中的应用

1. 分工明确，职责分明

为了进行有效管理，确保组织目标的实现，必须将组织的计划、目标进行分工，在合理分工的基础上，确定每一个员工的职位，明确规定各职位应担负的任务。

分工，是生产力发展的必然要求。在合理分工的基础上确定每个人的职位，明确规定各职位应担负的任务，这就是职责。明确每个人的职责是挖掘人的潜能的最好方法。

为了使职责的完成落实到实处，责任必须细化、数量化，有明确的界定。具体来讲有以下四个要求。

首先是职责界线要清楚。在实际工作中，工作职位离实体成果越近，职责越容易明确；

工作职位离实体成果越远，职责越容易模糊。应按照与实体成果联系的密切程度，划分出直接责任与间接责任，实时责任和事后责任。例如，在生产第一线的职位，应负直接责任和实时责任；而在后方部门和管理部门的职位，应负间接责任和事后责任。

> **思考与讨论**
> 怎么理解明确每个人的职责是挖掘人的潜能的最好方法？一个班集体如果负责打扫学校足球场的卫生，怎样布置任务才能既快又好地完成？

其次，职责内容要具体，并要做出明文规定。只有这样，才便于检查与考核。

再次，职责中要包括横向联系的内容。在规定某个岗位工作职责的同时，必须规定同其他单位、个人协同配合的要求，只有这样，才能提高组织整体的功效。

最后，职责一定要落实到每个人，只有这样，才能做到事事有人负责。没有分工的共同负责，实际上是职责不清、无人负责，其结果必然导致管理上的混乱。

2. 明确岗位职责和权限，合理委授权力

在合理设计了组织结构，明确规定了各部门和个人的职责之后，怎样才能发挥人的工作积极性，做到对工作完全负责呢？一定的人对所管的一定的工作能否做到完全负责，取决于以下三个因素。

（1）权限。明确了职责，就要授予相应的权力。任何管理都要借助于一定的权力。管理总离不开人、财、物的使用。如果没有一定的人权、物权、财权，任何人都不可能对任何工作实行真正的管理。

（2）利益。权限的合理委授，只是完全负责所需的必要条件之一。完全负责就意味着责任者要承担全部风险。而任何管理者在承担风险时，都自觉不自觉地要对风险与收益进行权衡，然后才决定是否值得去承担这种风险。为什么有时上级放权，下级反而不要，宁可捧“铁饭碗”吃“大锅饭”？原因就在于风险与收益不均衡，没有足够的利益可图。当然，这种利益不仅仅是物质利益，也包括精神上的满足感。

（3）能力。能力是完全负责的关键因素。管理者既要有生产、技术、经济、社会、管理、心理等各方面的科学知识，又要有处理人际关系的组织才能，还要有一定的实践经验。科学知识、组织才能和实践经验这三者构成了管理能力。在一定时期，每个人的时间和精力有限，管理能力也是有限的，并且每个人的能力各不相同。因此，每个人所能承担的职责也是不一样的。

职责和权限、利益、能力之间存在着一种等边三角形的关系。如图 2.2 所示，职责、权限、利益是三角形的三个边，它们是相等的。能力是等边三角形的高，根据具体情况，它可以略小于职责。这样，就使得工作富有挑战性。管理者的能力与其所承担的职责相比，总是感到能力不够。这种压力能促使管理者自觉地学习新知识，注意发挥智囊的作用，使用权限也会慎重些，获得利益时还会产生更大的动力，努力把自己的工作做得更好。但是，能力也不可过小，以免形成“挑不起”职责的后果。

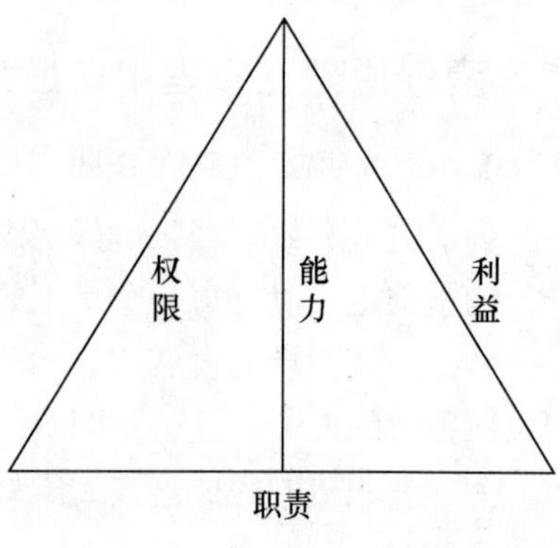

图 2.2　责权利三角定理

管理故事

有舍才有得

曾是美国首富的石油大亨保罗·盖蒂，年轻时家境并不富裕，耕作着一大片收成很差的旱田，在挖水井时，有时田里会冒出黑浓的液体，后来才知道是石油。

于是，水井变油井，旱田变油田，保罗·盖蒂开始雇工开采起石油来。他没事时便到各油井去巡视，每次都会看到有人浪费且有闲人游逛，为此他都要把工头找来，要求消除浪费和闲人。然而，下次再去，情况依旧。

保罗·盖蒂百思不得其解：为何我不常来，都看得出浪费和闲人，而那些工头天天在此，却视而不见？而我再三告知，为何始终不见改善？后来，保罗·盖蒂遇到一位管理专家，便向他请教。专家一句话点醒了保罗·盖蒂，他说："因为那是你自己的油田。"

保罗·盖蒂醒悟了，立即召来各工头，向他们宣布："以后油井交给各位负责经营，收益的25%由各位全权支配。"

此后，保罗·盖蒂再到油井去巡视，发现不仅浪费现象及闲人绝迹，而且产量大幅增加。于是他也依约行事。由于如此高效率的经营，他才未在后来一拨拨的兼并风潮中被别人收购，反而兼并了许多经营不善的油井，建成了自己的石油王国。

启示：管理艺术的真谛是顺应人性，使得责权利相结合，有舍有得，舍小利才能取大利。

3. 及时公正评价，赏罚分明

人的本性总是积极向上的，我们对每个人所担其职、所负其责要及时检查，做出评价。对每个人的工作表现及其绩效给予公正而及时的评价和奖惩，有助于提高人的积极性，挖掘每个人的潜力，从而不断提高管理成效。只有这样，才能让每个人知道自己干得怎么样，干好干坏对自己和组织有什么后果，从而才能及时引导每个人的行为朝着符合组织需要的方向变化。

对每个人进行公正的奖惩，要以准确的考核为前提。若考核不细致或不准确，奖惩就难以做到恰如其分。因此，管理者要制定工作绩效的考核标准，并使之公开明确。

对做出成绩的有功人员，要及时予以肯定和奖励，使他们的积极行为维持下去。奖励可以是物质的，也可以是精神的，二者都是必需的。如果长期埋没别人的工作成果，就会挫伤他们的积极性。过时的奖赏也会失去其本身的作用和意义。

及时而公正的惩罚也是必不可缺的，惩罚是利用令人不喜欢的东西或取消某些为人所喜爱的东西，来改变人们的工作行为。惩罚可能引起挫折感，从而可能在一定程度上影响人的工作热情，但可以通过惩罚少数人来教育多数人，而且可以及时制止这些人的不良行为，以免给组织造成更大损失。

应建立健全组织的奖惩制度，严格奖惩，赏罚分明，使每个人都积极而有效地工作。奖惩工作规范化、制度化，是实现赏罚分明的可靠保证。

思考与讨论

为什么在管理过程中要做到责权利相结合？设想一下有责无权、有权无责、有责权而无利会怎么样。原云南红塔集团的老总褚时健（1928—2019，1979—1997 年任职于红塔集团）把一个地方的小烟厂打造成了亚洲第一、世界第五的烟草帝国，其固定资产从几千万元发展到 70 亿元，年创利税近200亿元。有人甚至称它为“印钞工厂”。褚时健在行将退休时因为贪污而锒铛入狱，这在中国被称为“59岁现象”。

就在褚时健被判刑的第二年，红塔集团新的总裁就拿到了 100 万的年薪。而褚时健当了 18 年的厂长，全部收入只有88万元，还不及新总裁一年的薪水。

著名经济学家周其仁曾说，中国拥有世界上最昂贵的企业制度和最便宜的企业家。用责任原理解释为什么会产生这种问题。

本章小结

本章主要阐述管理的基本原理。

系统是由相互作用和相互依赖的若干要素结合成的具有确定功能的整体，管理应遵循系统的方法，就是从系统的观点出发，始终着重从整体与部分之间、整体与外部环境之间的相互联系、相互作用、相互制约的关系中，综合地、精确地考察对象。

管理的人本原理告诉我们，人是管理系统中最活跃、最有能动性、最有创造性的要素，管理活动中的一切工作都离不开人，人在管理中居于核心的地位，要尊重人、依靠人、为了人、发展人，做好人的工作，这是做好管理工作的根本。

管理的效益原理指出，管理活动的出发点和归宿在于用最少的投入得到最多的产出，以最小的消耗换取最大的效益，为社会做出有价值的贡献。管理的效益观注重管理的经济效益和社会效益两个方面。

管理的责任原理阐述了在管理活动中，为了实现管理的效率和效益，在合理分工的基础上，各部门和每个人必须完成的工作任务和必须承担的与此相应的责任。因此，又称其为权责相称原理、权责对等原理。

综合练习与实训

一、重点概念

系统　系统原理　管理的人本原理　管理的效益原理　管理的责任原理

二、填空题

1. 责任原理的本质是________。
2. 现代管理一切以调动人的积极性和创造性为根本，这是管理的________原理。
3. 在管理中贯彻效益原理要体现________、________和________原则。
4. 现代管理所需要的动力包括______、______、______三种。
5. 一定的人对所管的一定的工作能否做到完全负责，取决于_____、______、_____三个因素。
6. 效益的核心是______，必须通过科学而有效的管理，实现经济效益和社会效益的最大化。

三、单项选择题

1. 系统的功能取决于系统（　　）。

A. 要素　B. 结构　C. 环境　D. 管理者

2. 加强信息交流，知晓不足，产生共振动力，这是管理的（　　）动力。

A. 物质　　B. 精神　　C. 信息

3. 明确每个人的（　　）是发挥人的潜能最有效的方法。

A. 权力　　B. 责任　　C. 职位　　D. 待遇

4. 人们在信息的收集、处理和交流中，可以发现自己的不足，会产生前进的内在动力，这是管理的（　　）。

A. 物质动力　　B. 信息动力　　C. 精神动力　　D. 经济动力

5. 系统内各要素之间存在相互制约、相互影响、相互依存的关系，表现为系统中一个因素的变化必然引起其他因素以至整个系统的变化，这是系统的（　　）性。

A. 层次　　B. 目的　　C. 开放　　D. 相关

6. 在管理活动中要有效利用反馈机制，在劳动竞赛、学科竞赛中要追求（　　）效果。

A. 负反馈　　B. 正反馈　　C. 零反馈　　D. 零和反馈

四、判断题

1. 管理的效益原理就是指组织在活动中要努力追寻经济效益。（　　）

2. 现代管理强调动力，动力给予的量愈大愈好。（　　）

3. 系统的功能取决于系统的构成要素。（　　）

4. 在一般管理中要追求负反馈效果。（　　）

5. 管理工作必须在合理分工的基础上，明确规定各部门和每个人必须完成的工作任务和必须承担的相应责任，这是管理的效益原理。（　　）

6. 按照系统与外部之间是否存在反馈回路，可以把系统分为开环系统和闭环系统。（　　）

五、思考题

1. 联系实际谈谈管理为什么要注重系统理念。

2. 有人说，人力资源是企业的第一资源。谈谈你对此观点的看法。

3. 什么是管理效益原理？如何实现管理效益？

4. 在管理活动中如何使用动力原则？

5. 在管理活动中应该如何使用责任原理？

6. 什么是效益原理？在管理中使用该原理应该遵循什么原则？

六、案例分析

爱若与布若

爱若和布若基本上同时受雇于一家公司，开始时两人都从最底层干起，可不久爱若受到老板青睐，一再被提升。布若干活儿也一直勤勤恳恳，任劳任怨，却像被人遗忘一样，还在最底层混。于是他忍无可忍，找到老板质问。老板知道这个小伙子工作肯吃苦，也很卖力，但似乎缺少些什么，又不好说清楚，于是他想到一个主意，说："布若，你马上到集市上去看看今天有什么卖的。"布若很快从集市回来说："集市上只有一个农民在卖土豆。"老板问："有多少袋？"布若又跑了趟集市，回来说："10袋。""价格多少？"老板又问。布若只好再跑一趟，等他回来后，老板望着气喘吁吁的布若说："请你先坐下休息一会儿。"说完叫人把爱若找来，说道："爱若，你马上到集市上去看看今天有什么卖的。"爱若很快从集市上回来汇报说："只有一个农民在卖土豆，有10袋，价格适中，质量也很好。这个农民说一会儿还将有几筐西红柿上市，据我看价格还公道，咱们这里可能需要。所以我不仅带回了几个土豆和西红柿样品，而且把那个农民也带来了，他现在正在外面等你回话呢!”老板看了一眼满脸羞愧的布若，说：“请他进来。”

案例思考：

1. 爱若为什么会受重用？

2. 从责任原理角度分析布若每一次都没有出色完成任务的原因。

七、管理游戏

阅读下面的资料，设想你就是猎人，你准备怎样对待猎狗？

猎人与兔子

一条猎狗将兔子赶出了窝，一直追赶它，追了很久仍没有捉到。牧羊人看到此种情景，讥笑猎狗说：“你们两个之中小的反而跑得快得多。”猎狗回答说：“你不知道我们两个的跑是完全不同的！我仅仅为了一顿饭而跑，兔子却是为了性命而跑呀!”

这话被猎人听到了，猎人想：猎狗说得对啊，那我要想得到更多的猎物，得想个好法子。

请问：如果是你，你有什么方法？

猎人又买来几条猎狗，规定凡是能够在打猎中捉到兔子的就可以得到几根骨头，捉不到的就没有饭吃。这一招果然管用，猎狗们纷纷去努力追兔子，因为谁都不愿意自己没得吃。这样过了一段时间，问题又出现了。大兔子非常难捉，而小兔子好捉，但捉到大兔子得到的奖赏和捉到小兔子得到的差不多。一些猎狗善于观察，发现了这个窍门，就专门去捉小兔子。慢慢地，猎狗们都发现了这个窍门。猎人对猎狗说：“最近你们捉的兔子越来越小了，为什么呢？”猎狗们说：“抓小兔子和抓大兔子得到的奖赏没有什么大的区别，为什么费那么大的劲去捉那些大的呢？”

请问：接下来你怎么办？

猎人经过思考后，决定不再将分得骨头的数量与是否捉到的兔子挂钩，而是每隔一段时间就统计一次猎狗捉到兔子的总重量，再按照重量来评价猎狗，决定它们一段时间内的待遇。于是猎狗们捉到兔子的数量和重量都增加了。猎人很开心。但是又过了一段时间，猎人发现，猎狗们捉到兔子的数量又少了，而且越有经验的猎狗，捉到兔子的数量下降得越历害。于是猎人又去问猎狗。猎狗说：“我们把最好的时间都奉献给了您，主人。但是随着时间的推移我们会变老，当我们捉不到兔子的时候，您还会给我们骨头吃吗？”

请问：接下来你怎么办？

猎人做了论功行赏的决定。他分析与汇总了所有猎狗捉到兔子的数量与重量，规定如果捉到的兔子超过了一定的数量，即使捉不到兔子，每顿饭也可以得到一定数量的骨头。猎狗们很高兴，大家都努力去捉兔子。一段时间过后，终于有一些猎狗达到了猎人规定的数量。这时，其中有一只猎狗说：“我们这么努力，只得到几根骨头，而我们捉的猎物的价值远远超过了这几根骨头。我们为什么不能给自己捉兔子呢？”于是，有些猎狗离开了猎人，自己捉兔子去了。

请问：这时你怎么办？

第三章

管理环境与组织战略

管理格言：环境变化并不可怕，可怕的是沿用昨是今非的逻辑。

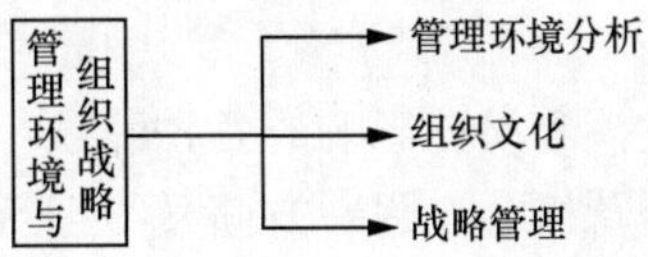

导入案例

“康师傅”“统一”哭诉：没败给对手，却败给了外卖！

在我们的印象中，方便面几乎是不可或缺的一种速食食品，尤其那些赶时间的人、上班族或加班族经常会吃。然而，统一企业中国控股有限公司（以下简称“统一”）在港交所公开的2017年中期业绩公告显示，统一的收益为108.861亿元，下降了7.1%！毛利率为33.6%，下降了3.3%！我们都知道，统一是方便面和饮品两手抓，大头其实是饮品业务，占了统一60%多的收入。另一家方便面巨头康师傅也未能避免销量大幅下降，根据康师傅公布的2016年年报显示，其净利润为21 302.7万美元，与上年相比下降了24.32%！

2013年的中国内地和香港就卖出了462亿包方便面，但是2016年，销量下降到了381亿包，降幅惊人。方便面销售何以连年下滑？最直接的竞争对手不是同行业的，而是快餐，尤其是网络外卖。虽然在价格上不占优势，但网络订餐在口味和质量上显然都要远胜过方便面，能否在竞争中胜出，或将决定方便面的未来。方便面的衰落不外乎两点原因：一是方便面原来就胜在一个快字，只需要5～10分钟就可以吃了，然而，外卖现在也很快，动一下手指就可点餐，30分钟内送达。预算好时间，下班后立即可以享用。二是现在人们更加注重饮食健康，而“不健康”恰恰是方便面一直以来撕不掉的标签，所以大家更愿意选择搭配丰富、健康的外卖也就不奇怪了。

为了血战外卖小哥，“走高端化”路线，推出高端方便面已成为几大方便面巨头的自救共识。从短期效果来看，高端方便面品种的丰富确实带来了销售额增长的效果。方便面行业的回暖究竟仅仅是触底后的一次反弹，还是真的整体回暖，或许还需时日观察。

为什么方便面行业整体业绩发生了下滑？方便面行业的经营环境发生了哪些变化？面对变化了的环境，方便面企业应该采取哪些策略来应对？这就是本章要分析与解决的问题。

第一节　管理环境分析

【本节任务】

了解环境变化对组织的影响；掌握内外部管理环境的构成要素；掌握应用环境分析工具对外部环境进行分析的能力。

一、管理环境的分类

管理环境是指对组织绩效发挥着潜在影响的各种因素。管理环境是不断变化的。环境的变化一方面给组织造就了新的经营机会，另一方面又给组织带来某种威胁。一个组织对管理环境进行分析的目的是抓住经营机会，避开经营威胁。

管理环境以组织边界来划分，可以分为组织的外部环境和组织的内部环境。组织的外部环境是对组织的生存与发展有直接和间接影响的外部机构和力量的总和。按照其对组织影响的程度，组织的外部环境可以分为微观环境和宏观环境。组织的微观环境是指与组织紧密相联，直接影响其经营活动的各种参与者，这些参与者包括企业的市场、竞争者、营销渠道和社会公众；组织的宏观环境是指影响组织微观环境的巨大社会力量，包括政治、法律、经济、社会、科学技术及自然等多方面的因素和产业环境。微观环境直接影响和制约组织的经营活动，而宏观环境主要以微观营销环境为媒介间接影响和制约组织的经营活动。前者可称为直接管理环境，后者可称为间接管理环境。两者之间并非并列关系，而是主从关系，即直接管理环境受制于间接管理环境。

组织的内部环境是指组织能够加以控制的因素。它由影响组织经营的内部软硬环境组成。

管理故事

温水煮青蛙实验

19世纪末，美国康奈尔大学的科学家做过一个“水煮青蛙实验”：科学家将青蛙投入40摄氏度的水（不是沸水）中时，青蛙因受不了突如其来的高温刺激，立即奋力从开水中跳出来，得以成功逃生。而当把青蛙先放入装着冷水的容器中，然后再缓慢加热（每分钟上升0.2摄氏度）时，结果就不一样了，青蛙反倒因为开始时水温的舒适而在水中悠然自得。后来，当青蛙发现无法忍受高温时，已经心有余而力不足了，不知不觉被煮死在热水中。

启示：“温水煮青蛙”道出了从量变到质变的原理，说明了由于对渐变的适应性和习惯性，失去戒备而招灾的道理。由于这个过程是一点一点变化的，让人在不易察觉中完成了整个蜕变，待醒悟过来却为时已晚。突如其来的大敌当前往往让人取得意想不到的防御效果，然而面对安逸满意的环境往往会产生心理上的松懈，甚至到死都不知何故。因此，管理者对环境的变化要时刻具备预见性和警惕性。

（一）管理的外部宏观环境

管理的外部环境对组织的影响是间接的、长远的。当外部环境发生剧烈变化时，会导致组织发展的重大变革。组织管理的外部环境中包括以下几个因素。

1. 政治、法律环境

政治、法律环境是指对组织经营活动具有作用或影响的政治力量及对组织经营活动加以限制和约束的法律法规。政治环境包括组织所在国家或地区政局的稳定性，政治制度与体制，执政党的方针、政策、路线，政府对外来企业的态度等因素；法律因素包括对组织经营具有约束力的法律法规，比如反不正当竞争法、税法、反垄断法、知识产权法等。政治局面是否安定、政治制度及经济管理体制状况、法律及政策状况等都是组织管理者极其关注的环境因素，其中特别重要的是法律因素，因为政治环境中的许多因素都是以法律的形式出现的，以便制约和限定企业的生产经营活动。一国的政治、法律直接影响企事业单位的管理政策和管理方法。管理者必须全面了解与本组织生产经营活动有关的各种法律政策，依法管理组织营运，并运用法律保护组织的合法利益，减少不必要的损失。另外，优秀的管理者对法律不仅能做出迅速的反应，而且要有一定的预见力，预见到可能获得通过的法律，及时调整自身的管理政策和管理方法。

2. 经济环境

经济环境是指国民经济发展的总体状况，国际和国内经济形势及经济发展趋势，组织所面临的产业环境和竞争环境等。经济环境主要由社会经济结构、经济发展水平、经济体制和宏观经济政策四个因素构成。

3. 社会环境

社会环境是指一定时期整个社会发展的一般状况，主要包括社会道德风尚、文化传统、人口变动趋势、文化教育、价值观念、社会结构等。各国的社会与文化对组织的影响不尽相同。社会与文化要素十分重要，主要包括人口因素、社会流动性、消费心理、生活方式、文化传统、价值观等。

管理故事

一个美国人在华生活9年的感受（自述）

在中国生活和工作的9年是我生命中最有价值的时光。但是，与认识新国度时的那种激动和兴奋相伴随的，还有无数的尴尬、误解和愚蠢的错误，从中我学到了许多有关中国的习俗、文化和礼仪方面的知识。

就从基本的问候说起吧。握手这种西方礼节在中国也存在，但要注意避免其他身体接触。递交或接受名片时，必须用双手，以示尊重。

对西方人来说，最需要领会的文化观念或许是“给面子”，这意味着尊重别人，也反映了中国文化中对面子的看重。

中国人很少直截了当地拒绝别人，或给出直率的回答，哪怕答案是明白无误的否定。这种文化现象总是造成误解，令西方人不知所措。例如你想跟某个公司主管见面，但被告知对方有些不方便，这是在委婉地告诉你，你提的要求完全没戏。

吃饭是中国人生活中最重要的组成部分，这是我在中国感受最深的一点。我在邀请一个中国朋友吃午饭时，曾犯过一个令人难堪的错误。美国人不会把简单的一顿午餐放在心上，但中国人却不这样。我那天想去住处附近一家简陋的饺子馆吃饭，可我们一踏进餐馆的门，我就发现朋友一脸窘迫。我没有请她去比较高档的餐馆，这令她蒙羞。在中国，餐馆是好是差、花钱多少，都能传递出清晰的信息，并表明你对客人的尊重程度。

最后，我再谈几点过来人的经验。中国人拥有强烈的民族自豪感，对政治话题要谨慎；女士着装应该庄重，不要太暴露；夫妻应避免在公众场合亲热，别超出在脸颊轻轻一吻的限度；尊重别人、谦虚待人和讲求实效。中国文化博大精深，我们所了解的永远只是一小部分。

（克雷格·里德，2006）

点评：从一个美国人在华生活 9 年的感受中，我们可以重新审视中国人的一些文化习俗。每个国家都有不同的文化习俗，无论到哪里我们都要尊重当地的文化习俗，尽量做到“入乡随俗”。

视野拓展

当今时代，工业 4.0 对各个国家的经济有深远的影响。请扫描二维码阅读《深入剖析“工业 4.0”概念及其重要意义》一文，了解工业对社会经济及产业的相关影响。

4. 技术环境

技术环境是指一个国家和地区的技术水平、技术政策、新产品开发能力，以及技术发展动向。科技不仅是全球化的驱动力，也是企业的竞争优势所在。技术环境会对企业产生全面的、革命性的影响，甚至改变组织的活动方式。科学技术的发展会影响企业的核心竞争力和生产工艺及效率，改变企业生产方式，为管理手段与方法的改变创造条件。

5. 自然环境

自然环境是组织存在和发展的各种自然条件的总和。一般来说，自然环境包括地理位置、气候条件和自然资源状况等。自然环境可以为组织的生产活动提供物质基础和物质资料。自然环境主要决定组织的资源优势或劣势，组织可以根据自然环境的特点，趋利避害。今天环境科学的日益发达，使组织有更多手段来预测和防范自然条件的突变。然而，对于自然环境的变化管理者仍应充分注意，以把握面临的机遇或化解危机。

（二）管理的外部微观环境

管理的外部微观环境，是指对组织服务其顾客的能力构成直接影响的各种力量，包括市场、市场营销渠道、竞争者和各种社会公众。

视野拓展

企业经营活动必须考虑市场需求的变化，针对需求变化及时调整经营方向。当下“孤独经济”成为了新的话题，在此环境下，企业该如何改变经营策略？请扫描二维码阅读《“孤独经济”大爆发》一文，了解相关内容。

1. 市场

市场是一个组织所服务的对象，对于企业来讲就是企业产品的消费者。市场是一个组织活动的出发点和归宿点，是组织得以生存和发展的根本。为此，任何一个组织都需要研究其顾客需求的特点、需求结构及其变化趋势，使一个组织运行活动最大限度满足市场的需要。

2. 市场营销渠道

市场营销渠道包括各类资源的供应者和各类营销中间人。资源供应者是向组织及其竞争者提供生产经营所必需的原材料、零部件、能源、劳动力和资金等资源的企业或个人。供应商这一环境因素对组织的营销活动有着重大的影响。供应商提供资源的价格、品种、质量以及交货期，直接制约着一个组织产品的成本、利润、销售量及作业进度安排。因此，组织既要与主要的供应商建立长期的信用关系，又要避免资源来源的单一化，以免受制于人。寻找质量和效率都信得过的供应商是企业取得竞争优势的一个重要条件。

营销中间人是指为组织融通资金、推销产品、提供各种便利营销服务的组织和个人。

组织的资金筹措、各种信息的取得、咨询活动的开展、产品与服务的销售等都离不开营销中间人。

3. 竞争者

竞争者分析主要是对一个组织的行业环境进行分析。一个行业中的竞争，存在着五种基本的竞争力量：潜在的行业新进入者、替代品的竞争、买方讨价还价的能力、供应商讨价还价的能力以及现有竞争者之间的竞争。五种基本竞争力量的状况及综合强度，决定着行业的竞争激烈程度、行业最终的获利潜力以及资本向行业的流动力，这一切最终决定着组织的最终赢利能力。

一个组织对竞争者进行分析时，最关键的是要分析自己所处的竞争环境，自己的优势在哪里、劣势是什么，要根据竞争态势的发展对组织的业务及未来发展状况进行必要的调整，以保持在竞争中的绝对与相对优势，这样才能健康稳定地发展。

4. 公众

公众是指对一个组织实现目标的能力有实际的或潜在的影响的任何团体。组织在争取满足目标市场时不仅要与对手竞争，而且它的运营活动也会影响公众的利益，因而公众必然会关注、监督、影响和制约组织的运营环境。通常情况下，一个组织所面临的公众一般包括融资公众、媒介公众、政府公众、社团公众、当地公众、内部公众等。

思考与讨论

圆明园铺膜事件听证会的前前后后

综合媒体报道，圆明园2200余亩的湖面每年要灌水3次。圆明园由于缺水，生态状况很差，致使植物大量旱死，还曾出现7万斤鱼因缺水一次性死亡的事件。由于北京地区水资源匮乏，水价很高，当时从玉泉河引水，价格为每吨1.3元，一年的补水花费就达几百万元；以后水价会更高。巨额的水费使圆明园管理处认为在湖底铺设塑料防渗膜是解决圆明园缺水问题的较好选择。2004年初，圆明园对长春园西南水域进行防渗试验，在湖底铺了塑料膜，4月下旬完工后上水。"自然之友"观鸟小组在常规观鸟活动中持续观察并记录了该地区水鸟和水生植物在铺膜前后的变化。他们观察到湖底铺膜后，水生动植物的数量显著下降，生长状态变差。然而当时，铺膜还只是小规模试验行为。

2004年4月1日，经过短短几天的紧张筹备之后，"自然之友"联合"博客中国"网站，组织召开了"圆明园生态与遗址保护研讨会"，多方专家、相关政府官员、市民代表到会发表了意见。会后，"自然之友"联合绿家园、地球村等多家组织发布了《支持政府针对圆明园铺设防渗膜事件举行听证会的声明》，希望能够通过此事推动公众参与环境治理，促进环境事件的科学决策。

在众多民间组织、环保人士、专家学者、媒体的推动下，国家环保总局于4月13日举行听证会，就北京圆明园遗址公园湖底防渗工程项目的环境影响问题，听取专家、社会团体、公众和有关部门的意见。国家环保总局于2005年7月5日组织各方专家对清华大学的环评报告书进行了认真审查，同意该报告书的结论，要求圆明园东部湖底防渗工程必须进行全面整改。圆明园铺膜事件的解决是靠民间组织推动而实现的。

请问："自然之友"属于一种什么公众？在此案例中公众起到了什么作用？

（三）管理的内部环境

管理的内部环境是制定战略的出发点、依据和条件，是竞争取胜的根本。影响管理活动的组织内部环境包括组织内部的硬环境和组织内部的软环境。

1. 组织内部的硬环境

组织的硬环境包括物理环境要素和生产条件要素。物理环境要素包括工作地点的空气、光线和照明、声音（噪声和杂声）、色彩，等等，它们对于员工的工作安全、工作心理和行为以及工作效率都有极大的影响。物理环境要素对组织设计提出了人本化的要求，以抑制物理环境中的消极性和破坏性因素，创造一种适应员工生理和心理要求的工作环境，这是实施有序而高效管理的基本保证；生产条件要素包括组织用于生产经营的机器设备等，这些生产条件因素的先进程度、技术含量直接影响组织的生产运行效率。

2. 组织内部的软环境

组织内部的软环境是指一个组织的员工队伍建设、员工的心理环境及组织文化环境建设状况。组织内部员工队伍的人数、结构和素质是一个组织未来发展的保证，建设一支高素质的员工队伍是组织可持续发展的基础。员工的心理环境制约着组织成员的士气和合作程度的高低，影响着组织成员的积极性和创造性的发挥，进而决定了组织管理的效率和管理目标的达成。心理环境包括组织内部和睦融洽的人际关系、人事关系，组织成员的责任心、归属感、合作精神和奉献精神等。组织文化环境建设是指组织为其成员构建一套明确的价值观念和行为规范。在一个组织的内部环境中，组织文化是最重要的因素，它影响一个组织的行为，以及组织内部员工的行为。建立积极向上的组织文化，对组织的有序运转和可持续发展至关重要。

二、管理环境分析的要点和方法

组织在制定组织战略前，必须在全面收集有关组织经营内外环境信息的基础上，对组织经营的优势与劣势、经营的机会与威胁进行综合分析。

1. 识别环境的不确定性程度

对环境进行管理的核心是分析环境中蕴含的不确定性。分析环境首先要识别环境的不确定性程度。美国学者邓肯（Duncan）提出从两个不同的环境层面来确定组织所面临的不确定性程度。一是环境变化的程度，属于静态（稳定）-动态（不稳定）层面。二是环境复杂性程度，属于简单-复杂层面。如果组织面对常规的需求环境，如为相同或极其相似的顾客生产同一种产品或提供相同的服务，则组织面对的是一个稳定的环境，例如公用事业。反之，如果组织面对变化极其快速的环境，而且不同的环境要素都在发生变化，则组织面对的是动态、不稳定的环境，例如计算机行业。如果一个组织只与很少的外界部门相关，则其面临的环境属于简单类型；如果组织必须面对许多外界部门，则其面临的环境属于复杂环境。一般而言，组织规模越大，面临的环境越复杂。

2. 关注组织的具体环境

具体环境对组织的影响更直接、更频繁，所以是组织分析外部环境的焦点。在这方面，迈克尔·波特教授提出的“五种力量模型”是一种特别有效的分析工具。

3. 组织环境机会与威胁矩阵分析

环境机会评估主要是分析机会来源、机会强度并结合组织自身条件分析市场机会可利用程度。组织可根据“环境机会矩阵图”对机会进行评价，如图 3.1 所示。环境机会矩阵图的横排代表“成功的可能性”；纵列代表“潜在的吸引力”，表示潜在的赢利能力。

据图 3.1 可进行如下对策分析：1 区，最佳机会区，要及时捕捉和利用；2 区，监控并做准备，一旦机会成熟，成功的概率提高，应及时抓住；3 区，监控并做准备，一旦机会强度提高，应及时抓住；4 区，忽略或放弃。

环境威胁对组织有负面作用，可能对组织造成威胁的主要因素有现有竞争对手、供应商、客户、潜在竞争对手、生产替代技术、互助组织或关联组织、政策或规则、自然状况等。组织必须对这些因素进行及时监控。对环境威胁可采用“环境威胁矩阵图”来加以分析、评价，如图 3.2 所示。环境威胁矩阵图的横排代表“出现威胁的可能性”；纵列代表“潜在的严重性”，表示赢利减少程度。

潜在的吸引力 \ 成功的可能性	小	大
大	2	1
小	4	3

图 3.1　环境机会矩阵图

潜在的严重性 \ 出现威胁的可能性	小	大
大	2	1
小	4	3

图 3.2　环境威胁矩阵图

据图 3.2 可进行如下对策分析：1 区，对组织威胁较大，应做出应对决策；2 区，密切监测变化，防止事态扩大；3 区，制订应急措施，积极化险为夷；4 区，忽略或放弃。

在环境分析中，组织经营者可将上述两种方法结合起来，对组织经营业务的性质进行评价。组织经营的业务将有四种结果，如图 3.3 所示。

机会水平 \ 威胁水平	低	高
高	理想业务	冒险业务
低	成熟业务	困难业务

图 3.3　组织业务的分类、评价

据图 3.3 可进行如下对策分析。

（1）理想业务，即高机会和低威胁的业务。表示：组织面临良机，稳操胜券。

（2）冒险业务，即高机会和高威胁的业务。表示：机会多，威胁大，应理智冒险，争取成功。

（3）成熟业务，即低机会和低威胁的业务。表示：风平浪静，等待机会。

（4）困难业务，即低机会和高威胁的业务。表示：风雨飘摇，危在旦夕。

在对组织业务性质进行界定的基础上，组织经营者需按照生态营销的观念，把组织的经营目标、优势与市场的机会有机地整合起来，确定组织的目标市场和组织的经营业务。

4. 管理环境综合分析

管理要通过组织内部的各种资源和条件来实现，因此，组织在分析外部环境的同时必须分析其内部环境，即分析组织自身的能力和限制，找出组织所特有的优势和存在的劣势。任何组织的经营过程，实际上是不断在其内部环境、外部环境及经营目标三者之间寻求动态平衡的过程。组织的内、外部环境绝对不能割裂开来。如果一家企业能力很强，竞争优势十分明显，那么外部环境中的不确定性对该企业便不会构成太大的威胁。相反，即使外部环境再有利，一个不具任何经营特色的企业也不会有快速的发展。因此，应对比分析外部环境中存

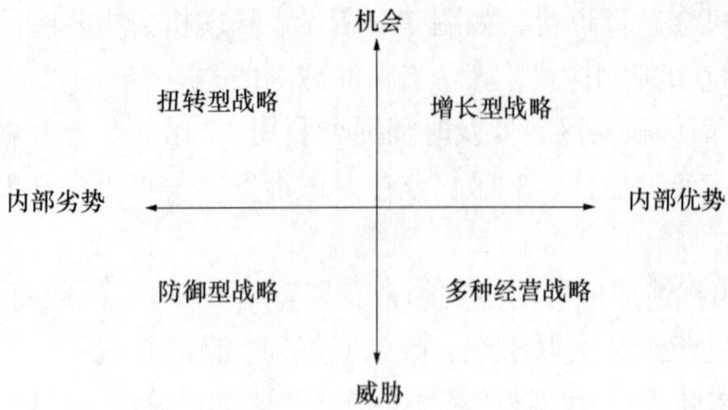

图 3.4　SWOT 分析图

在的机会和威胁与组织内部的优势和劣势，以便充分发挥组织的优势，把握住外部的机会，避开内部的劣势和外部的威胁。

麦肯锡咨询公司采用的 SWOT 分析方法是最常用的内外部环境综合分析技术，如图 3.4 所示。

SWOT 分析法又称态势分析法，是由旧金山大学的管理学教授韦里克于 20 世纪 80 年代初提出来的，它是一种能够较客观而准确地分析和研究一个组织现实情况的方法。SWOT 分析是把组织内外环境所形成的优势（strengths）、劣势（weaknesses）、机会（opportunities）、风险（threats）四个方面的情况结合起来进行分析，以寻找并制定适合本组织实际情况的经营战略和策略的方法。通过 SWOT 分析，可以帮助组织把资源和行动聚集在自己的强项和有最多机会的地方，并让组织的战略变得明朗。

在环境综合分析过程中，组织的高层管理人员应在确定内外部各种变量的基础上，采用杠杆效应、抑制性、脆弱性和问题性四个基本概念进行这一模式的分析。在完成环境因素分析和 SWOT 矩阵的构造后，便可以制订出相应的行动计划（见图 3.5）。

内部分析 / 外部分析	优势S 1. 2.（列出优势） 3.	劣势W 1. 2.（列出劣势） 3.
机会O 1. 2.（列出机会） 3.	SO战略 1. 2.（发挥优势 利用机会） 3.	WO战略 1. 2.（克服劣势 利用机会） 3.
威胁T 1. 2.（列出威胁） 3.	ST战略 1. 2.（利用优势 回避威胁） 3.	WT战略 1. 2.（减少劣势 回避威胁） 3.

图 3.5　SWOT 分析矩阵

（1）杠杆效应（优势+机会，SO 战略：依靠内部优势，利用外部机会）。杠杆效应产生于内部优势与外部机会相互一致和适应时。在这种情形下，组织可以用自身内部优势撬起外部机会，使机会与优势充分结合起来。然而，机会往往是稍纵即逝的，因此管理者必须敏锐地捕捉机会，把握时机，以寻求更大的发展。

（2）抑制性（机会+劣势，WO 战略：利用外部机会，弥补内部劣势）。抑制性意味着妨碍、阻止、影响与控制。当环境提供的机会与组织的内部资源优势不相契合，或者不能相互重叠时，即使组织的优势再大，也将得不到发挥。在这种情形下，组织就需要提供和追加某种资源，以促进内部资源劣势向优势转化，从而迎合或适应外部机会。

视野拓展

为加深读者对 SWOT 分析的理解，特选择一个 SWOT 分析的实际案例供读者在学习中参考。推荐扫描二维码学习该案例，并结合自身情况做一个自己去某公司应聘的个人 SWOT 分析。

（3）脆弱性（优势+威胁，ST 战略：利用内部优势，规避外部威胁）。脆弱性意味着优势的程度或强度的降低、减少。当环境状况对组织优势构成威胁时，优势得不到充分发挥，会出现优势不优的脆弱局面。在这种情形下，组织必须克服威胁，以发挥优势。

（4）问题性（劣势+威胁，WT 战略：减少内部劣势，规避外部威胁）。当组织内部劣势与组织外部威胁相遇时，组织就面临着严峻挑战，如果处理不当，可能直接威胁组织的生存。

第二节　组织文化

【本节任务】

掌握组织文化观念及组织文化结构；了解组织文化的功能及建设过程；具有利用组织文化建设相关理论对一个组织文化建设提出建议的能力。

一、组织文化与企业文化

1. 组织文化的兴起

对组织文化的研究是从企业文化开始的，企业文化概念的提出，最早是20世纪80年代初由美国人开始的。

20世纪70年代起，美国社会经济开始衰退，蜚声世界的美国企业管理理论和实践失去了耀眼的光环。与此同时，曾依赖美国扶植，并大力学习美国管理的日本却在经济增长上创造了奇迹，日本商品旋风似地大举侵入世界各地市场。到了20世纪80年代，日本成了让美国恐慌的第一流经济强国。美国人发现日本的企业经营效率高于美国企业，日本的管理具有自己的鲜明特点，这引起了美日比较管理学的研究热潮。

也正是从20世纪70年代开始，日本企业中的文化建设有了较广泛的发展。从经营战略的提出，到文化战略的提出和重视，日本的企业文化开始产生，反映了日本在经济全面起飞的基础上，在文化活动和文化行为上所发生的变化。

> **视野拓展**
>
> Z理论（Theory Z）是由日裔美国学者威廉·大内（William Ouchi）在1981年出版的《Z理论》一书中提出来的，其研究的内容为人与企业、人与工作的关系。网络百科相应词条内有简要介绍，读者可以参考。

通过对美日企业管理的比较研究，人们逐渐发现，在美国独特的历史文化背景下，人们特别注重社会的契约化、法制化和理性主义，在管理技术上特别注重企业的组织结构、战略计划等"硬件"的东西。而对人，对人的传统、习惯、情感和观念等"软件"的东西则不够重视。

日本企业则普遍对这些"软件"的东西给予高度重视，注重解决人的价值观念、人际关系、人的情感等方面的问题，形成了自己独特的管理模式。日本企业经过各种训练和长期努力，使职工建立了对企业的"忠诚心""献身精神"和"认同感"，老板与职工之间"充满人情味的关系"，使企业充满活力和激情，生机勃勃，从而取得了长足发展。

对于这种造成企业提升凝聚力和竞争力的因素，美国人称之为"企业文化"。

1981年，威廉·大内出版了《Z理论——美国企业界怎样迎接日本的挑战》一书，他在详细考察了日本公司的工作方式后指出，日本企业的基本管理方法与西方企业迥然不同，日本公司的基本管理方法是包含在管理宗旨里的。"这种宗旨是含蓄的企业理论，描述企业的目标以及如何实现它们。这些目标代表业主、雇员、顾客和政府管理者的价值观"。日本企业的管理是通过骨干经理们的共同文化进行沟通的，这种文化在某种程度上也为全体雇员共有。大内认为美国企业应吸取日本企业管理的成功经验，建立起一种适应欧美社会文化环境的Z型组织，并相应地在这类公司中建立起Z型文化，强调这是美国企业界继续存在的必要条件。

在美国人率先提出企业文化的概念后，日本的一些企业管理者、学者很快接受了这一概念。组织文化在日本越来越受到重视，逐渐被开辟为一个专门的研究和实践领域。这期间，世界许多国家也注意到组织文化问题，并开始进行有关的研究分析，以形成本国的组织文化。

2. 西方学者关于组织文化的主要观点

什么是企业文化？美国学者彼得斯和沃特曼在《寻求优势》中指出，企业文化就是汲取传统文化的精华，结合当代先进的管理与策略，为企业职工构建一套明确的价值观念和行为规范，创设优良的环境、气氛，以帮助企业整体地、静悄悄地进行经营管理活动。

后来，美国学者埃德加 • H. 沙因（Edgar H. Schein）在其所著的《企业文化与领导》一书中，又专门列举了有关企业文化的定义：①企业文化是人们相互作用时共同遵循的行为规范，例如使用的语言和遵从行为的礼仪；②企业文化是在工作团体中逐渐形成的规范；③企业文化是一家企业所信奉的主要价值观；④企业文化是指导企业制定职工和顾客政策的宗旨；⑤企业文化是在企业中寻求生存的竞争“原则”，是新职工要为企业所录用而必须掌握的“内在规则”；⑥企业文化是企业内通过物体布局所传达的感觉或气氛，以及企业成员交往的方式。

视野拓展

狼性文化

狼性文化，顾名思义，是一种带有野性拼搏精神的企业文化。狼其性也：野、残、贪、暴，自古以来它总是与几千年的孔孟中庸之道格格不入。狼性文化主要有以下三个特征，嗅觉敏锐，善于捕捉机会；富于进取心和攻击性，且不轻言失败；团队精神。

团队推崇提倡的狼性文化，即指这种推进团队发展，为社会和人类创造效益的非凡的潜能，指这种潜能释放出来的拼搏精神。

推荐读者在视频网站以“狼性文化　打造一个强大团队的哲学”为关键词搜索后观看时代光华管理课程视频，加深对狼性文化的了解。

提示：如本章章前“管理格言”所述，任何一种文化都有其适用性。“狼性文化”也一样，“残酷无情，你死我活，为达到目的不择手段，蔑视规则，无视人性”等特征极易造成企业及员工在文化上的迷失，对企业的长期发展而言很可能是一剂致命的毒药；但对于不拼搏则不能生存的企业，很可能是一剂良药。

二、企业文化的结构

企业文化的结构划分有多种观点。一种是将其分为两个层次，如有形文化和无形文化、表层文化和深层文化、“硬”S 和“软”S 等。另一种是分为四个层次，即物质文化、行为文化、制度文化和精神文化。这些不同的结构划分都有各自的合理性，使用不同的结构划分对认识企业文化并无大碍。为了做到科学、准确，我们把企业文化划分为三个层次，即精神层、制度层和物质层。

（一）精神层

这主要是指企业的领导和员工共同信守的基本信念、价值标准、职业道德及精神风貌。精神层是企业文化的核心和灵魂，是形成物质层和制度层的基础。企业文化中有无精神层是衡量一家企业是否形成自己的企业文化的标识和标准。企业文化精神层包括以下六个方面。

1. 企业最高目标

企业最高目标是企业全体员工的共同追求，有了明确的最高目标就可以充分发动企业的各级组织和干部员工，增强他们的积极性、主动性和创造性，使广大员工将自己的岗位工作与实现企业奋斗目标联系起来，把企业的生产经营发展转化为每一位员工的具体责任。因此，企业最高目标是企业全体员工凝聚力的焦点，是企业共同价值观的集中表现，也是企业对员工进行考核和实施奖惩的主要依据。企业最高目标又反映了企业领导者和员工的追求层次和理想抱负，是企业文化建设的出发点和归宿。长期目标的设置是防止短期行为，促使企业健康发展的有效保证。

2. 企业哲学

企业哲学在一些企业中又被称为企业经营哲学，它是企业领导者为实现企业目标而在整个生产经营管理活动中的哲学思考。企业哲学是处理企业生产过程中发生的一切问题的基本指导思想和依据，只有以正确的企业哲学为先导，企业的资金、人员、设备、信息等资源才能真正发挥效力。

企业哲学的形成首先是由企业所处的社会制度及周围环境等客观因素决定的，同时也受企业领导者思想方法、政策水平、科学素质、实践经验、工作作风以及性格等主观因素的影响。企业哲学是企业在长期的生产经营活动中自觉形成的，并为全体员工所认可和接受，具有相对稳定性。

3. 企业精神

企业精神是企业有意识地提倡、培养员工群体的优良精神风貌，对企业现有的观念意识、传统习惯、行为方式中的积极因素进行总结、提炼及倡导的结果，是全体员工有意识地实践所体现出来的。因此，企业文化是企业精神的源泉，企业精神是企业文化发展到一定阶段的产物。

4. 企业风气

企业风气是指企业及其员工在生产经营活动中逐步形成的一种带有普遍性的、重复出现且相对稳定的行为心理状态，是影响整个企业生活的重要因素。

企业风气一般包括两层含义：一是指许多企业共有的良好风气，如团结友爱之风、开拓进取之风等。二是指一家企业区别于其他企业的独特风气，即在一家企业的诸多风气中最具特色、最突出和最典型的某些作风，它体现在企业活动的方方面面，形成全体员工特有的活动方式，并构成该企业的个性特点。

企业风气是约定俗成的行为规范，是企业文化在员工的思想作风、传统习惯、工作方式、生活方式等方面的综合反映。企业风气一旦形成就会在企业中营造一定的气氛，并形成企业员工群体的心理定式，导致多数员工一致的态度和共同的行为方式，因而成为影响全体员工的无形的巨大力量。

5. 企业道德

道德指人们共同生活及其行为的准则和规范。企业道德是指企业内部调整人与人、单位与单位、个人与集体、个人与社会、企业与社会之间关系的行为准则。

道德与制度虽然都是行为准则和规范，但制度具有强制性，而道德却是非强制性的。一般来讲，制度解决是否合法的问题，道德解决是否合理的问题。道德的内容包括道德意识、道德关系和道德行为三部分。道德意识是道德体系的基础和前提，它包括道德观念（人们的善与恶、苦与乐等观念）、道德情感（人们基于一定的道德观念，在处理人际关系和评价某种行为时所产生的疾恶扬善的感情）、道德意志（人们在道德观念和道德感情的驱使下形成的实现一定道德理想的道德责任感和克服困难的精神力量）和道德信念（人们在道德观念、情感、意志基础上形成的对一定道德理想、目标的坚定信仰）。道德关系是人们在道德意识支配下形成的一种特殊的社会关系。而道德行为则是人们在道德实践中处理矛盾冲突时所选择的某种行为。

6. 企业宗旨

企业宗旨是指企业存在的价值及其作为经济单位对社会的承诺。作为从事生产、流通、服务活动的经济单位，企业对内、对外都承担着义务。对内，企业要保证自身的生存和发展，使员工得到基本的生活保障并不断改善他们的生活福利待遇，帮助员工实现人生价值。对外，企业要生产出合格的产品，提供优质的服务，满足消费者的需求，从而为社会的物质文明和精神文明进步做出贡献。比如海尔集团的企业宗旨就是创造生活新空间。

视野拓展

日本企业独特的“员工精神”

企业的发展壮大离不开员工卓有成效的工作，具有什么样的精神风貌是衡量员工品质和素质的重要标准。日本企业普遍重视企业员工精神建设，其主要包括“和”“勤”“忠”三个方面。

一、“和”

日本企业活动的思想文化基础多半来自中国传统文化中所具有的精神观。儒家思想的“以和为贵”就深刻地影响了日本几代企业家。

“和”的内涵是爱人、仁慈、和谐、互助、团结、合作、忍让。“和”对人的主体性的强调，使得人们注重共同活动中与他人合作，追求与他人的和谐相处，并时刻约束自己。和谐、互助、团结、合作、忍让的精神是集体主义团队精神的根源，能把企业变成为上下趋同、目标一致的命运共同体。日本企业上下一致地维护“和”的气氛，反对“独”的理念，反对西方式的个人主义和内部竞争。组织内形成一种和谐、平等、互助和忍让的气氛，这样才会增强企业的凝聚力和团队精神。日本企业努力建设部门之间的协作的关系，争取没有掣肘与摩擦。这种和谐、协调的精神才会产生 $1+1>2$ 的系统效应。

二、“勤”

日本企业员工精神塑造的另一个重要源泉就是东方民族特有的勤俭之风。东方人的生活方式讲求“一日不作，一日不食”，推崇朴素节俭，倡导生产劳动。日本企业继承了这一优良精神作风，把职业中的劳动提高到一种神圣义务的程度，认为懒惰、奢侈是企业发展的最大危害，主张最低限度的个人消费以及严格履行日常工作义务。在日本企业看来，“勤”对于普通员工来说就是要努力做好本职工作。每个人的工作都是一个完整工作链上的一点，只有扎扎实实、勤勉细致地工作，才能保证整个工作顺利、有序地进行，才能有效地完成预期目标。经过历史的锤炼，日本企业员工的勤恳、勤勉、勤劳与勤奋的精神已成为日本企业的优秀品质。

三、“忠”

日本历史上一直是以农业为主的国家，农耕民族的民族性要求其社会内部必须具有互助合作精神，其表现为日本人有强烈的“自己人”意识和圈子，家族主义是其必然形成的特色。国家是大圈子，企业是小圈子，而建构就是靠“家”的联合，黏合剂就是“忠君”和“忠孝”精神。日本企业注重等级关系，在正规场合下，日本人的上下级关系给人以地位悬殊的印象，下级对上级总是那么鞠躬顶礼，但在非正式场合的相互关系中，下级会感到同上级亲如一家。这种现象就源自日本长期对“忠”的精神塑造。

（佚名）

（二）制度层

制度层是企业文化的中间层次，主要指对企业组织和企业员工的行为产生规范性、约束性影响的部分，它集中体现了企业文化的物质层和精神层对员工和企业组织行为的要求。制度层规定了企业成员在共同的生产经营活动中应当遵守的行为准则，它主要包括以下三个方面。

1. 一般制度

一般制度是指企业中存在的一些具有普遍意义的工作制度和管理制度，以及各种责任制度。这些成文的制度与约定及不成文的企业规范和习惯，对企业员工的行为起着约束的作用，以保证整个企业能够分工协作、井然有序、高效地运转。如计划制度、人事管理制度、生产管理制度、服务管理制度、技术管理制度、设备管理制度、物资供应管理制度、产品销售管理制度、财务管理制度、岗位责任制度等。

2. 特殊制度

特殊制度主要指企业的非程序化制度，如员工评议干部制度、总结表彰会制度、干部员工平等对话制度、干部“五必访”制度（员工生日、结婚、生病、退休、死亡时，干部要访问员工家庭）、企业成立周年制度、合伙人制度等。特殊制度更能够反映一家企业的管理特点和文化特色。有良好企业文化的企业，必然有多种多样的特殊制度；企业文化贫乏的企业，则往往忽视特殊制度的建设。

视野拓展

海尔的日清日高制度

海尔的日清日高制度，又称 OEC 管理法（O: Overall，海尔称其为全方位。E: Everyone，指每个人；Everything，指每件事；Everyday，指每一天。C: Control，控制；Clear，清理），就是全面地对每人、每天所做的每件事进行控制和清理——日事日毕，日清日高。今天的工作今天必须完成，今天完成的事情必须比昨天有质的提高，明天的目标必须比今天更高才行。

3. 企业风俗

企业风俗是指企业长期相沿、约定俗成的典礼、仪式、行为习惯、节日、活动等，如歌咏比赛、体育比赛等。企业风俗与一般制度、特殊制度不同，它不会表现为准确的文字条目形式，也不需要强制执行，完全依靠习惯、偏好的力量维持。

（三）物质层

这是企业文化的表层部分，它是企业创造的物质文化，是形成企业文化精神层和制度层的条件。从物质层中往往能折射出企业的经营思想、管理哲学、工作作风和审美意识。它主要包括以下几个方面。

（1）企业名称、标识、标准字、标准色。这是企业物质文化的外在体现。

（2）企业外貌、自然环境、建筑风格、办公室和车间的设计和布置方式、绿化美化情况等是人们对企业的第一印象，无一不是企业的文化反映。

（3）产品的特色、式样、外观和包装。产品的这些要素是企业文化的具体反映。

（4）技术工艺设备特性。

（5）企业的徽记、旗帜、歌曲、服装。这些因素中包含了很强烈的企业物质文化内容，是企业文化的一个较为形象化的反映。

（6）企业的文化体育生活设施。

（7）企业造型和纪念性建筑。包括厂区雕塑、纪念碑、英模塑像等。

（8）企业纪念品。

（9）企业的文化传播网络。包括企业自办的报纸、刊物、有线广播、闭路电视，以及网站、网上商城、公众号、宣传册、广告牌、招贴画等。

综上所述，企业文化的三个层次是紧密联系的。物质层是企业文化的外在表现和载体，是制度层和精神层的物质基础；制度层则约束和规范物质层和精神层的建设，没有严格的规章制度，企业文化建设便无从谈起；精神层是形成物质层和制度层的思想基础，也是企业文化的核心和灵魂。

三、企业文化的功能

企业文化的功能包括导向功能、规范功能、凝聚功能、塑造形象功能和激励功能。

1. 导向功能

在具有强文化的企业中，组织核心价值观得到了成员广泛的认可和强烈的认同，这种共享和高强度认同会在组织内部营造一种很强的行为控制氛围，从而引导和塑造员工的价值、取向、态度和行为，并把企业员工引导到企业所确定的目标上来，使其为实现企业的目标而努力奋斗。

2. 规范功能

企业文化对员工的思想和行为具有规范和约束作用。在一个特定的文化领域中，组织的共同价值观已深入每个人的头脑，必然影响成员的认知、感觉、思想、道德等心理过程，成员会自觉或不自觉地对自己的思想和行为不断进行调整，以服从共同认可的规范。

3. 凝聚功能

企业文化是组织的一种凝聚力，是一种有效的协调和控制手法。人类集合在一起的目的是要发挥比分散大得多的力量。在经营过程中，组织内外各单位、部门和个人之间在工作和人际关系上难免产生各种矛盾和冲突，这就需要协调和控制。一种是外控制，即通过命令、监督、强制、奖惩等方式，使员工行为符合组织规范；另一种是内控制，即通过改变人们的知觉和态度，把组织的利益、目标、规范等纳入个人价值观、信念及行为准则，使员工对企业产生认同感、使命感，形成自觉的行动，一旦违反了组织规范，就会感到内疚、不安、自责，从而产生自己修正自己的行为。因此，企业文化是一种内在凝聚力，一种强有力的黏合剂，它把企业每个

视野拓展

海尔集团的企业文化比较有特色，推荐读者以“海尔 企业文化 讲座”为关键词通过互联网搜索几份资料后进行学习，有助于加深对企业文化的认识。

成员的力量凝聚成一个合力，使整个系统最大限度地发挥其全部效能。

4. 塑造形象功能

企业文化集中概括了企业的基本宗旨、价值准则和行为规范，因而在一定程度上反映了企业的基本特征。优秀的企业文化可以向社会大众展示其成功的管理风格、良好的经营状态、奋发向上的精神面貌，从而为企业塑造良好的整体形象，树立信誉，扩大知名度。这是企业一笔巨大的无形资产，对企业的发展会起到重要的促进作用。

5. 激励功能

积极向上的思想观念和行为准则，可以形成强烈的使命感、持久的驱动力、积极向上的企业精神。企业文化本身就是一把职工自我激励的标尺，他们通过对照自己的行为，找出差距，可以产生改进工作的驱使力。同时，企业内共同的价值观、信念及行为准则是一种强大的精神支柱，它能使人产生认同感、归属感、安全感，起到相互激励的作用。

四、企业文化建设的步骤

1. 企业文化盘点

建设企业文化的关键在于量体裁衣，建设适合本企业的文化体系，达到这一目标的大前提就是对企业文化的全面了解。所谓企业文化的盘点，就是对企业现有文化的依次调查和分析。当一家企业尚处在创业阶段时，需要了解创业者的企业目标定位；而对于一个已经发展了一段时间的企业，需要了解企业发展中的一些问题和员工广泛认同的理念。

常用的一些调查方法主要包括访谈法、问卷法、资料分析法、实地考察法等。企业文化的调研，其实也是一次全体员工的总动员，因此，最好是在开展工作之前，由公司主要领导组织召开一次动员大会。在调研期间，可以采取一些辅助措施，比如，建立员工访谈室、开设员工建议专用箱等，以调动员工的积极性，使其增强参与意识。

企业文化的调研要有针对性，内容主要围绕经营管理现状、企业发展前景、员工满意度和忠诚度、员工对企业理念的认同度几个方面。一些企业内部的资料往往能够反映出企业的文化，可以从企业历史资料、各种规章制度、重要文件、内部报刊、公司人员基本情况、先进个人材料、员工奖惩条例、相关媒体报道等方面获得有用信息。为了方便工作，最好列一个清单，将资料收集完整，以便日后检阅。

经过一系列的企业文化调研，我们需要进行一些分析，得出初步结论。分析主要集中在以下几个方面。

（1）分析企业经营特点，搞清企业在行业中的地位和企业生产经营情况。

（2）分析企业管理水平和特色，研究企业内部运行机制，重点分析企业的管理思路、核心管理链、现有管理理念和主要弊端。

（3）分析企业文化的建设情况，领导和员工对企业文化的重视程度。

（4）逐项分析企业文化各方面的内容，包括企业理念、企业风俗、员工行为规范等具体内容。

根据对以上四方面内容的综合分析，我们可以判断目前企业文化的状况，了解员工的基本素质，把握企业战略和企业文化的关系，分析企业急需解决的问题和未来发展的障碍，这就为下一步企业文化的设计做好了准备。

2. 企业文化设计

企业文化是一个有机的整体，它包括精神层、制度层和物质层。精神层的设计要本着以下原则：历史性原则、社会性原则、个异性原则、群体性原则、前瞻性原则和可操作性原则。制度层和物质层设计要本着与理念高度一致的原则、系统完整性原则和可操作性原则。

企业文化的设计中最重要的是企业精神层的设计，它决定了企业文化的整体效果，也是设计的难点所在。精神层一般来讲包括以下方面：企业愿景（或称企业理想）、企业使命（或称企业宗旨）、核心价值观（或称企业信念）、企业哲学、经营理念、管理模式、企业精神、企业道德、企业作风（或称工作作风）。

企业制度层的设计主要包括企业制度设计（工作制度、责任制度、特殊制度）、企业风俗设计、员工行为规范设计，这些设计都要充分传达企业的理念。

企业物质层的设计主要是企业标志、名称及其应用。企业的名称和标志如同人的名字一样，是企业的代码，设计时要格外慎重。例如，清华同方的名称来源于《诗经》的“有志者同方”，简明易记。企业的标识则是企业理念、企业精神的载体，企业可以通过企业标识来传播企业理念。如果把企业理念看成企业的“神”，那么企业标识就是企业的“形”，它是直接面对客户的企业缩影，因此，在设计和使用时要特别关注。

视野拓展

企业文化的“文”与“化”

正常的企业也有两条腿：一条腿是企业的硬实力，如产品、服务、价格、渠道、营销等；另一条腿是软实力，包括企业的品牌、企业文化、公共关系、对外宣传、形象等。其软实力的强弱，对企业的发展具有重要的影响。

那么什么样的企业才真正称得上拥有企业文化，企业文化“上天”后如何落地，却是一个相当老大难的课题。我们常常见到的是这样几种“企业文化”：一种是在老板嘴里张口就来的“口头文化”，这种最不靠谱，往往会出现每换一个老总，整个“文化”便要从头再来清洗一次的情况；另一种是被总结过后写于纸上或贴在墙上的“书面文化”，它的文化表现是仪式化的，如贴个标语、出个画册；再有一种就是让员工在嘴上背得滚瓜烂熟，但是在具体的行为里却根本看不到的“任务文化”。

这些重“文”轻“化”的做法，是对企业文化的严重误读，企业文化里的“文”其实既重要又不重要，重要的是“化”之前必须有“文”，但是光有“文”却没有“化”，等于没有甚至玷污了企业的文化。那么企业文化如何“化”？必须靠“潜移默化”，如春雨般“随风潜入夜，润物细无声”，才能“化”。这种“化”，是让企业文化在不知不觉中改变并形成全体员工拥有“共同的价值观念、共同的行为准则和共同的心理默契”。企业文化要“化”，具体需要三样东西。

第一需要时间。一家企业的文化是长期积淀的结果，世界上有很多企业有着几百年的历史，在历史的演变过程中通过不断的变革积累了企业能够长期生存、壮大发展的“道”。这些企业有着自己的价值观、世界观。

第二需要氛围。真正的企业文化应该是大家的心理默契，也是一种共同愿景，这些东西应该主要是自然“形成”的，而不是“规定”的。合力冲抵，渐成气候，然后新人进来，受其影响，为其同化，久而久之，整个企业在价值观上具备了相似的倾向——这便是真正的企业文化。

第三需要员工的高度自觉。企业文化的约束力不像法律法规那样带有强制性，企业文化要落实在行动上，就必须真正使大家心服口服，在思想上、心灵上达成共识，而不是表面的服从与被动遵守，否则一旦失去监管，“文化”就会荡然无存。企业文化的约束主要来自于自律，高度自律的产生源于员工对企业文化的高度认同，这是企业文化的至高境界。

（作者徐浩然，中国中小企业协会副会长、远东控股集团副总裁，本文最早见于媒体可能是2012 年 3 月 26 日《中国经营报》）

3．企业文化实施

企业文化的实施阶段，实际上也是企业的一次变革，通过这种变革，把企业优良的传统发扬光大，同时，纠正企业存在的一些问题。一般来讲，企业文化的变革与实施需要经历导入阶段、变革阶段、制度化阶段和评估总结阶段。

导入阶段的主要任务是从思想上、氛围上做好企业文化变革的充分准备。在此阶段内，要建立强有力的领导体制、高效的执行机制、全方位的传播机制等，让企业内部所有人认识到企业文化变革的到来。为了更好地完成这一阶段的工作，可以建立领导小组来落实，设立企业文化建设专项基金来开展工作，在人力、物力上给予支持。

变革阶段是企业文化建设工作的关键。在这个阶段内，要全面开展企业文化精神层、制度层、物质层的建设，即进行由上而下的观念更新，建立健全企业的一般制度和特殊制度，形成企业风俗，做好企业物质层的设计与应用。这一阶段可谓是一个完整的企业形象塑造工程，中心任务是企业价值观的形成和员工行为规范的落实，至少需要一年的时间。

制度化阶段是企业文化变革的巩固阶段。该阶段的主要工作是总结企业文化建设过程中的经验和教训，将成熟的做法通过制度加以固化，建立起完整的企业文化体系。在这一阶段，企业文化变革将逐渐从突击性工作转变成企业的日常工作，领导小组的工作也将从宣传推动转变成组织监控。这一阶段的主要任务是建立完善的企业文化制度，其中应包括企业文化考核制度、企业文化先进单位和个人表彰制度、企业文化传播制度、企业文化建设预算制度等。

评估总结阶段是企业文化建设阶段性的总结。在企业基本完成企业文化建设的主要工作之后，总结评估以前的工作，对今后的企业文化建设具有十分重要的作用。评估工作主要围绕事先制订的企业文化变革方案，检查变革是否达到预期的效果，是否有助于企业绩效的改善和提高。总结工作还包括对企业文化建设的反思，主要针对内外环境的变化，检查原有假设体系是否成立，具体的工作方法主要有现场考察，召开研讨会、座谈会等。

思考与讨论

通过本节的学习了解组织文化的重要性，分析总结自己所在学校的校园文化。本校校园文化有哪些方面在影响着你？你认为应该怎么改进自己所在学校的校园文化？

第三节　战略管理

【本节任务】

了解战略及战略管理的含义及特点；知晓战略管理的过程；掌握各层次战略管理的主要内容。

一、战略与战略管理

一个组织在对环境进行分析的基础上，为了组织的长远发展，必须制定适合自身发展的战略。战略选择的正确与否对一个组织的发展至关重要，制定了正确的组织战略，才能保证一个组织健康和可持续地发展。

（一）战略的含义

战略一词来源于军事领域。从军事学的角度分析，战略是指对战争全局的策划和指挥，即根据敌我双方的军事、政治、经济、地理等因素，遵从战争规律，从战争全局的各方面考虑，所制定和采取的有关方针、政策和方法。换一种说法，战略是军事指挥官在战争中利用军事手段达到战争目的的科学与艺术。战略一词后来被运用于管理领域，在一般管理领域，战略就是为实现组织的长远目标所选择的发展方向，所确定的行动方针、政策、任务等。

管理学大师亨利·明茨伯格（Henry Mintzberg）对战略的概念做过系统论述，他提出著名的“战略 5P”，给出了战略的经典定义：战略是计划（plan），战略是模式（paradigm），战略是定位（position），战略是观念（perception），战略是计谋（policy）。

（二）战略管理的含义及其特点

战略管理是一个组织高层管理者要做的重要的管理工作，是组织管理的核心工作。

1. 战略管理的概念

古人云：不谋万世者，不足谋一时；不谋全局者，不足谋一域。在当今变幻莫测的全球经济背景之下，组织的战略决策决定着组织的发展前景，组织管理者的战略管理能力决定着组织的生死存亡。

战略管理是组织确定其使命，根据组织外部环境和内部条件设定组织的战略目标，为保证目标的正确落实和实现进行谋划，并依靠组织内部能力将这种谋划和决策付诸实施，以及在实施过程中进行控制的一个动态管理过程。

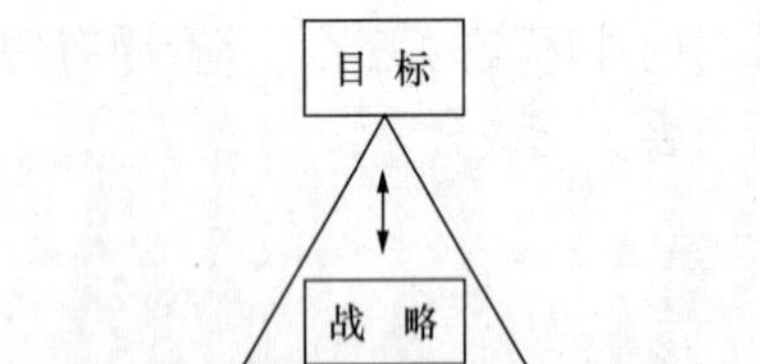

图 3.6 战略金三角

组织全部管理活动的重点是制定战略和实施战略。而制定战略和实施战略的关键都在于对组织外部环境的变化进行分析，对组织资源进行审核，并以此为前提确定组织的战略目标，使三者之间达成动态平衡。也就是说组织战略管理必须做到目标、资源与环境的“配适”（如图 3.6 所示）。战略管理的任务，就在于通过战略制定、战略实施和日常管理，在保持这种动态平衡的条件下，实现组织的战略目标。

战略管理不仅涉及战略的制定和规划，而且也包含着将制定出的战略付诸实施的管理，因此是一个全过程的管理。

战略管理不是静态的、一次性的管理，而是一种循环的、往复性的动态管理过程。它是需要根据外部环境的变化、组织内部条件的改变，以及战略执行结果的反馈信息等，而重复进行新一轮战略管理的过程，是不间断的管理。

需要强调的是，战略管理不是组织的日常管理，也不是危机管理，而是涉及未来三五年甚至更长时期组织发展目标的战略性的计划或规划的管理。战略规划是一种管理工具，和其他的管理工具一样，它的目的也是为了更好地实现组织的宗旨。战略规划能帮助一个组织应付环境的变化，使其把精力和资源集中到最重要的工作当中，并确保所有组织成员的目标一致。

视野拓展

企业发展必须从市场竞争激烈的红海走向蓝海，蓝海战略是现在许多企业推崇的战略。读者可以通过网络百科“蓝海战略”词条做进一步了解。

2. 战略管理的特点

一般来说，战略管理具有以下几个特点。

视野拓展

组织战略对企业到底有多重要？请扫描二维码阅读泰康人寿保险有限公司董事长陈东升的《战略，企业家心中的定盘星》一文。

（1）战略管理具有全局性。战略管理是以组织的全局为对象，根据组织总体发展的需要而制定出战略。它所管理的是组织的总体活动，所追求的是组织的总体效果。虽然这种管理也包括组织的局部活动，但是这些局部活动是作为总体活动的有机组成在战略管理中出现的。具体来说，战略管理不是强调组织某一事业部或某一职能部门的重要性，而是通过制定组织的使命、目标和战略来协调组织各部门自身的行为，这样也就使战略管理具有综合性和系统性的特点。

（2）战略管理的主体是组织的高层管理人员。由于战略决策涉及一个组织活动的各个方面，虽然它也需要组织上、下层管理者和全体员工的参与和支持，但组织的最高层管理人员介入战略决策是非常重要的。这不仅是由于他们能够统观组织全局，了解组织的全面情况，更重要的是他们具有对战略实施所需资源进行分配的权力。

（3）战略管理涉及组织大量资源的配置问题。组织的资源，包括人力资源、实体财产和资金，或者在组织内部进行调整，或者从组织外部来筹集。在任何一种情况下，战略决策都需要在相当长的一段时间内致力于一系列的活动，而实施这些活动需要有大量的资源作为保证。因此，这就需要为保证战略目标的实现，对组织的资源进行统筹规划、合理配置。

（4）战略管理从时间上来说具有长远性。战略管理中的战略决策是对组织未来较长时期内，就组织如何生存和发展等进行统筹规划。虽然这种决策以组织外部环境和内部条件的当前情况为出发点，并且对组织当前的经营活动有指导、限制的作用，但是这一切是为了更长远的发展，是长期发展的起步。从这一点来说，战略管理也是面向未来的管理，战略决策要以管理人员所期望或预测将要发生的情况为基础。在迅速变化和竞争性的环境中，组织要取得成功必须对未来的变化采取预应性的行动，这就需要组织做出长期性的战略计划。

即问即答

2012 年年初，某餐饮企业老总看好中高档餐饮业的未来，决定改变本企业的中低档餐饮企业的形象，斥资进行高档装修，扩大经营规模，走中高档餐饮业发展路子以提高利润率。殊不知，2012 年年底中央严格实行“八项规定”，遏制“三公”消费，导致中高档餐饮业寒冬来临，该餐饮企业因该举措举步维艰。这体现了组织战略的什么特征？

（5）战略管理需要考虑组织外部环境中的诸多因素。组织都存在于一个开放的系统中，它们影响着这些因素，但更多地受到这些不能由组织自身控制的因素的影响。因此在未来竞争的环境中，组织要使自己占据有利地位并取得竞争优势，就必须考虑与其相关的因素，这包括竞争者、顾客、资金供给者、政府等外部因素，以使组织的行为适应不断变化中的外部力量，使组织能够继续生存下去。

二、战略管理过程

战略管理过程一般包括九个步骤，如图 3.7 所示。

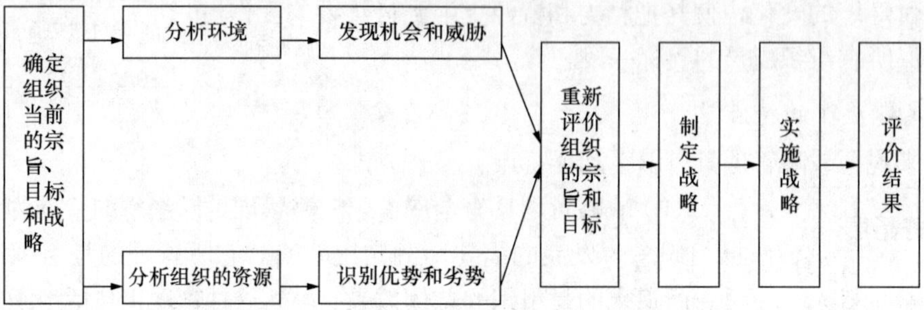

图 3.7　战略管理过程

1. 战略规划

战略规划包括确定组织当前的宗旨、目标和战略。

组织管理的宗旨在于促使管理者仔细确定组织的经营范围，对“我们到底从事的是什么事业”的理解关系到组织的指导方针。当然，管理者还必须搞清楚组织的目标以及当前所实施的战略的性质，并对其进行全面而客观的评估。

2. 分析环境

分析环境是战略管理过程的关键环节和要素。组织环境在很大程度上限定了管理者可能的选择。成功的战略大多是那些与环境相适应的战略。松下电器曾经是家庭娱乐系统的主要生产商，自 20 世纪 80 年代中期开始，在微型化方面出现了技术突破，同时家庭小型化趋势使得对大功率、高度紧凑的音响系统的需求剧增。松下家庭音响系统战略的成功，就是因为松下及早地认识到环境中正在发生的技术变化和社会变化。

管理者应很好地分析组织所处的环境，了解市场竞争的焦点，了解政府法律法规对组织可能产生的影响，以及组织所在地的资源供给状况，等等。其中，环境分析的重点是把握环境的变化和发展趋势。关于环境的信息可以通过各种各样的外部资源来获取。

3. 发现机会和威胁

分析了环境之后，管理者需要评估环境中哪些机会可以利用，以及组织可能面临的威胁。机会和威胁都是环境的特征。威胁会阻碍组织目标的实现，而机会则相反。

4. 分析组织的资源

分析组织的资源将视角转移到组织内部及与产品直接相关的外部资源：组织雇员拥有什么样的技巧和能力？组织的现金状况怎样？在开发新产品方面一直很成功吗？公众对组织及其产品或服务的质量的评价怎样？

这一环节的分析能使管理层认识到，无论多么强大的组织，都在资源和能力方面受到某种限制。

5. 识别优势和劣势

优势是组织可资开发利用以实现组织目标的积极的内部特征，是组织与众不同的能力，即指作为组织竞争武器的特殊技能和资源；劣势则是抑制或约束组织目标实现的内部特征。管理者应从如下方面评价组织的优势和劣势：市场、财务、产品、研究与发展。内部分析同样也要考虑组织的结构、管理能力和管理质量，以及人力资源、组织文化的特征。管理者可以通过各种各样的报告来获得有关组织内部优势和劣势的信息。

管理故事

狮子娶妻

狮子爱上了农夫的女儿，就向她求婚。农夫不忍将女儿许配给野兽，但又惧怕狮子，一时无法拒绝，于是他急中生智，心生一计。狮子再次来请求农夫时，他便说，他认为狮子娶自己的女儿很合适，但狮子必须先拔去牙齿，剁掉爪子，否则不能把女儿嫁给它，因为自己女儿惧怕这些东西。狮子利令智昏，色迷心窍，就答应了农夫的要求。狮子再来时，农夫根本就不用惧怕它了，直接用棍子把狮子打跑了。

启示：一家企业如果没有了自己的核心优势，在竞争中将无法体现自己的竞争力。

6. 重新评价组织的宗旨和目标

按照 SWOT 分析和识别组织机会的要求，管理团队应重新评价组织的宗旨和目标。

7. 制定战略

组织战略需要在决策层、事业层和职能层依次制定。在这一环节组织将寻求自身的恰当定位，以便获得领先于竞争对手的相对优势。

8. 实施战略

无论战略制定得多么有效，如果不能恰当地实施就不可能保证组织的成功。另外，在战略实施过程中，最高管理者的领导能力固然重要，但中层和基层管理者执行计划的主动性也同样重要。管理者需要通过招聘、选拔、处罚、调换、提升乃至解雇职员以确保组织战略目标的实现。

视野拓展

一个组织的中期目标及其实施策略

组织中期目标之一：加强筹款能力，年度筹款额达到 1000 万元。

[策略一]加强理事会的筹款功能，协助秘书长策划并推动筹款

- 成立筹款委员会
- 吸收媒体中的知名人士加入理事会

[策略二]加大宣传力度，开拓小额募捐的多元渠道

- 与银行合作，探讨捐款自动转账与信用卡捐款等事宜
- 制作 10 分钟介绍本组织的宣传片来介绍本组织，通过电视播放
- 开设互联网主页，并建立广泛的链接

[策略三]引进募捐数据库等软件，加强资料建档、统计分析和后续服务

组织中期目标之二：提高组织的服务绩效，两年内建立项目评估制度

[策略一]年度计划必须与战略规划相结合

[策略二]建立项目评估制度

……

（萧新煌，2000）

> **即问即答**
> 如果将战略管理过程分为战略分析、战略选择及评价、战略实施及控制三个阶段，上述九个步骤分别属于哪个阶段？

9．评价结果

战略管理过程的最后一步是评价结果，包括：战略的效果如何？需要做哪些调整？这涉及控制过程。通过评价，根据评价结果优化与调整组织战略。

三、组织的战略

组织的战略可以分为三个层次，即组织总体战略、经营单位战略、职能战略，这三个层次的战略与组织的层级有某种程度的关联。处于组织顶层的管理者通常要对组织总体战略负责，处于中层的管理者通常要对经营单位战略负责，处于较低层的管理者通常要对职能战略负责。

（一）组织总体战略

> **视野拓展**
> 一个组织如何有效地制定自己的战略？推荐读者扫描二维码阅读《如何做好中小企业战略管理》一文。

组织总体战略是指为实现组织总体目标，对组织未来发展方向做出的长期性和总体性战略。它是统筹各项分战略的全局性指导纲领。组织制定总体战略的目的是确定组织未来一段时间的总体发展方向，协调组织下属的各个业务单位和职能部门之间的关系，合理配置组织资源，培育组织核心能力，以实现组织总体目标。

组织总体战略主要强调两个方面的问题：一是“应该做什么业务”，即从组织全局出发，根据外部环境的变化及组织的内部条件，确定组织的使命与任务、产品与市场领域；二是“怎样管理这些业务”，即在组织不同的战略事业单位之间如何分配资源以及采取何种成长方式等，以实现组织整体的战略意图。具体来讲，组织的战略有以下几项。

（1）发展型战略。这是一种使组织在现有的战略水平上向更高一级的目标发展的战略。由于战略定位不同，发展型战略有多种可供选择的增长方案，组织可以根据实际情况进行选择。

（2）稳定型战略。这种战略是指限于经营环境和内部条件，组织在战略期所期望达到的经营绩效基本保持在战略起点的范围和水平上的战略。选择这一战略的组织对其过去的经营绩效和方法比较满意，所以会继续为市场提供基本相同的产品和服务。这是一种风险相对较低的战略。

> **即问即答**
> 2004 年联想集团收购了 IBM 的 PC 业务，2011 年收购 NEC 公司，2014 年 2 月斥资 29.1 亿美元收购摩托罗拉移动业务，这是一种什么样的总体战略？

（3）紧缩型战略。这种战略是指正在从目前的战略经营领域和基础水平收缩和撤退，且偏离战略起点较大的一种经营战略。与发展型战略和稳定型战略相比，紧缩型战略是一种消极的发展战略，一般是短期性的过渡战略。

（二）经营单位战略

大型组织一般都同时从事多种经营业务或者生产多种不同的产品，有若干个相对独立的产品或市场部门，这些部门即事业部或战略经营单位。由于各个业务部门的产品或服务不同，所面对的外部环境（特别是市场环境）也不相同，组织能够对各项业务提供的资源支持也不同，因此，各部门在参与经营过程中所采取的战略也不尽相同。

各经营单位有必要制定指导本部门产品或服务经营活动的战略，即业务层战略。

经营单位战略是在组织战略的指导下，经营管理某一特定战略业务单元的战略计划。具体指导和管理经营单位的重大决策和行动方案，是组织的一种局部战略，也是公司总体战略的子战略，它处于战略结构体系中的第二层次。

经营单位战略的侧重点在以下几个方面：贯彻使命、业务发展的机会和威胁分析、业务发展的内在条件分析、业务发展的总体目标和要求等。对于只经营一种业务的小企业，或者不从事多元化经营的大型组织，经营单位战略与公司总体战略是一回事。

迈克尔·波特认为，所有经营单位在进行竞争时，所采用的战略可以分为以下三种。

（1）成本领先战略（也称为低成本战略），是指组织通过有效途径降低成本，使组织的全部成本低于竞争对手的成本，从而获取竞争优势的一种战略。

（2）差异化战略，是指通过塑造产品（或服务）的独特性，以造成与竞争者有所差异的一种战略。这种战略的核心是取得某种对顾客有价值的独特性。此种差异可由产品设计、品牌形象、技术、产品特性、人员、设备、销售渠道或服务来达成。

视野拓展

佰草集的差异化战略

在国外大型日化企业的重重压力下，国产化妆品虽有所发展，却步履维艰。在这种艰难的情况下佰草集（上海家化联合股份有限公司的全资子公司，以下简称“上海家化”）却能异军突起，2008 年挥剑直指时尚之都巴黎，为国产化妆品的出海吹响了第一声号角。据统计，在我国，内资美容化妆品企业占行业总数的 90%，市场占有率为 20%；外资、合资企业占行业总数的 10%，却占总体市场的近 80%，反差巨大。

上海家化抽调力量，对产品定位、开发和营销做了一项长达 3 年的可行性研究。品牌研究小组得出的最终结论是，国际化妆品公司的研发中心大多人员队伍庞大，对皮肤的研究水准已经非常高了。上海家化如果采取同样的产品策略，在研发一环就不占优势，所以只有走差异化路线，那就是草本精华路线。他们利用中医药核心理论，打造高端中草药化妆品牌，定位于另类的化妆品形象，凭借中医中草药文化在国内外消费群体中建立了良好的认可度，切入环保理念。

（3）集中化战略（也称为聚焦战略），是指将有限的资源集中于某一特定区域，通过满足该区域的独特需求来取得优势的一种战略。管理大师彼得·德鲁克说过：“没有一家企业可以做所有的事情，即使有足够的钱，它也永远不会有足够的人才。”世界 500 强企业中的大部分都是能够集中优势和力量的“专才”。例如，比尔·盖茨是软件专才，巴菲特是投资专才，“肯德基”是汉堡专才，“可口可乐”是饮料专才，所以他们都成为了全球企业的领导者。具体来说，集中化战略可以分为产品线集中化战略、顾客集中化战略和市场集中化战略。

即问即答

沃尔玛独特的聚焦战略

沃尔玛的成功来自于其独特的聚焦战略。它将精力集中于整体市场中最狭窄也是最具挑战力的乡村。这样的目标市场是同行业中主要竞争对手容易忽视的市场。但这时美国乡村小镇的居民已经有了足够的购买力，而生活条件和基础设施都不够完善，沃尔玛的出现，甚至吸引了来自周围几十到上百千米范围的居民前来购买商品。他们所聚焦的这一原本在别人看来无利可图的市场区域却给沃尔玛带来了生存和扩展的机会，也是沃尔玛实施经典的“农村包围城市”战略的前提。在后来的十几年间，沃尔玛继续占领小城镇这个被其他零售商店所遗忘的细分市场，逐渐形成了星火燎原之势，避开了激烈的竞争，在悄无声息中占领了全国的零售市场。

请问：沃尔玛的聚焦战略属于哪种类型的聚焦战略？

（三）职能战略

职能战略是指由组织中的各职能部门来制定指导职能活动的战略。职能战略主要回答某职能部门如何卓有成效地开展工作的问题，重点是提高组织资源的利用效率，使组织资源的利用效率最大化。职能战略一般可分为营销战略、人事战略、财务战略、产品战略、生产战略、研究与开发战略、公关战略等。职能战略是为组织总体战略和经营单位战略服务的，所以必须与组织总体战略和经营单位战略相配合。以下从市场营销战略、产品战略和人事战略三个方面对职能战略进行概括介绍。

1. 市场营销战略

市场营销战略是指组织的市场营销部门根据总体战略规划，在综合考虑外部市场机会及内部资源状况等因素的基础上，确定目标市场，选择相应的市场营销策略组合，并予以有效实施和控制的过程。

由于营销在企业经营中的突出战略地位，使其连同产品战略一起被称为企业的基本经营战略，它对于保证组织总体战略的实施起着关键作用，尤其对于在行业中竞争激烈的企业，制定营销战略更显得非常迫切和必要。市场营销战略包括两项主要内容：一是确定目标市场；二是制定市场营销组合策略，以满足目标市场的需求。根据购买对象的不同，将顾客划分为若干种类，以某一类或几类顾客为目标，集中力量满足其需求，这种做法称为确定目标市场，这是市场营销首先应当确定的战略决策。目标市场确定以后，就应当针对这一目标市场，制定出各项市场经营策略，即产品策略、价格策略、营销渠道策略、促销策略等，以争取顾客。

2. 产品战略

产品战略是指组织对自己的产品所进行的全面性谋划，它相应地涉及组织产品的选择战略、组织产品的发展战略、组织产品的组合战略三个层次。

（1）产品选择战略。产品选择战略即组织决定应该淘汰、保留、改进哪些老产品，又应该发展哪些新产品。它是建立在对市场需求的分析预测、对组织实力尤其是产品开发能力的分析以及对组织现有产品分析评价的基础之上的。老产品的放弃或淘汰，对应于退出型市场选择战略，又进一步分为立即放弃、逐步放弃、自然淘汰等；老产品的保留与改进，对应于维持现状型市场选择战略，可通过改进产品、改进市场、改进服务三个途径实现；新产品开发，对应于发展型市场选择战略，它需要相应的人力、财力、物力投入，既具有高机会，也具有高风险。如我国皮卡汽车的领军企业长城汽车最初就是生产皮卡汽车的，后来随着家用汽车的普及，长城汽车开始生产军民用越野车、家庭轿车；但随着家庭轿车市场竞争的日趋激烈，2012 年年底公司决定不再在轿车业务上投入过多资源，不再发展家用轿车新车型，而专注城市型 SUV 的生产。

（2）产品发展战略。产品发展战略即组织如何发展已经选择确定的某些产品。它涉及市场细分和产品定位两个问题。

1）市场细分就是按着地域、人口、购买者心理及行为等因素，将整个市场划分为若干子市场，而其中任何一个子市场都有可能被选为组织的目标市场。产品与子市场存在着一对一、一对多、多对一、多对多四种组合。

2）产品定位是指组织就某种产品属性，对本组织和竞争对手在目标市场上各处于什么位置做出正确的分析和判断，从而将本组织产品定在一个合适的位置上，它直接影响到组织的营销组合。如奇瑞轿车公司 2009 年前后展开的多品牌战略收效不明显或说走了弯路，2012 年就公司旗下产品及品牌进行整合，瑞麒、威麟两个品牌被雪藏，原车型划归奇瑞品牌内，下面分别有主打入门级车型的 A 产品线和主打中高端车型的 E 产品线进行市场定位区分，而另一个品牌开瑞继续保留，成为商用车品牌。

（3）产品组合战略。由于组织会同时拥有老产品和新产品，它们又具有不同的市场吸引力和利润率，因此，组织应在新老产品之间、新产品之间、老产品之间进行合理的组合，以使组织的近期利益与长远利益、降低成本与业务增长、高风险高利润与薄利多销等相互矛盾的目标之间保持一定平衡，以求组织的长期生存和不断发展。

3. 人事战略

人事战略是指一个组织、一个行业、一个部门甚至一个地区为了实现其经济发展、经营目标或经济规划，在人事管理、人员的选拔任用和调整、绩效考核和工资福利、人员的培训与发展等诸多方面所制定并依此实施的全局性、长期性的设想和规划。

人事战略具体体现为组织的一系列用人政策和制度。这些政策和制度主要是围绕着解决以下三个问题而制定的。

（1）如何为组织寻求合格的人员？为了实现总体战略，组织需要从事一系列的活动，为了使这些活动能协调地进行，组织根据各项活动的内在联系设立了不同的部门和岗位，人事政策与制度要解决的第一个问题就是如何根据活动的要求,为各岗位和部门选择合适的人员，以保证组织系统的运转和战略活动的进行。

（2）如何提高人员的工作热情，维持他们对组织的忠诚？决定组织活动效果的人的生产率，不仅受到他们所拥有的知识和能力等内在素质的影响，而且取决于他们在工作中的积极性。组织要通过制定合理的人事政策，激发成员的工作热情，充分挖掘人力资源的潜力。

（3）如何为组织的发展准备人事力量？组织是一个动态系统，其目标和活动内容经常需要根据环境的变化做适当调整，因此现有的组织机构也须做相应改变。组织的适当调整过程往往也是发展壮大过程，因此，对参与组织活动的人力资源的数量和质量要求也会不断发生变化。所以，组织的人事战略不仅要为今天的活动配备合适的人员，而且要为明天的发展准备人事，特别是干部力量。

视野拓展

LG 的蓝海战略

红海代表已知的市场空间，蓝海代表未知的市场空间。“蓝海战略”就是指摆脱有限市场内的竞争角逐，改变战略思维，开创一个没有竞争的市场空间，为获得持续的赢利性增长而服务的战略。蓝海战略要求企业把视线从市场的供给方转向需求方，从关注并赶超竞争对手的所作所为转向买方提供价值的飞跃。通过跨越现有竞争边界看市场以及将不同市场的买方价值元素筛选与重新排序，企业就有可能重建市场和产业边界，开启巨大的潜在需求，从而摆脱“红海”的竞争，开创“蓝海”。

韩国 LG 公司曾启动一项被称为“蓝海战略”的新计划，其做法如下。

一是开展“一等”运动，开辟蓝海。为贯彻蓝海战略，LG 电子 2006 年的经营主题是“一等”，为了拿出“一等”产品，LG 电子制订了详细的推进计划，只生产新技术的高端产品，强化高端产品的营销力度，加大对研发的投入和核心人才的培养。当时，在 LG 电子总体销量中，具有高附加价值的高端产品占 30%～40%，低附加价值的产品群逐步撤销。

二是“设计”经营，拓宽蓝海。LG 电子认为，在许多产品的技术已经难分伯仲的今天，消费者通过产品满足美学、心理学等方面的需求却日益增高。而且，从有关统计数据看，设计已经成为全球消费的热点与趋势。英国的一项调查显示，在过去的 5 年里，设计驱动型企业的增长率超出了英国证券市场整体表现的 200%。丹麦的一项调查显示，企业采用系统化设计后，总收入增长了 40%。因此，如果不重视产品的外观和功能设计，就会面临被消费者抛弃、被市场淘汰的危险。在这方面，LG 电子借助全球的设计网络，与全世界著名设计师进行联系和沟通，融合、借鉴各个地域的设计理念，设置了独立的“设计经营中心”，下设五个设计中心（纽约、东京、米兰、北京和首尔）、四个设计研究所。

三是专设机构，保持蓝海。在一个竞争激烈的社会中，一个优秀的产品制造出来后会被很快复制，而设计比技术更容易被复制。因此走“设计经营”的路线，就必须以更快的发展速度始终走在行业前列，才有可能处于有利的地位。为此，LG 电子的做法是成立了 TDR 小组，TDR 的全称是 Tear Down and Redesign 小组，即拆解、重新设计小组。他们开始在公司内部开展许多 TDR 活动，即将竞争对手的优秀产品加以分解，以便跳脱原有框架，让员工彻底自我反省，想出更棒的点子，设计出更杰出的产品。

本章小结

以组织界线来划分，可以把管理环境分为组织的外部环境和组织的内部环境。组织的外部环境是指组织所处的社会环境，可以按其对组织的影响程度分为微观环境和宏观环境。管理环境分析主要是分析组织的优势与劣势，组织面临的机会与威胁。管理环境综合分析的方法是 SWOT 分析法。

战略管理是组织确定其使命，根据组织外部环境和内部条件设定组织的战略目标，为保证目标的正确落实和实现进行谋划，并依靠组织内部能力将这种谋划和决策付诸实施，以及在实施过程中进行控制的一个动态管理过程。战略管理过程包括：确定组织当前的宗旨、目标和战略，分析环境，发现机会和威胁，分析组织的资源，识别优势和劣势，重新评价组织的宗旨和目标，制定战略，实施战略，评价结果。

综合练习与实训

一、重点概念

STOT 分析法　战略管理

二、填空题

1. 组织的外部环境一般可分为________环境和________环境两方面。

2. 经营单位在竞争中可以采取的战略包括________、________和________。

3. 产品发展战略，即组织如何发展已经选择确定的某些产品，它涉及________和________两个问题。

4. 职能组织的市场营销战略涉及________和________两个方面的内容。

5. 企业文化分为________、________和________三个层次。

三、单项选择题

1. 高机会和低威胁的业务属于（　　）业务。

A. 理想　　B. 成熟　　C. 冒险　　D. 困难

2.（　　）是对环境进行管理的第一步。

A. 分析环境　　B. 改善环境　　C. 适应环境　　D. 创造环境

3. 下列因素中，属于组织的一般外部环境因素的是（　　）。

A. 社会公众　　B. 竞争者　　C. 政治、法律　　D. 顾客

4. 由于中央“八项规定”的出台导致高端餐饮行业遇冷，餐饮行业纷纷转向大众化，这是宏观环境中（　　）环境因素发生了改变。

A. 技术　　B. 政治、法律　　C. 社会文化　　D. 人口

5. 组织通过有效途径降低成本，使组织成本低于其他竞争对手，以取得竞争优势，这种策略称为（　　）。

A. 营销战略　　B. 集中战略　　C. 低成本战略　　D. 差异化战略

6.（　　）是企业文化的核心和灵魂。

A. 精神层　　B. 制度层　　C. 物质层　　D. 道德层

四、思考题

1. 简述组织的总体战略。
2. 组织的宏观环境分析包括哪些内容？
3. 战略管理过程有哪些步骤？
4. 经营单位在制定战略时，可以采取何种战略？
5. 微观环境分析包括哪些内容？

五、案例分析

高端餐饮争推团购，2014 年成餐饮业洗牌之年

据2014年2月20日《中国青年报》报道（黄冲）　“吃的不是食物，是档次；讲的不是工作，是排场；比的不是能力，是阔气”。自中央的“八项规定”出台之后，这已经成为高端餐饮行业的过去式。

在经过30多年的高速发展后，餐饮行业第一次进入了“寒冬”。中国烹饪协会2014年2月8日发布的2013年全国餐饮收入报告显示，2013年全国餐饮收入25 392亿元，增幅同比下降4.6%，增速创21年来的最低值。

首先遭遇“寒冬”的，是中央“厉行勤俭节约、反对铺张浪费”矛头直指的高端餐饮业。报告显示，高端餐饮在2013年严重受挫，限额以上餐饮企业（年营业额200万元以上）的收入首次出现负增长，同比下降了1.8%。

主打高端酒楼业务的湘鄂情，于1月24日发布业绩预告修正公告，公司预计2013年全年亏损5亿～5.8亿元，而2012年净利润为1.09亿元。老字号全聚德发布的2013年业绩快报显示，公司全年营业总收入为18.99亿元，同比下降2.32%，是5年来首次出现业绩下滑。由于业绩不佳，一些原本备战上市的高端餐饮企业，如“顺峰饮食”“净雅食品”，都遭遇撤单，延缓了上市的步伐。

政宴、官办民宴、高档商业宴请扎堆儿的北京餐饮行业，更被称为遭遇了“寒冬”中的“三九”，20年来首次出现负增长。北京统计局数据显示，从2013年1月到11月，北京餐饮企业收入除了10月同比微涨0.9%以外，其余各月都是负增长，其中5月降幅最高，达到-10.3%。

为了重聚人气，此前“高大上”的餐厅也纷纷开始放下身段走亲民路线。为了赢得普通消费者的青睐，这些企业纷纷下调菜品价格，采用的方式包括推出新菜、换用大众菜单、赠送现金券或优惠券等，甚至推出优惠幅度达50%以上的团购套餐。

大众点评网日前发布的《2013北京城市生活消费报告》显示，2013年参加过团购的北京高端餐厅数量是上年的近3倍。截至2013年年底，大众点评收录餐饮单次人均消费在200元以上的餐饮商户累计超过600家，其中接近四分之一的餐饮商户做过团购，参团商户数量是2012年的2.4倍。

不过，高端餐饮业要想顺利转型也并非易事。从高端走向大众，目标顾客不同，消费者需要的环境及服务也有所差异，此前的经验及服务方式都要有所变化，对于企业来说，转型风险很高，成本也不小。另外，高端餐饮业通过价格下探进军大众市场，势必要面临与中低端餐饮业的正面对决，一场激烈的价格战将不可避免。

2014年是中国餐饮行业大洗牌的一年，也是餐饮企业转型的关键年。这一年的关键词就是：转型升级、扩大内需。阵痛也许在所难免，但无论如何，这将是我国消费市场走向理性、消费结构走向合理的必经之路。要真正拉动内需，说到底还是得让老百姓有钱花、花得起、愿意花。

案例思考：

1. 运用 SWOT 分析法，分析高端餐饮企业面临的市场环境。
2. 为何高端餐饮行业纷纷接地气？
3. 在目前的市场环境中，高端餐饮行业应如何调整自己的经营战略？

六、实训练习

实战项目：在你所在城市选择一家大型超市，分析其外部环境，并针对性地提出发展战略。

实战目标：通过对一家企业外部环境的调查研究，对组织战略相关内容进行有效运用。

实战要求：写出该超市的发展战略报告。

第二篇　管理职能篇

【本篇主要内容】

计划
组织
领导
激励
控制
管理创新

【开篇明意】

管理功能的实现依赖于管理职能的发挥，管理是一个过程。

要搞好管理，首先必须制订好计划，明确组织的发展目标。

为了实现计划，必须搞好组织工作，围绕计划的实现设计好组织机构，明确各组织机构的纵横关系，安排好人员。

为了使组织一切工作有序地进行，需搞好组织领导，搞好指挥、协调与沟通，这是组织各部门、人员统一行动必不可少的要素。

一个组织的工作归根结底是靠组织的成员去完成的，他们的积极性、创造性的发挥是十分重要的，而其中的关键是要针对组织成员的需求特点，有的放矢地搞好激励工作。

组织的一切活动要按计划执行，为了防止组织运行偏离目标，控制工作必不可少。控制是保证组织按计划运行的一项职能。

组织的高水平发展不能靠走老路，除去固有的管理模式与管理方法，需要不断进行管理创新，以确保组织始终能够保持活力。

第四章

计　划

管理格言：凡事预则立，不预则废。

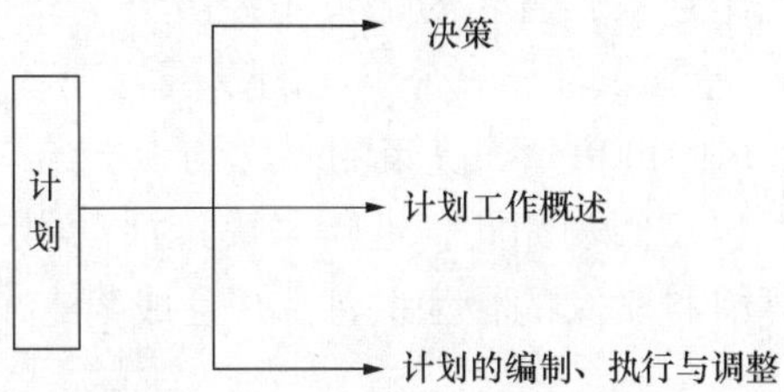

导入案例

百集龙实业集团的决策与计划困境

云南百集龙实业（集团）有限公司创立于1993年，董事长兼总经理李大剑靠加工石材起家，凭苦干、借机遇，目前已将公司发展成一个集家居建材、石材、钢结构工程、门窗工程、物业管理、房地产开发等为一体的省级民营企业。截至本书出版，该公司官网显示其注册资本合计6.12亿元，员工总数超过2000人。公司创立后的二十余年间，管理全靠李总个人的经验，从没认真制订通盘的目标与计划。

随着建材行业市场竞争的加剧，竞争对手日益增多，日子愈发不好过了。石材市场有了新的竞争对手，商铺出租减少；钢结构公司的创利逐年减少；房地产市场未来的不确定性增加，而且房地产开发需要大规模融资，使得困难加剧；家具市场更是一年不如一年，市场疲软以致商铺的租金一降再降。但公司也有一些发展的机会，如建设保障性用房；开拓市中心商业街工程；物流、物业服务等。多元化发展的机遇大于挑战，虽投入较大，但利润可观。

总之，摆在李总面前的困难很多，但机会也不少。新的一年到底该干什么？应该如何选择多元化的路子？今后的5年、10年又该怎样发展？该怎样制订公司的目标与计划？李总现在正苦苦思考着这些问题。

云南百集龙实业集团的困境在于：随着公司经营环境的变化，如何在客观的需要和主观的可能之间做出权衡，如何科学决策未来的发展目标与产业选择，并通过有效的计划，抓住机会为企业各项管理工作确立目标，以及确定实现目标的途径，从而确保公司的市场竞争优势，实现可持续发展。这就需要我们重点回答如下问题：何谓决策？如何科学决策？如何根据决策制订出有效的计划方案？如何保证计划的有效实施？这就是本章将讨论的问题。广义的计划包括决策，只不过由于在现代经济条件下决策日益重要，因此有人把它独立出来，使其成为一个单独的职能。

视野拓展

在学习本课程前，推荐读者以“计划管理　精确管理　栾润峰”为关键词搜索并观看栾润峰讲座视频。

第一节 决 策

【本节任务】

掌握决策的概念，以及确定型决策、不确定型决策与风险型决策的基本计算方法；了解科学决策的要求与程序；了解定性决策的基本方法。

决策是管理最基本的工作之一，著名的诺贝尔经济学奖获得者西蒙有一句名言：“管理就是决策，管理的核心是决策。”对于一个组织的高层管理者来讲，决策的确是最重要、最困难、最花费精力和最冒风险的事情，决策的科学与否会给国家、企业、个人带来巨大的利益或重大的经济损失。也正因为如此，近年来决策活动引起了管理学家、心理学家、社会学家以至数学家和计算机科学家的极大关注，并且成为一个独立的研究领域，形成了决策科学。

一、决策的概念

对于决策的概念，不同学者有不同的看法。狭义地说，决策是在几种行动方案中进行选择。在这里我们主要从广义上来理解决策的含义，即决策是指组织为了实现既定的目标，从若干可行方案中选择一个满意方案的分析判断过程。对于决策的概念可以从以下几个方面来理解。

（1）决策的基础：要有明确的目的。决策或是为了解决某一问题，或是为了实现一定的目标，没有目标和问题就无从决策。

（2）决策的条件：有两个以上可行方案可供选择。为实现某一特定经营目标，必须对多个可行方案通过分析、比较和判断进行优选。“多方案选择”是科学决策的重要原则。

（3）决策的前提：必须对各方案实施的结果进行预测。选择方案的标准主要看方案实施后的经济效果如何。所以，必须对方案可能的结果有充分的预测，否则就无从比较。

（4）决策的重点：方案的比较分析。每个方案都有利弊，因此必须对每个备选方案进行综合分析与评价，相互比较，为方案选择奠定基础。

（5）决策的结果：选择一个满意方案。追求最优方案既不经济也不现实。因此，科学决策应遵循“满意原则”，即追求的是在诸多方案中、在现实条件下，能够使主要目标实现，其他次要目标也足够好的可行方案。

（6）决策的实质：主观判断过程。决策有一定的程序和规则，但它又受诸多价值观念和决策者经验的影响。在分析判断时，参与决策人员的价值准则、经验会影响决策目标的确定、备选方案的提出、方案优劣的判断及满意方案的选择。所以，管理者在进行方案选择时应该听取各方面意见。

二、正确决策的基本要求

决策并非主观武断，或盲目“拍板”。科学的决策，应当认真地研究、实事求是地分析，并去粗取精、去伪存真、由此及彼、由表及里，把握住事物变化的规律，从而做出合理、可行的决断。因此，为了保证决策的正确和合理，决策过程的每个阶段都要有一定的基本要求。

1. 把握住问题的要害

决策过程的第一阶段，首先要求找出关键性问题和认准问题的要害。

2. 明确决策的目标

在决策过程的第一阶段，除了要找出关键的问题以外，还需要明确决策的目标。实践证明，失败的决策往往是由于决策目标不正确或不明确。犹豫不决，通常也是由于目标很模糊或设立得不合理，因此在决策时要抓住并落实主要目标。

管理故事

布里丹毛驴效应

法国哲学家布里丹养了一头小毛驴，他每天都向附近的农民买一堆草料来喂这头小毛驴。

有一天，送草的农民出于对哲学家的景仰，额外多送了一堆草料，放在毛驴旁边。这下子，毛驴站在两堆数量、质量和与它的距离完全一样的干草之间，为难坏了。它虽然享有充分的选择自由，但由于两堆干草在客观上无法分辨优劣，于是它左看看、右瞅瞅，始终也无法分清究竟选择哪一堆好。这头可怜的毛驴就这样站在原地，一会儿考虑数量，一会儿考虑质量，一会儿分析颜色，一会儿分析新鲜度，犹犹豫豫，来来回回，最后在无所适从中活活地饿死了。

启示：在企业经营中经常面临种种选择，如何选择对企业的成败得失关系极大，因而企业都希望能做出最佳的选择。他们经常会在选择之前反复权衡利弊，再三仔细斟酌，犹豫不决，举棋不定。但是，在很多情况下，机会稍纵即逝，并没有足够的时间让企业去反复思考，因此应该当机立断，迅速决策。如果犹豫不决，就会两手空空，一无所获。古人讲："用兵之害，犹豫最大；三军之灾，起于狐疑。"

3. 至少要有两个以上的可行方案

决策过程的第二阶段强调要找到几个可能的行动方案。决策的基本含义是抉择。而如果只有一种方案，无选择余地，也就无所谓决策。没有比较就没有鉴别，更谈不到所谓"最佳"。国外有一句管理人员熟悉的格言：如果看来只有一种行事方法，那么这种方法很可能是错的。要求多个可行方案的过程，通常是一个创新的过程。每个可行方案都要具有下列三个条件。

（1）能够实现预期目标。

（2）各种影响因素都能定性与定量地进行分析。

（3）对不可控的因素大体能估计出其发生的概率。

在制订可行方案时，还应满足整体详尽性和相互排斥性的要求。所谓整体详尽性，是指将各种可能实现的方案尽量都考虑到，以免漏掉那些可能是最好的方案。

视野拓展

决策失误会给企业带来灾难性后果，请扫描二维码阅读《黑莓陨落简史：决策失误 忽视 iPhone》一文了解相关案例。

4. 对决策方案进行综合评价

决策过程的第三个阶段是对各个可行方案进行评价和抉择。每个用于实现决策目标的可行方案，都会对目标的实现发挥某种积极作用和影响，也会产生消极作用和影响。因此必须对每个可行方案进行综合的分析和评价，即进行可行性研究。可行性研究是决策的重要环节。决策方案不但必须在技术上和经济上可行，而且应当考虑社会、政治、文化等方面的因素，还要使决策结果的负作用（如环境污染）减小到允许的范围内。通过可行性分析，确定出每个方案的经济效益和社会效益，以及可能带来的潜在问题，以便比较各个方案的优劣，从中选择最佳方案。

5. 敢冒风险

我们已经指出了在多个互相冲突的目标下进行方案抉择的困难，但是，抉择的困难还不止于此。决策的风险是抉择时始终会遇到的另一个主要困难。因为人们不是对过去的事作决策，决策必然是为将来而作，而将来几乎总是包含着不确定的因素。所以，那种有百分之百的把握，不冒任何风险的决策，不但因为它过于保守，不合管理的需要，而且客观上也是很少有的。

一般来说，那些看上去越是可能获得高收益的方案，包含的风险因素也往往越大，这几乎成为一种常识。因此，对于决策者来说，一方面，基本的要求是要敢于冒风险，敢于承担责任。也就是说，要求决策者要有胆识、有勇气。另一方面，管理决策不是赌博，敢于冒风险不等于蛮干。决策者必须清醒地估计到各项决策方案的风险程度，估计到最坏的可能性并拟订出相应的对策，使风险损失不致引起灾难性的不可挽回的后果。必须尽量收集与决策的未来环境有关的必要信息，以便做出正确的判断。同时还应考虑是不是到了非冒更大风险不可的地步。最后，决策者还应当对决策的时机是否成熟有准确的判断。这些都有助于决策者将决策方案的风险减至最小。正如俗话所说的："情况明，决心大"。

视野拓展

决策失误是组织最大的失误！请扫描二维码，阅读《管理者应该避开的决策陷阱》一文。

6. 把决策过程看作一种学习过程

决策过程的最后阶段是对已实施的抉择进行评价。这是指在决策方案已经实施了一段时间后，对其效果进行评价，以检验决策的正确性，及时修正偏离目标的偏差。评价的结果常常导致一个新的决策，也就是决定要不要继续干下去、怎么继续干下去等问题。应当把决策看作一种学习过程，即在做出最初的抉择之后，还需要不断地对实行的情况进行检查，注意对那些新出现的未曾预料到的情况进行分析和判断，及时补充新的决策。

三、决策的分类

1. 按决策问题的重要性来分

按决策问题的重要性，可以把决策分为战略决策、管理决策和业务决策。

（1）战略决策是关乎组织生存发展的全局性和长远性问题的决策。这类决策对组织的生存与发展将产生决定性影响，并作用一个较长的时期。企业的组织目标、投资方向、产品更新、企业重组等重大问题的决策都属于战略决策，这类决策大多由高层管理人员做出。

（2）管理决策是有关实现战略决策过程中的具体决策。其作用范围比较小，影响的时间也要短一些。像企业生产计划、物资采购、资源配置等，这些都是在一个短时期内的决策。这类决策大多由中层管理人员做出。

（3）业务决策是为提高业务活动效率而进行的决策，如生产任务的日常安排、工作定额制定等。这类决策一般由基层管理者做出。

即问即答

2018年6月29日，康佳集团以4.55亿元的价格竞得新飞电器100%的股权。康佳集团计划在品牌上实现"康佳+新飞"双品牌协同的格局，做大做强白色家电业务，借助新飞在白色家电市场的影响力，跻身白色家电的一线阵营。

请问：康佳的此次收购属于什么样的决策？

2. 按决策问题所处的条件或环境因素的可控性来分

按决策问题所处的条件或环境因素的可控性，可以把决策分为确定型决策、风险型决策和非确定型决策。

（1）确定型决策是指在稳定（可控）条件下进行的决策。也就是说，信息资料是确定的，决策的条件是确定的，可供选择的方案之间的优劣比较和预期结果是明确的，甚至可以通过数学方法来确定合理的决策。

（2）风险型决策即决策事件未来出现哪种自然状态的概率不能肯定，但可大致估计出其出现的概率，不同的行动方案在不同的自然状态下的损失或利益可以计算出来。在这种情况下所做的决策具有一定的风险性。

（3）非确定型决策是指在外部条件不可预测，信息不确定，未来出现各种自然状态完全是随机的，连可能的概率也不知道的情况下进行的决策。非确定型决策尽管也可以通过数学方法确定，但做出最终决策主要还是依靠决策者的经验和判断。

即问即答

有位女士手中有100万元现金，她到银行办理理财业务时，银行的投资顾问向其介绍了各种国债、银行理财产品、企业债券、投资性保险等投资理财产品。

请问：该女士如果要投资这些不同的理财产品，各属于什么样的决策？

3. 按决策的方法来分

按决策的方法，可以把决策分为定性决策和定量决策。定性决策是要依靠决策者的经验、知识和判断能力做出的决策；定量决策是可以根据具体数据资料，运用一定的决策方法，通过数学计算得出结果的决策。

4. 按决策的重复程度来分

按决策的重复程度，可以把决策分为程序化决策和非程序化决策。

程序化决策是指经常发生的能按规定的程序和标准进行的决策，是处理例行问题的决策。如请假的批准、退货处理、差旅费的报销等。

非程序化决策又称例外决策，是指在管理过程中那些非例行的、很少重复出现、没有常规可循的决策，是处理例外问题的决策。如新产品研发、工程投资等。

四、决策的方法

通常将决策的方法大体分为软方法与硬方法两类。

软方法是指依靠决策者的知识、经验和判断力的一类决策方法，表现形式以会议为主。主要作定性分析，用于非程序化问题的决策。软方法的缺点是主观性强。

硬方法指运用数学分析和计算机技术的一类方法——主要为定量分析法，主要用于解决程序化问题。硬方法的主要缺点是无法对心理因素、社会因素多的问题进行决策，易将事物理想化。

硬方法针对确定型决策、非确定型决策、风险型决策可采用不同的决策方法。

（一）决策的软方法

1. 德尔菲法

德尔菲法是由美国兰德公司于20世纪50年代初发明的，又称专家意见法或专家函询调查法，是采用背对背的通信方式征询专家小组成员的预测意见，经过几轮征询，使专家小组的预测意见趋于集中，而后做出最终结论的决策方法。相比其他决策方法，这种方法更复杂、更耗时。

2. 协力创新法

凡参加会议的人多数是经过适当训练，能够运用相关知识产生想象力和创造性思维的人，他们事先知道需讨论的问题的性质和真相。协力创新法的开展过程为：在会议上主持人选一个关键性问题，作为讨论的中心，启发大家出主意、想办法，一人提出方案，其他人可讨论补充、修改并完善。就是一人画枝杆，大家添花。所以，此法也可称为添枝加叶法。

3. 头脑风暴法

头脑风暴法的要求为：会议主持只集思广益，不许与会者批评别人，不作结论，设想多多益善，不准私下交谈，不准宣读稿件，不准多数压倒少数，参加者一律平等，一律记录在案等。主持人将收集到的各个好的想法整理出来，以得到最佳方案。

视野拓展

美国电信公司的头脑风暴法

有一年，美国北方格外严寒，大雪纷飞，电线上积满冰雪，大跨度的电线常被积雪压断，严重影响通信。过去，许多人试图解决这一问题，但都未能如愿。后来，电信公司经理召集不同专业的技术人员利用头脑风暴法有效解决了这个问题。他的做法是，在会议中，要求参会人员必须遵守以下原则：自由思考，畅所欲言；延迟评判，不评头论足；以量求质；相互启发，寻求改善。

按照这种会议规则，大家七嘴八舌地议论开来。有人提出设计一种专用的电线清雪机；有人想到用电热来化解冰雪；也有人建议用振荡技术来清除积雪；有人提出能否带上几把大扫帚，乘坐直升机去扫电线上的积雪。对于这种“坐飞机扫雪”的设想，大家心里尽管觉得滑稽可笑，但在会上也无人提出批评。相反，有一工程师在百思不得其解时，听到用飞机扫雪的想法后，大脑突然受到冲击，一种简单可行且高效率的清雪方法冒了出来。他想，每当大雪过后，出动直升机沿积雪严重的电线飞行，依靠高速旋转螺旋桨吹出的“巨风”应能将电线上的积雪迅速扇落。他马上提出“用直升机扇雪”的新设想，顿时又引起其他与会者的联想，有关用飞机除雪的主意一下子又多了七八条。不到一小时，与会的10名技术人员共提出90多条新设想。

会后，公司组织专家对设想进行分类论证。专家认为，设计专用清雪机、采用电热或电磁振荡等方法清除电线上的积雪在技术上虽然可行，但研制费用高，周期长，一时难以见效。那种因“坐飞机扫雪”激发出来的几种设想，倒是一种大胆的新方案。经过现场试验，发现用直升机扇雪真能奏效，一个久悬未决的难题终于在头脑风暴会中巧妙地得到解决。

4. 缺点列举法

缺点列举法（或称质疑头脑风暴法）除具有头脑风暴法的数条规则外，还要禁止对已有的设想提出肯定的意见。

只准横挑鼻子，竖挑眼，这是专门挑刺的会议，如果挑不出来就不要发言，其结构一般为："某某讲的是不对的，因为……如果……才是对的"。主持人将收集到的方案的优点与缺点进行整理，得到最佳方案。

5. 对演法

对演法（或称打擂台法）是指对于组织制订的对立方案，正反双方的专家小组进行激烈的辩驳，互攻其短，以充分暴露方案的缺点。主持人将方案进行整理，得到最佳方案。

6. 哥顿法

哥顿法（或称提喻法、类比法）是主持人不公开会议的具体目的，只用类比的方法把问题提出来，不讨论问题本身，而让参加者提出各种想法的决策方法。通过与会者的各类想法来完善方案。

7. 电子会议法

这种方法是先将群体成员集中起来，每人面前设有一个与中心计算机相连接的终端。群体成员将自己有关解决问题的方案输入计算机终端，然后再将它投影在大型屏幕上。专家认为，采用电子会议比传统的面对面的会议效率高 55%。随着信息技术的发展，电子会议已经可以通过网络、视频、聊天工具等在异地进行，而不需要集中在某一个地方。

（二）确定型决策的分析法

确定型决策是指未来事件发生的条件为已知情况下的决策，其主要特征是，每一种选择的方案其结果只有一种数值，即发生的概率为 100%。

确定型决策的择优法则是收益极大值或投入极小值法则，可分为单纯选优法和模型选优法两类。

1. 单纯选优法

单纯选优法（直观法）的优点是不对数据进行加工，借助直观的对比，便能找出最优方案。

【例 4.1】某企业所要生产的三种产品 A、B、C 销售前景看好，由于资源限制只能选其中的一种产品进行生产，如表 4.1 所示。请问，该生产哪一种产品？

由表 4.1 中畅销可能性看，根据收益极大值法则，应只生产产品 B。

表 4.1　各生产方案盈亏值　（单位：万元）

销售状态	A	B	C
畅销	9000	12 000	6000
选优		√	

2. 模型选优法

线性盈亏平衡点分析法是模型选优决策的一种。

盈亏平衡点法的基本原理为：把成本分为固定成本和可变成本两部分，然后和总收益进行对比，确定盈亏平衡时的产量或某一赢利水平时的产量，其公式在下面列出。在盈亏平衡时：

$$总收入=总成本$$

$$产量\times单位产品价格=固定成本+产量\times单位可变成本$$

用符号公式表示为

$$Q \cdot P = F + Q \cdot V$$

则盈亏平衡点时的产量：

产量 = 固定成本/（单位产品价格 – 单位可变成本）

$$Q = F/(P-V) \tag{4.1}$$

如果企业想赢利，则

总收入=总成本+利润

$$Q \cdot P = F+Q \cdot V+L$$

可得赢利时的产量：

产量 =（固定成本+利润）/（单位产品价格-单位可变成本）

$$Q = (F+L) / (P-V) \tag{4.2}$$

式中，Q 表示产量；P 表示单位产品价格；V 表示单位产品的可变成本；F 表示固定成本；L 表示企业利润。

【例 4.2】 某小型砖厂生产的砖，单位销售价格为 9 元/百块砖，单位变动成本 3 元/百块砖，年固定成本为 6000 元，问一年应生产多少块砖才不会亏本？如果想赢利 6000 元，应生产多少块砖？（百块砖=1 个单位砖）。

解： 盈亏平衡点时的产量为

$Q= F/(P-V)$=6000/（9−3）=1000（单位砖）=100 000（块砖）

若想赢利 6000 元，则

$Q=(F+L) / (P-V)$=(6000+6000)/(9−3)=12 000/6=2000（单位砖）=200 000（块砖）

企业在进行确定型决策时，前提条件就是，产品生产出来后，畅销的可能性是确定的。

（三）非确定型决策的分析法

非确定型决策即指未来的自然状态出现的概率无法预测的情况下所进行的决策。如某企业计划年度的生产资源，可用于生产 A、B、C 三种产品中的一种，在市场销售时遇到畅销、一般、较差、滞销这四种状态的概率是不确定的，试依据表 4.2 中给定的数据，采用不同择优法则，找出最优方案，即生产哪一种产品能取得更多利润或遭受损失最小。以下根据本例介绍各种非确定型决策。

表 4.2　各方案的损益值　（单位：万元）

销售状态	概率	A	B	C
畅销	不知	9000	12 000	6000
一般		6000	6300	3700
较差		−1500	−2200	1300
滞销		−2500	−3000	−750
最小值		−2500	−3000	−750
最大值		9000	12 000	6000

1. 悲观法则

悲观法则（小中取大法则）是决策者从最坏的打算出发做决策，在每个方案中选出最差条件时的损益值，与其他方案对比，从中选出收益最大的方案。

本例从每列的最小值中取最大值作为最优方案，如表 4.2 中每列最小值分别为−2500、−3000、−750，它们表示 A、B、C 三个方案在最差条件时的损益值。在滞销时应选用 C 方案，即在遇到最不利的销售状态时，其亏损最小。

2. 乐观法则

乐观法则（大中取大法则）是决策者从最好的打算出发做决策，在每个方案中选出最好条件时的损益值，与其他方案对比，从中选出收益最大的方案。本例从每列最大值中取最大者为最优方案，表 4.2 中每列最大值分别为 9000、12 000、6000，它们表示 A、B、C 三个方案在畅销时的收益最大值，按照择优法则应该选取 B 方案。

3. 懊悔值法则

懊悔值法则（大中取小法则）是从懊悔值中选择最小者为最优方案，所谓懊悔值是指在某种状态下因选择某方案而未选取该状态下的最佳方案而少得的收益值。用懊悔值法进行选择的步骤如下。

（1）计算各方案的懊悔值，即各行最大值分别减该行中各损益值。如表 4.2 第二行中最大值为 6300，它作为被减数分别与第二行的 6000、6300、3700 相减，余额为 300、0、2600，依此类推，于是得出最大懊悔值比较表（见表 4.3），其含义是当决策人未采用最大收益方案时所遭受的机会损失。

表 4.3　最大懊悔值比较表　（单位：万元）

销售状态＼方案	A	B	C
畅销	3000	0	6000
一般	300	0	2600
较差	2800	3500	0
滞销	1750	2250	0
每列最大懊悔值	3000	3500	6000

（2）从各方案中选取最大懊悔值。

（3）在已选出的最大懊悔值中选出最小者，对应的方案即为最佳方案。从表 4.3 看，最大懊悔值中最小值为 3000，故应采用方案 A，这样即使销售不利，机会损失也会最小。

4. 机会均等法则

机会均等法则以各种状态出现概率均等的假设为前提，并据均等概率算出各种方案的期望值（EV），期望值最大者为优。计算公式如下：

$$\text{均等概率} = 1 \div \text{状态数目}$$

$$\text{某方案的期望值}(EV) = \sum(\text{每种状态的损益值} \times \text{均等概率})$$

如本例，

$$\text{概率} = 1 \div 4 = 0.25$$

$$EV_{\mathrm{A}} = (9000 + 6000 - 1500 - 2500) \times 0.25 = 2750$$

$$EV_{\mathrm{B}} = (12\,000 + 6300 - 2200 - 3000) \times 0.25 = 3275$$

$$EV_{\mathrm{C}} = (6000 + 3700 + 1300 - 750) \times 0.25 = 2562.5$$

期望值最大为优，EV_{B} 最大，故选 B 方案为优。

5. 折中法则

折中法则是乐观法则和悲观法则的折中，具体操作方法为：先定一个乐观系数 X，则悲观系数为 $1-X$，其折中收益值计算公式为

$$\text{折中收益值}(EV) = \text{最大收益值} \times X + \text{最小收益值} \times (1 - X)$$

本例中，假设乐观系数为 0.7，即 $X = 0.7$，则各方案的损益值如表 4.4 所示。根据表 4.4 可知 B 方案折中收益值最大，应选 B 方案。

表 4.4　各方案的损益值　（单位：万元）

方案	最大收益	最小收益	折中收益值
A	9000	−2500	9000×0.7+(−2500) × 0.3 = 5550
B	12 000	−3000	12 000×0.7+(−3000) × 0.3 = 7500
C	6000	−750	6000×0.7+(−750) × 0.3 = 3975

由上面的分析可知，不同性格的人，采用的分析方法也不同。保守的人，多用悲观法；进取的人，多用乐观法；中间型的人，多用均等折中法等。

（四）风险型决策的分析法

风险型决策的分析法指未来事件的机遇与条件不能肯定，但知其概率情况下的决策方法。由于概率只是对未来出现某种事件的机会的预计，因此决策时往往带有一定的风险性。

风险型决策的分析法指标用最大期望收益或最小期望损失来表示。

1. 矩阵决策分析法

矩阵决策分析法示意见表 4.5。假如上例中企业预测到不同销售状态下的概率见表 4.6，如何选优决策？

表 4.5　矩阵决策分析法示意

自然状态		$Q_1, Q_2, \cdots, Q_n$	EV
概率		$P_1, P_2, \cdots, P_n$	
方案	A_1	$V_{11}, V_{12}, \cdots, V_{1n}$	
	A_2	$V_{21}, V_{22}, \cdots, V_{2n}$	
	…	…	
	A_t	$V_{t1}, V_{t2}, \cdots, V_{tn}$	
	…	…	
	A_m	$V_{m1}, V_{m2}, \cdots, V_{mn}$	

注：$Q_1, \cdots, Q_n$ 表示可能遇到的各状态；$P_1, \cdots, P_n$ 表示可能遇到的各状态的概率；V_{ij} 表示效益值；$A_1, A_2, \cdots, A_m$ 为各方案。

表 4.6　各方案的损益值　（单位：万元）

销售状态		畅销	一般	较差	滞销	EV
概率		0.25	0.4	0.25	0.1	
方案	A	9000	6000	−1500	−2500	4025
	B	12 000	6300	−2200	−3000	4670
	C	6000	3700	1300	−750	3230

表内期望值的计算过程如下：

$$EV_A = 9000 \times 0.25 + 6000 \times 0.4 - 1500 \times 0.25 - 2500 \times 0.1 = 4025$$

$$EV_B = 12\,000 \times 0.25 + 6300 \times 0.4 - 2200 \times 0.25 - 3000 \times 0.1 = 4670$$

$$EV_C = 6000 \times 0.25 + 3700 \times 0.4 + 1300 \times 0.25 - 750 \times 0.1 = 3230$$

因 B 方案收益期望值最大，故选 B 方案。

【例 4.3】 某肉食加工厂 20×5 年 6—8 月熟食日销量统计资料见表 4.7，日销 100 吨的时间有 18 天，日销 110 吨的时间有 36 天，日销 120 吨的时间有 27 天，日销 130 吨的时间有 9 天。预测 20×6 年 6—8 月需求量与 20×5 年相近。已知每销售 1 吨熟食可获利 50 元，每剩余 1 吨熟食要增加 30 元费用。该厂日生产计划应如何决策？

表 4.7　某肉食加工厂 20×5 年 6—8 月熟食日销量统计资料

销售状态（吨）	日数（天）	概率（%）
100	18	0.2
110	36	0.4
120	27	0.3
130	9	0.1
合计	90	1.0

解：

（1）计算各自然状态下（日销量）的概率：

概率=各销售状态下所用时间÷各销售状态下所用时间总和

计算结果见表4.7。

（2）计算各方案在各销售状态下的期望值。在方案定为日产100吨时，各状态下的损益值分别如下。当销售状态为日销100吨时：

其损益值= 100吨× 50元/吨= 5000元

在日销110吨、120吨、130吨时，由于日生产只有100吨，则损益值均为5000元。

在方案定为日产110吨时，各状态下的损益值分别如下。当销售状态为日销100吨时：

其损益值=100吨× 50元/吨 －10吨× 30元/吨= 4700元

当销售状态为日销110吨时：

其损益值= 110吨× 50元/吨= 5500元

同理，日销120吨、130吨时，其损益值为5500元。

以此类推，得出如表4.8所示的期望值。

表4.8 损益期望值 （单位：元）

日产量 \ 自然状态 概率 方案	日销量				
	100吨	110吨	120吨	130吨	期望值（*EV*）
	0.2	0.4	0.3	0.1	1
100吨	5000	5000	5000	5000	5000
110吨	4700	5500	5500	5500	5340
120吨	4400	5200	6000	6000	5360
130吨	4100	4900	5700	6500	5140

（3）计算各方案的损益期望值。

日产100吨时： $EV_{100} = 5000\,(0.2 + 0.4 + 0.3 + 0.1) = 5000$ 元

日产110吨时： $EV_{110} = 4700 \times 0.2 + 5500\,(0.4 + 0.3 + 0.1) = 5340$ 元

日产120吨时： $EV_{120} = 4400 \times 0.2 + 5200 \times 0.4 + 6000 \times (0.3 + 0.1) = 5360$ 元

日产130吨时： $EV_{130} = 4100 \times 0.2 + 4900 \times 0.4 + 5700 \times 0.3 + 6500 \times 0.1 = 5140$ 元

（4）选优。日产120吨期望值最大，因此该企业的日生产计划应定为120吨。

2. 决策树法

决策树法是把与决策有关的方案绘成树枝状的图形，使决策者能形象地分析要决策的问题，然后计算出各决策方案的期望值，最后比较期望值大小，大者为优。决策树由决策节点、方案枝、状态节点与概率枝四部分组成。

其决策程序是：第一，画决策树图。树根表示决策节点，由它引出若干个方案枝；每个方案枝的末端是一个状态节点，以它引出的分枝叫概率枝，每个概率枝代表一种状态；概率枝的末端是结果点，反映各状态的损益值。这样自左到右层层展开，就形成了决策树，如图4.1所示。图中“□”表示决策节点，“○”表示状态节点，“△”表示结果点，“—‖—”表示剪

枝、淘汰。第二，将各状态的概率及损益值标于概率枝上。第三，计算期望值。第四，剪枝选优。

【例 4.4】某企业计划建一个机械化养鸡场，决策方案有两个：一是投资 100 万元建一个规模较大的场，另一个是投资 30 万元建一个规模较小的场，使用期都是 10 年。未来市场状况及每年盈亏额如表 4.9 所示，应如何决策？

解：根据以上资料画决策树图，见图 4.1。

计算期望值：

节点 2： $EV_{大场} = 25 \times 0.7 \times 10 + (-2) \times 0.3 \times 10 - 100 = 69$

节点 3： $EV_{小场} = 7 \times 0.7 \times 10 + 3 \times 0.3 \times 10 - 30 = 28$

剪枝选优，应选大场。

表 4.9　某机械化养鸡场各方案盈亏情况

自然状态	概率	大场每年盈亏	小场每年盈亏
销路好	0.7	25	7
销路差	0.3	−2	3

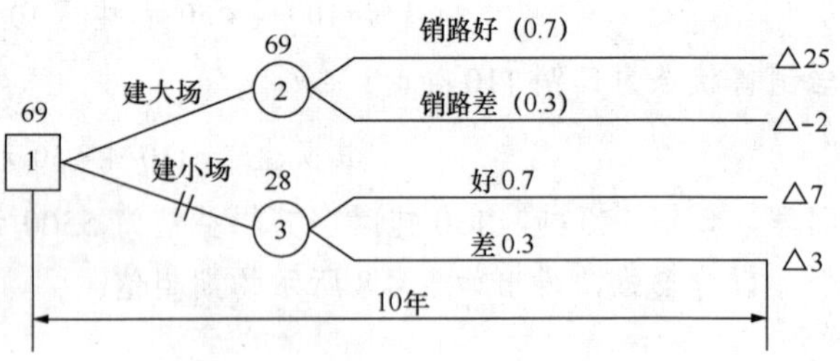

图 4.1　决策树

第二节　计划工作概述

【本节任务】

掌握计划的概念与内容；了解计划的分类。

决策是计划的前提，计划是决策的逻辑延续。计划通过将组织在一定时期内的活动任务分解给组织的每个部门、环节和个人，不仅为这些部门、环节和个人在该时期的工作提供了具体的依据，还为决策目标的实现提供了保证。

一、计划的内容与作用

（一）计划的概念与内容

1. 计划的概念

计划有广义和狭义之分。广义的计划是指为了实现决策目标而制订计划工作的过程，即制订计划、执行计划和检查计划执行情况等紧密衔接的工作过程，简称计划工作。狭义的计划是指制订计划，是为实现既定目标而对各项具体管理活动及其所需资源做出的谋划和安排。

计划是对未来工作的安排，是为了完成某项工作而预先确定的行动方案。计划把现实的心理因素与预期要实现的行动联结起来，是通向未来的桥梁。小至个人，大至国家都有自己的动机、目的，都试图通过行动使目的得以实现，因而都需要通过制订计划、实施计划来达到各自的目的。

2. 计划的内容

对于计划的内容，传统的观点认为是 5W1H，包括为何做（why）、做什么（what）、何时做（when）、何地做（where）、谁去做（who）、怎么做（how）。而现代计划的内容在原来的基础上有所拓展，包括 5W3H1I：

Why——为什么做（明确计划目的、意义、原因）？

What——做什么（明确组织在一定时期的工作中心和关键任务）？

When——何时做（规定计划中各项任务何时开始、何时完成及进度安排）？

Where——何地做（规定计划工作的实施地点或场所，了解计划实施的环境状况和制约因素）？

Who——谁去做（规定计划的执行者）？

How——怎么做（规定实施计划的规章、方法、措施、途径）？

How effect——效果如何（计划落实后的结果）？

How much——如何更好（多方案选择、经费落实）？

If not——不这样做会怎样（关于计划的策划）？

（二）计划的作用

哈罗德·孔茨说："计划是从我们现在所处的位置达到将来预期的目标之间架起来的一座桥梁。它把我们所处的这岸和我们要去的对岸连接起来，以克服这一天堑。有了这座桥，本来不会发生的事现在就可能发生了。虽然我们很少能够预知确实的未来，虽然那些超出我们控制的因素可能干扰制订最佳的计划，但是，除非我们搞计划，否则就凭自然了。"这段话高度概括了计划在管理中的重要作用。具体说来，计划的作用表现在以下几个方面。

1. 计划能为组织活动提供方向

计划首先要确定整个企业的目标，然后确定每个下属工作单位的目标，以及确定长期的和短期的目标。在此基础上，计划还为目标规定预期结果，并且说明要去做哪些工作才能保证目标的实现，这样就为组织中各级主管人员的工作指明了方向和目的，有利于企业通过精心分工和协作来安排经营活动，可以把组织中全体职员的行动统一到实现组织总目标上来。

2. 计划是有效配置组织资源的前提

计划明确了组织的目标，组织活动在何时、何地、由何人开展，如何做等内容，也就明确了组织中不同部门在不同时间应从事何种活动，明确了不同部门人员在何时、何地所需资源的数量和种类等，从而为组织资源筹集和配置提供了依据，使组织资源能充分发挥作用，便于实现组织目标。

3. 计划有助于企业发现机会，减少风险

彼得·德鲁克曾指出，计划当然不能完全消除在长期决策中的风险，但无论如何，计划能帮助鉴别潜在的机会与威胁，并且至少能减少风险。多数组织是在变化的环境中进行经营的，它们必须准备接受变化，把变化作为动态世界经营中的不可避免的结果。而在这种不断变化的环境中，组织要获得持续的成功，就必须通过计划职能，尽可能寻找最好的行动方案，以便抓住机会，减少风险。

管理故事

试飞员的诀窍

国外有位老先生曾是一家飞机制造厂的飞机试飞员，在他60多岁退休之后，报纸、电台等媒体纷纷前去采访他。他是一个传奇式的人物，据说，尽管经历了很多次事故和意外，但每次他都能化险为夷。

媒体记者问他："为什么别人在各种各样的灾难面前躲不过去，而你却总能化险为夷呢？"这位老先生解释道："我有一个习惯，就是在每次执行任务之前都会做脑操。我会设想可能出现的各种情况，假如出现某种不测时，我应当如何应付，假如发生某种意外时，我如何处理才是最佳选择。每次执行任务之前，我都会闭上眼睛进行这样的冥想。所以在很多次执行任务过程中，尽管遇到了意外，但对我来讲，却是意料之中的事。"

启示：在管理活动中，在面临不确定风险的时候，只有经过周密的计划，制定好各种预案才可能把各种不确定风险降低到最低限度。

4. 计划能为管理控制工作提供标准

一个有用的、科学的计划能详细说明将要完成什么任务。如公司的五年计划明确规定：在五年内利润要增长一倍。于是这个目标就成为一个标准，用来衡量和控制总经理的工作执行情况。哈罗德·孔茨曾说：计划是主管人员设计控制工作的准绳。如果没有任何计划而去进行控制，则是毫无意义的。控制的实质就是根据计划纠正行动的偏差，从而保证行动方向的正确性。可见，计划是控制的依据，它为检查和考核工作提供了尺度。

二、计划的种类

按照不同的标准，可以将计划分成不同的类型。

1. 按照计划的期限划分

按照计划的期限，一般可以将计划分为短期计划、中期计划和长期计划。一般来讲，期限在一年以内的计划称为短期计划，而期限在五年以上的计划即为长期计划，介于两者之间的计划称为中期计划。当然这个划分标准并非绝对的，在某些情况下，它还受计划的其他方面因素的影响。

短期计划、中期计划和长期计划应该有机衔接，长期计划对中期计划和短期计划发挥指导和引领作用，而中期计划、短期计划支撑长期计划的实现。

2. 按照计划对企业经营的影响范围和影响程度划分

根据计划对企业经营影响范围和影响程度的不同，可以将计划分为战略计划和行动计划等。

战略计划是指应用于整体组织，为组织设立总体目标和寻求组织在环境中的地位的计划。行动计划是指为了战略计划的实现，分阶段、分职能、分部门对组织的资源进行调配以更有效率地实施战略计划、实现战略目标的过程。行动计划还可以进一步细分为详细的作业计划。

战略计划与行动计划在时间框架和涉及范围上是不一致的，战略计划趋向于包含持久的时间间隔，覆盖较宽的领域和不规定具体的细节。此外，战略计划区别于行动计划与作业计划的重要的一点是，战略计划的一项重要任务是设定目标，而行动计划是假定目标已经明确，只是提供实现目标的方法，行动计划要具体细致。

管理故事

工作面前，人人平等

小李是某名牌大学的毕业生，以优异的成绩考上了一家省级机关的公务员。当时他胸中豪情万丈，一心只想鹏程万里。不料工作以后才发现，每天做的都是些琐碎的事情，既不需要太多的智慧，也看不出什么成果，他的热情便在不知不觉中冷却下来了。

一次要召开机关全系统大会，他所在的处室须彻夜准备文件，分配给他的工作是将文件进行最后的装订和封套。处长几次叮嘱："一定要做好准备，别到时措手不及。"

他听了心里很是不快，心想：初中生都会的事，还用得着这样嘱咐？于是根本没加理会。同事们忙忙碌碌，他也懒得帮忙，只在一旁看报纸。

文件终于完成，交到他手里。他开始一件件装订，没想到刚订了十几份，订书机"咔"地发出空响，书钉用完了。他漫不经心地抽开订书钉的盒子，脑海里"嗡"地一响：里面是空的。所有人都被发动起来，到处翻箱倒柜，不知怎地，平时仿佛到处可见的小东西，此刻竟连一个都找不到了。

此时已是深夜 11 点半，而文件必须在次日早上 8 点大会召开之前发到代表手中。处长咆哮道："不是叫你做好准备的吗？连这点小事也做不好，大学生有个屁用啊！"他只能俯首，无言以对，脸上却像挨了一巴掌似的滚烫刺痛。

几经周折，小李才在凌晨 4 点时在一家通宵营业的商务中心买到了订书钉。事后，他灰头土脸地等着训斥，平时他认为严厉而不近人情的处长却只说了一句话："记住，工作面前，人人平等。"

启示：作业计划一定要细致入微，细节决定成败。做工作时一定要做好各种准备，不可忽略一切细节，不打无准备之仗。

3. 按照计划的明确性程度划分

按照计划的明确性程度可分为指导性计划和具体计划（也称为指令性计划）。指导性计划也称指向性计划，只规定一般性的指导原则，不把管理限定在具体的目标或特定的行动方案上。这种计划为组织指明了行动方向，但不提供实际的操作指南，具有内在的灵活性。而具体计划则具有明确规定的目标和一套可实行的操作方案。组织通常根据面临的不确定性和可预见性程度的不同，选择制订这两种不同类型的计划。

4. 按照制订计划的组织层次划分

按照制订计划的组织层次可分为高层管理计划、中层管理计划和基层管理计划。高层管理计划是由组织的高层管理人员来制订的，一般以整个组织为目标，着眼于组织整体的、长远的安排，属于战略规划；中层管理计划是由中层管理人员制订的，一般着眼于组织中各部门的定位及相互关系的确定，既可能包含各部门的分目标等战略性质的内容，也可能包含各部门的工作方案等作业性质的内容；基层管理计划是由基层管理人员制订的，着眼于每一个岗位、每一个员工以及每个工作时间单位的工作安排，属于作业性的内容。

5. 按照计划的不同功能划分

按照计划的不同功能可以对计划进行分类，对企业而言，常见的功能计划有组织计划、生产计划、财务计划、市场开拓计划等。

所谓组织计划，是为了完成管理目标而进行的组织设计。它包括为完成管理目标所做的组织机构的安排和人事的聘任、选择与培养，是完成管理目标的基本保证。

所谓生产计划是为了完成生产的目标，从原材料到产品的转换所做出的程序安排。它包括原料的采购计划、库存计划、产品加工计划、产品验收计划等。如果是综合生产计划还应包括产品销售计划。产品销售计划是和市场环境紧密联系的，它推动了整个生产计划的制订与执行。

财务计划是关于如何筹资和资本如何使用，以便有效地促进组织的业务活动的计划，换言之，它是关于组织系统货币流的控制规划。

市场开拓计划是企业为了扩大市场份额、增加销售量而做出的计划。如果说企业的组织计划和生产计划主要是基于企业自身功能而制订的，那么市场开拓计划则是根据市场环境和自身功能两方面因素综合制订的。

三、计划的层次

从管理的实践过程来看，一项计划常常需要包含各个层次的将来行动的方针，这就使得计划的层次形式多种多样，如宗旨、目标、战略、政策、程序、规则、规划和预算。

1. 宗旨

宗旨是指一个组织存在的目的或对社会发展的某一方面应做出的贡献的陈述，有时也称为组织使命。企业宗旨不仅应指出企业未来的任务，而且要阐明为什么要完成这项任务以及完成任务的行为规范是什么。也就是说，尽管企业的宗旨陈述千差万别，但它要回答两个基本问题：我们这个企业是干什么的和按什么原则干的？我们这个企业应该树立什么样的社会形象以区别于同类企业？例如，华为的企业宗旨是“以客户服务为中心，以奋斗者为本”。

2. 目标

目标是组织力图达到的未来结果。如果说组织的宗旨说明了组织要从事的事业，那么组织的目标就是具体地说明组织从事这项事业的预期结果。它包括了组织在一定时期内的目标以及组织各个部门的具体目标两个方面的内容。

在一个组织里，目标不是单一的，而是多样化的，如工商企业除了追求利润外，还追求市场地位、生产率、雇员发展、社会责任等目标。没有一种单一的衡量尺度能够有效地评价一个组织是否成功地履行了它的使命，当然，主次总是存在的。

3. 战略

战略是组织为实现其长远目标而选择的发展方向、行动方针以及各类资源分配方案的总纲，是指导组织全局和长远发展的方针，它并不具体说明如何实现目标，而是要指明方向、重点和资源分配的优先次序。

4. 政策

政策是指组织在决策或处理各种具体问题时用来指导和沟通思想活动的方针和一般规定。政策是管理的指导思想，它为管理人员的行动指明了方向，并明确了在一定范围内怎样进行管理。政策的种类有很多，一个组织的各个部门都要制定各部门相应的政策，制定政策要充分分析组织的目标，保持一贯性、完整性和稳定性。

5. 程序

程序也是一种计划，它规定了某些经常发生的问题的解决方法和步骤。它详细列出必须完成某类活动的确切方式，并按时间顺序对必要的活动进行排列。与战略不同，它是行动的指南，而非思想指南。它与政策不同，它没有给行动者自由处理的权利。比如，一家制造企业的处理订单程序、财务部门批准给客户信用的程序、会计部门记载往来业务的程序等，都表现为企业的程序。组织中每个部门都有程序，并且在基层，程序更加具体化、数量更多。

6. 规则

规则是根据具体情况对采取或禁止某个特殊的或特定的行动所作的规定，其本质就在于它反映了是否采取某种行动的管理决策。它没有酌情处理的余地。规则通常是形式最简单的计划。

人们经常把规则和程序混淆。规则不像程序，因为规则只指导行动，而不说明时间顺序。如“禁止吸烟”就是一个规则，显然其本身没有时间顺序问题。但有时规则可以成为程序中的一个组成环节。实际上，可以把程序看作一系列的规则。如在制定销售管理程序时，把必须在当天下班前将销售款送交银行（即不得将其留在办公室过夜）这一规则包括在内。程序和规则二者是既有联系又有区别的。

7. 规划

规划是一个综合的计划，它包括目标、政策、程序、规则、任务分配、要采取的步骤、要使用的资源以及为完成既定行动方针所需要的其他因素。一项方案可能很大，也可能很小。通常情况下，一个主要方案（规划）可能需要很多支持计划。在主要计划进行之前，必须把这些支持计划制订出来并付诸实施。对所有这些计划都必须加以协调和安排时间。

8. 预算

预算，是用数字表示预期结果的一种报告书，是一种数字化的计划。它是对保证目标实现的资源分配与部署做精确的、定量化的反映，是按财务项目——比如收入和费用以及资本预算，或者按非财务项目——比如直接工时、材料、实物销售量和生产量等来表明预期的效果。

预算通过将计划数字化为财务报表，并把这些计划分解成许多部分使之与组织结构、预算小组和有关的计划相一致，这样既可把职权授予出去，又不至于失去控制。换句话说，把各种计划分解成一定的数字会促使形成一种条理，它可使主管人员清楚地看到，哪些资本将由谁来使用，他们自己的计划将涉及哪些部门，有多少费用、多少收入，以实物表现的投入量和产出量是多少等。

一个好的预算，有可能把各方面的管理策略都反映出来。有了精确、可靠的预算，才能保证有效地实现目标；没有预算的计划，是一种无法控制的盲目计划。如企业争取发展高技术战略，它就必须详细地编制有关集中使用人、财、物力的预算，以便从资源上保证这项策略的实施。

因为预算也是控制的手段，所以对预算的讨论主要放在关于控制的章节中进行。但必须指出，预算是计划的重要内容，制定预算必须反映计划的要求，否则，它不能用来作为控制的切实标准。

第三节 计划的编制、执行与调整

【本节任务】

知晓计划的编制程序；掌握目标管理的概念与过程；懂得滚动计划法的基本原理。

一、计划的编制

（一）计划编制的程序

计划编制一般遵循如图 4.2 所示的步骤进行。

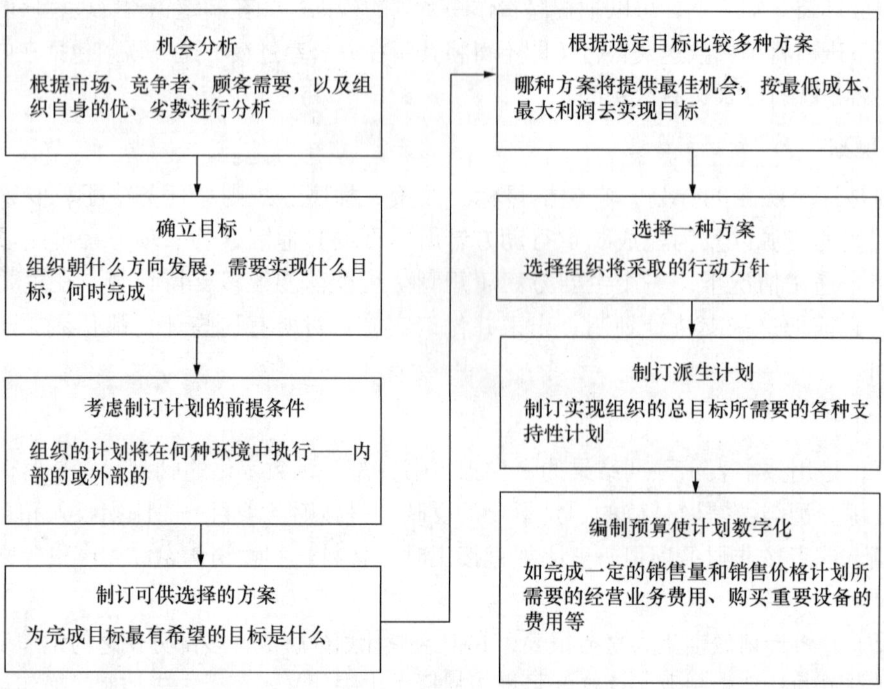

图 4.2 计划编制的程序

1. 机会分析

估量机会是计划工作的起点。认识机会在实际的计划工作开始之前，严格来讲，它不是计划的一个组成部分，但却是计划工作的一个真正起点。因为它预测到了未来可能出现的变化，清晰而完整地认识到组织发展的机会，搞清了组织的优势、劣势及所处的地位，认识到组织利用机会的能力，意识到不确定因素对组织可能发生的影响及影响程度等。

认识机会，对做好计划工作十分关键。一位经营专家说过："认识机会是战胜风险、求得生存与发展的诀窍。"诸葛亮"草船借箭"的故事流传百世，其高明之处就在于他看到了三天后江上会起雾，而曹军又不习水性，不敢迎战，于是神奇般地实现了自己的战略目标。企业经营中也不乏这样的例子。

管理故事

尼西奇公司成功的决策

日本尼西奇公司创建于1921年。尼西奇公司的成功得益于公司董事长的英明决策。第二次世界大战后，尼西奇公司仅有员工30余人，主要生产雨衣、游泳帽、卫生带、尿布等橡胶制品，订货不足，经营不稳定，企业有朝不保夕之感。公司董事长多川博从人口普查中得知，日本每年大约有250万婴儿出生，如果每个婴儿用两条尿布，一年就需要500万条，这是一个巨大的市场。多川博决定放弃除尿布以外的产品，一心把尼西奇打造成为尿布专业公司。于是，通过集中力量，创立品牌，公司取得了很大成功，多川博也成为了“尿布大王”。

启示：决策对企业至关重要，一个成功的决策在于对机会的把握。

2. 确立目标

制订计划的第二个步骤是在认识机会的基础上，为整个组织及其所属的下级单位确定目标。目标是指期望达到的成果，它为组织整体、各部门和各成员指明了方向，描绘了组织未来的状况，并且作为标准可用来衡量实际的绩效。计划的主要任务，就是将组织目标进行层层分解，以便落实到各个部门、各个活动环节，形成组织的目标结构，包括目标的时间结构和空间结构。

3. 预测并确定计划的前提条件

拟订计划的前提条件，就是研究、分析和确定计划工作的环境，或者说是预测执行计划时的环境。比如，对一个工商企业来说，拟订计划的前提条件包括研究和分析企业将有什么样的市场、销售量有多大、什么价格、将有哪些技术需要开发、成本是多少、什么样的工资率、政治和社会环境如何、将如何筹集资金扩大业务、长期趋势将怎样，等等。由于计划的未来情况比较复杂，要想对每个细节都做出预测是不可能的。因此，在拟订计划的前提条件时，应选择那些对计划来说具有关键性的、有战略意义的、对执行计划最有影响的因素进行研究与预测。

4. 拟订备选方案

一个计划常常会有几个可供选择的方案。“条条道路通罗马”，描述了实现某一目标的方案途径是多条的。而选择方案不是找可供选择的方案，而是减少可供选择方案的数量，以便对最有希望的方案进行分析。计划制订者应当重视寻求和检查可供选择的行动方案，特别是那些不是马上看得清的行动方案。常常可能的情况是，一个最不引人注目的方案，效果却是最佳的。在管理实践中，管理者发掘方案与正确选择方案具有同等的重要性。

5. 评价与选择方案

在找出了各种可供选择的方案并明确了它们的优缺点后，下一步就是根据前提和目标，权衡它们的轻重，对方案进行评估与选择。备选方案可能有几种情况：有的方案最有利可图，但需要投入的资金多且回收慢；有的方案看起来可能获利较少，但风险也小；还有的方案对长远规划有益；等等。在若干种方案并存的情况下，就要根据组织的目标来选择一个最合适的方案。

选择方案是决策的关键。做出正确的选择需要建立在前面几步工作的基础上。应当指出的是，为了保持计划的灵活性，有时会发现两个可取的方案。在这种情况下，必须确定出首先采用哪个方案，将另一个方案也进行细化和完善，并作为后备方案。

6. 制订派生计划

派生计划即引申计划，是总计划下的分计划和行动计划。总计划还需要派生计划的支持。因为几乎所有的总计划都要靠派生计划来扶持，因此完成派生计划是实施总计划的基础。例如，一家航空公司为在激烈的市场竞争中赢得优势，决定新购一批客机以增加航班，从而获得经营的规模优势。这一基本计划需要制订很多派生计划来支持，如资金筹措计划、雇佣和培训各类人员的计划、采购和配置零部件的计划、建立维修设施的计划、制订飞行的时刻表计划，以及促销等分计划。

7. 编制预算

计划编制的最后一步就是把计划转变为预算，使计划数字化。预算是汇总组织各种计划的一种手段，将各类计划数字化后汇总，方能分配好组织的资源。预算用数字表述计划，并把这些数字化的计划分解成与组织的职能业务相一致的各个部分。这样预算就与计划相联系，预算将资源使用权授予组织的各部门，但又对资源使用状况进行控制。

预算就是将计划压缩成一些数字以实现管理的条理化，它使管理人员可以清楚地看到哪些资源将由谁来使用，将在哪些地方使用，并由此涉及哪些费用计划、收入计划或实物计划以及投入量和产出量计划。管理人员只有明确了这些，才能更加自如地授权以便在限度内实施计划。

（二）计划编制的基本方法

综合平衡是编制计划的基本方法。综合平衡法是指在编制计划过程中，从系统观点出发，全面分析各方面因素，统筹安排诸要素，使其比例适当、协调运行的一种统筹技术。其中系统管理是实现综合平衡的基础和核心。

综合平衡的目的是要使需要与可能之间、生产和经济效益之间、眼前利益和长远利益之间、企业利益和国家利益之间实现基本平衡，使各项指标之间在数量、时间、速度等方面取得合理的比例关系，使企业的各项资源都得到充分的利用。

就企业的生产经营计划编制而言，主要应做好如下三方面的平衡。

1. 销产供平衡

销产供平衡是企业编制计划的重要前提，主要包括以下三方面内容。

（1）生产与需求平衡。该平衡的原则是“以销定产”。一般的做法是：首先根据经营目标和利润计划的要求，按订货合同和预测的需求量先编制产品的销售计划；其次依据产品的销售量和产品的库存，编制产品生产计划；最后再根据生产计划与生产能力等的平衡情况，调整销售计划和销售收入。

（2）生产与物资平衡。该平衡的原则是“以产定供”。这实际上是企业的物资需要量与已有资源的平衡。

（3）生产与技术准备平衡。该平衡主要检查新产品试制和改进后的老产品重新上场的生产技术准备工作是否已经进行，以保证产品生产和试制的衔接。

2. 生产能力的平衡

生产能力的平衡包括生产任务与劳动力的平衡、生产任务与设备能力的平衡和生产任务与生产面积的平衡。

3．资金平衡

资金平衡主要是产供销活动与流动资金的平衡。

经过以上综合平衡，理顺了关系，安排好了比例，就可以将计划以书面形式编制完成。表 4.10 所示为一个企业的年度生产经营计划示例。

表 4.10　企业年度经营计划表

序号	指标名称	单位	上年预计	本年计划	本年与上年的比例（%）
1	主要产品产量 ××× ×××	 台 台			
2	新产品试制 ××× ×××	 台 台			
3	质量 升级产品 成品初检合格率 机械加工责任废品率 铸件废品率	 等级 % % %			
4	物资节约 原煤 电力 黑色金属 有色金属	 吨 吨 吨 千克			
5	全员劳动生产率 职工平均人数	元/人 人			
6	可比产品成本降低率	%			
7	利润总额 纳税 分配利润 销售收入	万元 万元 万元 万元			
8	定额流动资金周转期 成品流动资金占有额 合同完成率 其中：××产品 ××产品	天 万元 % % %			
9	附加指标 1．工业总产值 2．设备大修理 3．设备完好率 4．职工福利基金支出 其中××× ××× 5．职工资金支出 全年每人平均资金 其中：××奖 ××奖	 万元 台 % 元 元 元 元 元 元 元			

视野拓展

企业编制生产经营计划需要慎重，推荐读者扫描二维码阅读《企业计划书的“十要”与“三忌”》一文。

二、计划的执行

计划工作的目的是通过计划的制订和组织实施来实现决策目标。由此，编制计划只是计划工作的开始，更重要的在于计划的执行。计划执行的基本要求是全面、均衡。所谓全面，就是全面完成计划，要求组织整体、组织内的各个部门按一切主要指标完成计划，不能偏废；所谓均衡，就是均衡完成计划，要根据时段的要求，做好各项工作，按年、季、月，甚至旬、周、日完成计划，以建立正常的活动秩序，保证组织稳步地发展。

决策与计划的制订主要是专业工作者的事，计划的执行则必须依靠全体组织成员的努力，要实行全员计划管理。为了调动组织成员在计划执行中的积极性，最有效的方法就是目标管理法。

（一）目标管理的由来与特点

目标管理（management by objectives，MBO）是20世纪50年代中期出现于美国，以泰勒的科学管理和行为科学理论（特别是其中的参与管理）为基础形成的一套管理制度。依靠这种制度，可以使组织的成员亲自参加工作目标的制定，实现“自我控制”，并努力完成工作目标。而对于员工的工作成果，由于有明确的目标作为考核标准，从而使对员工的评价和奖励做到更客观、更合理，因而可以大大激发员工为完成组织目标而努力工作的热情。由于这种管理制度在美国应用得非常广泛，而且特别适用于对主管人员的管理，所以被称为“管理中的管理”。

1954年，德鲁克在《管理的实践》一书中，首先提出了“目标管理和自我控制”的主张。之后，他又在此基础上发展了这一主张，他认为，企业的目的和任务必须化为目标，企业的各级主管必须通过这些目标对下级进行领导，以此来达到企业的总目标。如果一个范围没有特定的目标，则这个范围必定被忽视；如果没有方向一致的分目标来指导各级主管人员的工作，则企业规模越大、人员越多，发生冲突和浪费的可能性就越大。

所谓目标管理是以成果为导向，组织中上下级成员共同参与制定一定时期内每个人的工作目标，并以此明确个人的主要职责，在目标实现过程中主要靠自我管理和自我控制，最终依据目标的实现程度考评每个成员贡献的一种管理方式。对于目标管理的特点可以从以下几个方面来理解。

（1）目标管理是参与管理的一种形式。目标的实现者同时也是目标的制定者。即由上级与下级在一起共同确定目标。首先确定出总目标，然后对总目标进行分解，逐级展开，通过上下协商，制定出企业各部门、各车间直至每个员工的目标；用总目标指导分目标，用分目标保证总目标，形成一个“目标—手段”链。

（2）强调“自我控制”。大力倡导目标管理的德鲁克认为，员工是愿意负责的，是愿意在工作中发挥自己的聪明才智和创造性的。如果我们控制的对象是一个社会组织中的“人”，则我们应“控制”的必须是行为的动机，而不应当是行为本身，也就是说必须以对动机的控制达到对行为的控制。目标管理的主旨在于，用“自我控制的管理”代替“压制性的管理”，它使管理人员能够控制他们自己的成绩。这种自我控制可以成为更强烈的动力，推动他们尽自己最大的力量把工作做好，而不仅仅是“过得去”就行了。

（3）促使下放权力。集权和分权的矛盾是组织的基本矛盾之一，唯恐失去控制是阻碍大胆授权的主要原因之一。推行目标管理有助于协调这一对矛盾，促使权力下放；有助于在保持有效控制的前提下，把局面搞得更有生气一些。

（4）注重成果第一的方针。采用传统的管理方法评价员工的表现，往往容易根据印象、本人的思想和对某些问题的态度等定性因素来评价。实行目标管理后，由于有了一套完善的目标考核体系，从而能够按员工的实际贡献大小如实地评价一个人。

（二）目标管理的基本程序

目标管理的程序可以分为以下三个阶段。

1. 构建目标体系

目标的设置是目标管理最重要的阶段。组织的最高管理者根据组织愿景、发展需要与内外部条件，确立一定时期内运营活动所要达到的总目标，然后经过部门间、上下级员工之间协商，将总目标层层分解，确定下级各单位和部门以至每个人的分目标，形成以总目标为核心，目标间相互关联、分工明确、协调一致的目标体系。

目标制定过程中，管理者应注意目标数量、可实现程度方面的控制，并建立衡量目标是否完成的标准，便于期末业绩考核及奖惩。同时，为保证各级人员目标的实现，还要做好授权工作。

在目标制定时，必须符合 SMART 原则：S（specific）即明确性，目标要清晰、明确，让考核者与被考核者能够准确地理解目标；M（measurable）即衡量性，目标要量化；A（achievable）即可接受性，目标要通过努力可以实现；R（relevant）即相关性，目标要和工作有相关性，不是被考核者的工作就不要设定目标；T（time-based）即时限性，目标要有时限性，要在规定的时间内完成。

管理故事

马拉松运动员的故事

山田本一是日本著名的马拉松运动员，他曾在 1984 年和 1987 年的国际马拉松比赛中两次夺得世界冠军。记者曾问他是凭借什么取得了如此惊人的成绩的，山田本一总是回答："凭智慧战胜对手！"

大家都知道，马拉松比赛主要是运动员体力和耐力的较量，爆发力、速度和技巧都还在其次。因此对山田本一的回答，许多人觉得他是在故弄玄虚。

10 年之后，这个谜底被揭开了。山田本一在自传中这样写道："开始我把我的目标定在终点线的旗帜上，结果当我跑到十几千米的时候就疲惫不堪了，因为我被前面那段遥远的路吓到了。后来，每次比赛之前，我都要乘车把比赛的路线仔细地看一遍，并把沿途比较醒目的标志画下来，比如第一个标志是银行，第二个标志是一棵古怪的大树，第三个标志是一座高楼……这样一直画到赛程结束。比赛开始后，我就以跑百米的速度奋力地向第一个目标冲去，到达第一个目标后，我又以同样的速度向第二个目标冲去。40 多公里的赛程被我分解成几个小目标，跑起来就轻松多了。"

启示：管理目标是需要分解的，一家企业制定目标的时候要有最终目标，通过宏大的、引领方向的最终目标，激励大家为一个明确目标去奋斗。但目标是需要分解的，当目标被清晰地分解了，目标的实现就落实了。

2. 组织实施

目标既定后，主管人员就应放手把权力交给下级成员，而自己去抓重点的综合性管理。目标的实现主要靠执行者的自我控制。如果在明确了目标之后，上级主管人员还像从前那样

> **视野拓展**
>
> 为了加深大家对目标管理的了解，推荐读者扫描二维码阅读《集团公司如何有效实现目标管理》一文。

事必躬亲，便违背了目标管理的主旨，不能获得目标管理的效果。当然，这并不是说上级在确定目标后就可以撒手不管了。上级的管理应主要表现在指导、协助、提出问题、提供情报以及创造良好的工作环境方面。

3. 目标成果评价

达到预定的期限后，下级首先进行自我评估，提交书面报告；然后上下级一起考核目标完成情况，决定奖惩；同时讨论下一阶段目标，开始新循环。如果目标没有完成，应分析原因，总结教训，切忌相互指责，以保持相互信任的气氛。

三、计划的调整

计划在执行过程中，需要根据情况进行调整。这不仅是因为计划活动所处的客观环境可能发生了变化，而且可能因为人们对客观环境的主观认识有了改变。为了使组织活动更加符合环境特点的要求，必须对计划进行适时的调整。

滚动计划是保证计划在执行过程中能够根据变化的情况适时修正和调整的一种现代计划方法，下面对其进行详细介绍。

（一）滚动计划法的步骤

滚动计划法是一种定期修正未来计划的方法。在计划制订过程中，很难准确预测将来影响组织运营的各种因素变化，因而在计划执行的过程中实际环境条件与预期状况存在不一致，为了使计划有效实施，就要不断地对计划进行调整修改。滚动计划法的基本思路是根据计划的实施情况和组织内外环境条件的变化状况，定期修订未来的计划，并逐渐向前推移，使短期计划与中期计划、长期计划有效衔接。这是一种使组织始终有一个近细远粗、长短计划紧密衔接、主观符合客观实际的计划作指导的计划编制方法。以五年计划为例，其具体形式如图 4.3 所示。

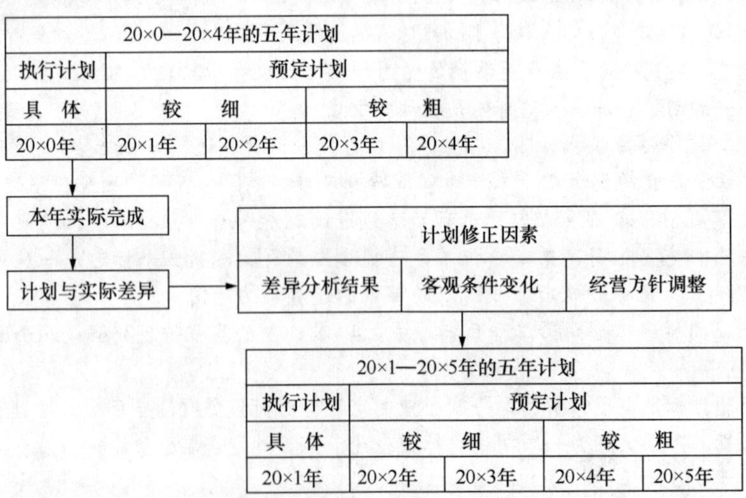

图 4.3 滚动计划法的具体形式

编制滚动计划一般可分为以下四个步骤。

第一步，提出计划目标。比如编制企业生产经营滚动计划时，首先应根据国家的要求、市场需求、销售合同和社会上保障企业生产的各种条件，以及企业本身的生产能力、技术条件、资金状况、经济效益等有关资料，由综合计划部门提出建议数，然后发交有关经营归口单位，进行试算平衡。

第二步，专业试算平衡。根据全厂的经营目标，各有关专业科室结合本部门的工作对实施计划的可能性进行试算平衡，各部门经过试算平衡后，要找出与经营目标的偏差及其产生的原因，并准备提出解决和处理偏差的意见和措施。

第三步，部门之间协调衔接。试算平衡后由厂部召开有关部门参加的专业部门协调衔接会议，进行综合平衡，修正偏差，以达到统一认识、统一目标、统一行动。

第四步，确定实施方案。经过协调之后，再由综合计划部门做最后的审核平衡。主要是全面审查各专业计划满足国家要求的程度，满足市场需求和企业利益的程度；审查各有关指标之间的制约关系及其计算基础和计算方法的一致性；审查计划的措施和落实程度以及计划的先进性和可靠性等。最后由厂长批准并签发正式实施计划，供全厂贯彻执行。

（二）滚动计划法的特点

与传统的计划编制方法相比，滚动计划法有以下不同的特点。

1. 灵活性

滚动计划方法具有较强的灵活性和适应性，能帮助企业较快地对市场做出反应，从而提高企业的应变能力和竞争能力。在商品经济的条件下，市场变化对企业生产经营影响很大，为适应这一情况，企业的各种计划就应具有较大的灵活性，应及时根据市场情况调整修正计划。这是滚动计划的优点。

2. 预见性

滚动计划方法可以连续地预测出下期计划情况及存在问题，走一步，看两步，不平衡的可以及时调整，使企业能及早采取措施，发展有利因素，克服不利因素，便于计划的贯彻执行。

3. 准确性

滚动计划方法可以使主观设想的计划比较好地与客观发展实际相结合。因为滚动计划要求随着情况的变化而进行不断的修正，可以将每个阶段生产发展的实际情况，以及各方面的条件变化考虑到计划中去，提高计划的准确性，使企业始终有一个较为切合实际的长期计划指导。

4. 连续性

滚动计划方法是在分析上期计划实际执行情况的基础上制订本期计划的，而且分阶段进行修订，因此，它既是上期计划的延续，又是编制下期计划的基础，从而使前期计划和后期计划密切衔接，同时，也便于长期计划与年度计划，年度计划与季、月度计划紧密衔接，充分发挥长期计划对短期计划的指导作用。

5. 均衡性

采用滚动计划方法，在编制计划时既要分析上期情况，又要考虑本期任务，还要预测下期情况。对于企业内部有可能做到用计划来指导各项工作，使企业的生产经营活动能有秩序地进行。不但可以完成当前的生产技术经济任务，而且还可以为未来的发展做好生产、技术、经济等各方面的准备，能够把企业的产、供、销对于人、财、物等方面的需要与可能紧密地结合起来，从而做到均衡生产，避免大起大落、前松后紧等现象，从而使企业有可能取得更好的经济效益。

本章小结

决策是管理最基本的工作之一。从狭义上讲，决策是在几种行动方案中进行选择；从广义上讲，决策是指组织或个人为了实现既定的目标，在掌握充分的信息和对有关情况进行深刻分析的基础上，用科学的方法拟定并评估各种方案，从中选出合理方案的分析判断过程。从大的方面可以分为决策的软方法与硬方法两大类。

决策是计划的前提，计划是决策的逻辑延续。计划有广义和狭义之分。广义的计划是指为了实现决策目标而制订计划工作的过程，即制订计划、执行计划和检查计划执行情况等紧密衔接的工作过程，简称计划工作。狭义的计划是指制订计划，是计划工作中计划编制的结果，是对将来的事情做出打算、谋划或规划。计划内容包括 5W3H1I。计划按照不同角度可以分为若干类。

计划管理分为计划编制、执行与调整三个主要阶段。

综合练习与实训

一、重点概念

决策　　计划　　目标管理

二、填空题

1. 决策是计划的________，计划是决策的________。
2. 计划编制最基本的方法是________。
3. 按照计划的明确性程度可分为________和________。
4. 保证计划最有效实施的方法是________。
5. 为了保证计划与实际相一致，调整计划最有效的方法是________。

三、单项选择题

1.（　　）是计划工作的起点。

A. 确立目标　　B. 机会分析　　C. 确定计划前提　　D. 编制预算

2. 基本建设计划、新产品的开发计划等属于（　　）计划。

A. 专项　　B. 综合　　C. 财务　　D. 生产

3. 目标管理的优点有（　　）。

A. 有利于提高管理水平　　B. 有利于调动人的积极性、责任心

C. 有利于长期目标的实现　　D. 有利于暴露组织结构中的缺陷

4. 计划工作的制订最基本的方法是（　　）。

A. 量本利分析法　　B. 滚动计划法　　C. 综合平衡法　　D. 目标管理法

5. 为了使计划与环境变化尽可能保持一致，修订计划常用的方法是（　　）。

A. 量本利分析法　　B. 滚动计划法　　C. 综合平衡法　　D. 目标管理法

四、判断题

1. 程序化决策就是偶发事件的决策，已经形成一套解决问题的处理程序与方法。(　　)
2. 高层管理者一般从事的是非程序化决策，而中层和基层管理者多从事程序化决策。(　　)
3. 搞好预算是计划工作的起点。(　　)
4. 风险性决策就是未来的自然状态不清楚，发生的概率也不确定情况下的决策。(　　)
5. 目标管理是员工被动管理的一种有效管理方法。(　　)

五、思考题

1. 联系实际谈谈计划的重要作用。
2. 什么是目标管理法？实施的过程如何？
3. 定性决策有哪些种类？
4. 计划由哪些层次构成？
5. 计划管理由哪三个环节构成？

六、案例分析

科宁玻璃公司的经营计划

科宁是美国创建较早的公司之一，主要进行玻璃品生产和加工。1880年，科宁公司成功地制造了第一只灯泡。科宁公司一直由其创始人科宁家族掌管，并一直以制造和加工玻璃为其重点。

然而，科宁的这种经营战略也给它带来了许多问题：它的骨干部门——灯泡生产在30年前曾占领美国1/3的灯泡市场，而今天却丧失了大部分市场；电视显像管的生产也因剧烈的竞争而陷入困境。这两条主要产品线都无法再为公司创造利润。面对这种情况，公司既希望开辟新的市场，又不愿意放弃其传统的玻璃生产和加工。从而，公司最高层领导制订了一个新的战略计划。计划包括三个主要方面：第一，决定缩小类似生产灯泡和电视显像管这样低产的部门；第二，决定减少因市场周期性急剧变化而浮动的产品生产；第三，开辟既有挑战性又具巨大潜在市场的产品。新产品包括三个新的领域：一是开辟光波导器生产——用于电话和电缆电视方面的光波导器和网络系统，以及高级而复杂的医疗设备等，希望这方面的年销售额能达到40亿美元；二是开辟生物工程技术，这种技术在食品行业大有前途；三是利用原来的优势，继续制造医疗用玻璃杯和试管等，并开拓电子医疗诊断设备，希望在这方面能达到全国同行业中第一或第二的地位。

科宁还有它次一级的目标。例如，目前这个公司正在建一条很复杂的玻璃用具生产线，并准备向不发达国家扩展业务。很明显，科宁在进行一个雄心勃勃的发展计划。公司希望通过提高技术和效率获得更大的利润。

但是，在进行新的冒险计划中，科宁也碰到了许多问题。例如，如果科宁真要从光波导器和生物工程等方面获得成功的话，就必须扩大其经营领域。但是科宁给人的印象是要保持其原来的基础，而不是获得利润。

案例思考：

1. 根据案例提供的材料，概述科宁公司的战略计划和策略计划。
2. 分别列出科宁公司的中期、短期计划。
3. 如果你是公司的管理者，你将如何制订公司的计划？

第五章

组　织

管理格言：今天的组织需要的是由一群平凡的人做出不平凡的事。

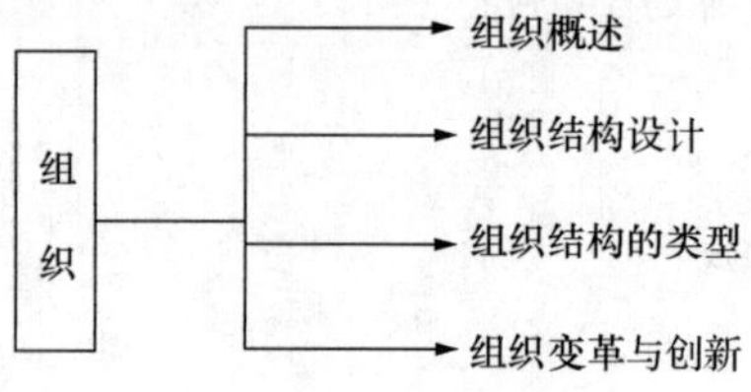

导入案例

腾讯的组织变革

腾讯在1998年成立的创业初期，将企业发展的重点放在了产品研发和市场拓展方面。当时年幼的“企鹅”规模小、人心齐、管理简单，因此组织设置并不复杂，为职能式组织架构。职能式组织架构对腾讯早期的快速扩张发挥了至关重要的作用，2005年腾讯上市前，腾讯的业务部门已增至30多个，人员规模也达到两三千人。在这种规模下，当时的组织架构已经无法跟上组织发展的步伐，致使公司在管理上出现了一系列问题。与此同时，在外部市场环境方面，网络游戏、网络媒体、移动互联网等市场机会均已出现。在看到这些机会萌芽后，腾讯管理层果断地进行了新业务布局，并制定了“打造一站式在线生活平台”的战略发展方向。腾讯提出了“二次创业”的概念，并对组织架构进行了第一次大规模调整，由原来的以职能分工为特征的职能式组织架构调整为以产品为导向的业务系统制组织架构。这种以产品为导向的组织架构成为当时业务发展的重要助推器，帮助公司形成了一套非常坚固的产品体系，使其超预期达成了当初设定的战略目标，得到了用户的广泛认可。

但随着业务的发展，这种组织架构也为腾讯带来了“大公司病”的困扰：各部门产品依赖QQ软件作为资源导入，在激烈争夺资源的过程中，严重破坏了QQ的品牌形象与用户体验，也导致部门矛盾和创新不足；移动互联网时代出现的很多新的产品与领域难以被清晰划归到某一业务系统，出现不同产品团队争夺某一产品的现象，致使很多新产品在研发初期严重内耗；庞杂的业务分布在四大部门，导致组织决策复杂、层级过多、业务关系混乱、部门设置重复；高层领导拉帮结派，部门官僚气氛严重，各自为政。对于上述管理与业务问题，面对用户新需求、新技术、新业务模式层出不穷的市场环境，2012年5月18日，腾讯对自身组织架构进行了7年以来最大规模的调整，从原来的以产品为导向的业务系统制升级为事业群制，对原有业务进行了较为彻底的梳理与重构，重新划分成企业发展事业群（CDG）、互动娱乐事业群（IEG）、移动互联网事业群（MIG）、网络媒体事业群（OMG）、社交网络事业群（SNG），整合原有的研发和运营平台，成立新的技术工程事业群（TEG），并成立了腾讯电商控股公司（ECC）。

组织是实现共同目标的手段，受组织战略和运营环境的影响，组织需要实时的调整才能更好地发展，任何一个单位都要重视组织建设。本章重点介绍什么是组织，以及如何搞好组织设计。

第一节　组织概述

【本节任务】

掌握组织的概念与构成要素；理解组织的作用；了解组织的分类。

一、组织的含义

组织工作是管理的一项重要职能。企业、学校、机关都要把总体任务分配给各个成员、各个部门去承担，建立起他们之间的分工同时又合作的关系，这种关系就形成了一种框架或结构。分工与合作是组织职能的两大主题。组织工作的目的就是建立这样一种能产生有效的分工协作关系的结构。

从一般意义来讲，对于组织的概念有以下两种解释。

（1）名词意义上的组织（organizations），是指按照一定的目的、任务和形式建立起来的结构严密、制度化的人群集合体。"组织是一种实体"，它是人们进行合作活动的必要条件。如企业、学校、机关、医院等。

（2）动词意义上的组织（organizing），是指组织工作，是为有效实现组织目标，建立组织结构，配备人员，使组织协调运行的一系列活动。组织工作是为了组织目标的实现，合理分派、整合组织资源的活动。组织工作的过程包括组织设计（职位设计、部门设计、层级设计、组织结构基本框架设计）、组织运行（人员配备与训练、设计管理制度与规范、反馈与修正）及组织变革。

即问即答

企业要建立具有自身特色的生产组织、营销组织，这是什么意义上的组织？企业为了打开新产品的销路，需要组织一次大规模的促销、推广活动，这是什么意义上的组织？

二、组织的要素

系统学派的创始人巴纳德认为，不论其级别和规模差别有多大，所有正式组织均包含共同的目标、协作的愿望和信息沟通三个要素，组织的产生和发展只有通过这三个基本要素的结合才能实现。

（1）共同的目标。目标是组织存在的前提和基础，任何一个组织都要有一个共同的目标，它是组织成员协作的必要前提，没有目标就没有协作。

（2）协作的愿望。每个人都要有为组织目标贡献力量的愿望。这种愿望能使每一个人的力量凝聚为一个整体力量，这对组织来说是不可缺少的一项要素。若是没有协作愿望，就不可能有持久的愿做贡献的个人努力，但这种愿望也意味着个人行为控制权的转让与失去个性化。

思考与讨论

中国有两句俗话："一个和尚挑水喝，两个和尚抬水喝，三个和尚没水喝"，"三个臭皮匠，赛过诸葛亮"，思考为什么会出现这两种现象。

（3）信息沟通。信息沟通是将共同目标与协作愿望联系起来，使之成为一个有机整体的动态过程。它是一切活动的基础。通过信息沟通，可以使成员了解组织目标，产生协作愿望，然后采取合理行动。

三、组织的作用

组织的作用主要体现在以下几方面。

（1）“聚集”作用。“聚集”作用就是对人力资源、财力资源、物力资源、信息资源等加以聚集汇总。按照组织的要求，共同工作，发挥组织整体的力量，以实现个人无法单独完成的组织目标。我们通常说的“组织起来”就是这个意思。

管理故事

蚂蚁抱成团

在非洲大草原上，夏季烈日炎炎，一队蚂蚁正在行走。突然前面的草起火了，火势凶猛，大火把蚁群包围了，蚂蚁们似乎已走投无路。这时，蚂蚁们突然聚拢起来，紧紧缩成一团，滚成一个大大的蚁球，滚动着冲向火海，熊熊大火中，在外围的蚂蚁们牺牲了，但更多的蚂蚁却逃了出来。

启示：在管理中以一当十并不难，难的是以十当一。组织的功能之一就是把大家凝聚起来抱成团，这样才能有效地实现组织目标。

（2）“放大”作用。“放大”作用就是利用聚集的各种资源，通过组织的动作、转换，创造出新的功能和能量。判断一个组织是否有效力，就要看它是否具备“整体大于部分之和”的能力。如果一个组织不能将各种资源有效地整合起来，加以放大，那么，这个组织就难以生存和发展。

视野拓展

自然界常见的组织——大雁南飞

秋天到了，大雁开始南飞。在欣赏它们优美队形的同时，大家想过没有，大雁为什么这样飞呢？这就是动物生存的本能和生存的需要。大雁有一种天生的合作本能：在飞行时，一群大雁以整齐的 V 字形散开，它们一只跟随一只。科学家发现，前面的大雁能帮助后面的大雁减小空气阻力，这样比单独飞行会节省 12%的体力！这就是团队协作“1+1>2”的效应。

（3）“承载”作用。组织是和分工合作内在地联系在一起的。组织内的各部门相互联系、分工协作，共同承担任务。古今中外，所有大规模的工程、艰苦卓绝的事业，如修筑长城、飞船上天以及改革开放等，没有一项不是通过组织的力量来完成的。

（4）“有序化”作用。组织可以使隶属关系及分工协作明确，责任清楚，实现人人有事做、事事有人做、人尽其才、物尽其用、工作有序。通过有序化可以把无价值和不重要的要素摆在合适位置，从而大大增强组织的吸引力和抗风险能力。

（5）“调节”作用。组织是社会的基本单元，生存于社会大环境之中。组织既要为社会提供各种资源以影响社会，又要受社会经济、政治、文化及其他条件的制约。因此，有生命力的组织必然能随时进行自我调节，适应外部环境的变化。当今倡导的“学习型组织”就是强调通过团体的不断学习随时改变心智模式，实现组织的自我超载。

即问即答

股份制在现代社会经济中起到了什么作用？

此外，组织还可保持目标的一致性和政策的连续性，从而使组织不至于因人废事，即便更换了领导者也可以继续发展。

四、组织的分类

众多的社会组织可分为不同类型。标准不同，分类也就不一样，可以用来划分组织类型的标准是很多的。不同类型的组织，其功能和特性是不同的。要深入了解组织之间的规律，有效地对组织进行科学分类是十分必要的。

1. 按组织的规模分类

组织按其规模可分为小型的组织、中型的组织和大型的组织。比如，同是企业组织，就有小型企业、中型企业和大型企业之分。按这个标准进行分类是具有普遍性的，不论何类组织都可以作这种划分。以组织规模划分组织类型，是对组织现象的表面认识。

2. 按组织的社会职能分类

组织按其社会职能可分为文化性组织、经济性组织和政治性组织。文化性组织是一种人们之间相互沟通思想、联络感情，传递知识和文化的社会组织。各类艺术团体、图书馆、艺术馆、博物馆、报刊出版单位等都属于文化性组织。而经济性组织是一种专门以追求社会物质财富为目的的社会组织，它存在于生产、交换、分配、消费等不同领域，工商企业、银行、保险公司等社会组织都属于经济性组织。政治性组织是一种为了某个阶级的政治利益而服务的社会组织，如国家的立法机关、司法机关、行政机关、政党、军队等都属于政治性组织。

3. 按组织内部是否有正式分工关系分类

组织按其内部是否有正式分工关系可分为正式组织和非正式组织。

如果一个社会组织内部存在正式的组织任务分工、组织人员分工和正式的组织制度，那么它就属于正式组织。政府机关、军队、学校、工商企业等都属于正式组织。正式组织是社会中主要的组织形式，是人们研究和关注的重点。

而如果一个社会组织的内部既没有确定的机构分工和任务分工，没有固定的成员，也没有正式的组织制度等，这种组织就属于非正式组织。非正式组织可以是一个独立的团体，比如学术沙龙、文化沙龙、业余俱乐部等，也可以是一种存在于正式组织之中的无名而有实的团体。这是一种事实上存在的社会组织，这种组织现在正日益受到重视。在一个正式组织的管理活动中，应特别注意非正式组织的影响作用。对这种组织现象的处理，将会影响到组织任务的完成和组织运行的效率。

非正式组织的存在，主要在于以下三方面因素。

（1）志向兴趣性因素。员工在组织生产经营活动中，由于工作中的联系而产生相似的态度和价值观，使员工在相互交往过程中容易产生共同的语言及相互理解对方的行为。这种交往的经常化，就会自然形成非正式组织。

（2）需求性因素。员工出于希望相互间建立良好人际关系并在相互适合对方个性的基础上而发展关系，进而形成非正式组织。如新进员工期待得到组织成员的认同以获得安全感与归属感。

（3）利益维护性因素。公司制度与管理不公平、有争议，易使权益受损的员工因为认知相同而互相支持。如员工感到自身利益会被侵犯的时候，希望被其他非正式成员认同并保护的欲望就更强烈，从众心理也就较严重。

非正式组织的存在对正式组织管理的影响有积极和消极两个方面。非正式组织的积极影响表现在：缓解工作压力，满足成员的心理需求；有利于培养员工的团队意识；有益于组织成员的沟通；有助于组织目标的实现。非正式组织的消极作用表现在：可能对正式组织的工作产生极为不利的影响；非正式组织要求成员一致性的压力，可能会束缚成员个人发展；非正式组织的压力还会影响正式组织的变革，造成组织创新的惰性；非正式组织的存在还容易造成人事任用关系复杂，失去公平。

视野拓展

企业变革，薪酬、福利的减少容易引起员工的对抗情绪，企业管理者应加以注意。扫描二维码，阅读《企业变革中应警惕非正式组织的紧密化》（太和管理顾问）一文，该文对企业管理者具有借鉴意义。

非正式组织在正式组织中是客观存在的，作为管理者要重视其存在，对非正式组织要有效利用。具体应做到以下几点。

（1）正视非正式组织的存在，接受并理解它。

（2）辨明非正式组织的不同性质，区别对待。

（3）用组织文化引导。

（4）牵住关键人物。

（5）鼓励管理人员成为非正式组织的成员。

（6）关注相对独立的员工，经常与他们进行交流沟通。

第二节　组织结构设计

【本节任务】

了解影响组织结构设计的因素；理解组织结构设计应遵循的原则；掌握组织结构设计相关内容。

一、组织结构的含义、影响因素与设计原则

（一）组织结构的含义

组织结构是组织内的全体成员为实现组织目标，在工作中进行分工协作，通过职务、职责、职权及相互关系构成的结构体系。组织结构的本质是成员间的分工协作关系。组织结构的内涵是人们的责、权、利关系，因此组织结构又称为权责结构。

组织结构设计包括横向结构设计与纵向结构设计。横向结构设计主要解决管理与业务部门的划分问题，反映组织中的分工合作关系；纵向结构设计要解决管理层次的划分与职权分配问题，反映组织中的领导隶属关系。

组织结构设计的时机选择主要针对三种情况：一是新建组织需要进行组织结构设计；二是原来组织结构出现较大问题或组织目标发生变化；三是组织结构需要进行局部的调整和完善。

即问即答

在一家企业中，营销总经理负责市场部、营销部、广告部，营销总经理与三个部门之间的关系涉及组织结构基本框架设计的哪些方面？

（二）组织结构的影响因素

影响组织结构的因素很多，常见的有以下几个。

1. 组织战略

一个组织的组织结构是其实现战略的主要工具，不同的战略要求不同的结构。著名管理

学者钱德勒指出：战略决定结构，高度多样化的战略需要的就是分权式的结构。因为多样化经营战略意味着组织的经营内容涉及多方面，需要采用集权度较低的组织结构，才能从总体上推进多样化战略的实施；而单一经营战略则可选择集权度较高的组织结构。一个组织战略重心的调整，必然带来组织结构的调整。

2. 组织环境

环境因素可以从两个方面影响组织结构的设计，即环境的复杂性和环境的稳定性。稳定的环境允许组织采用较为刚性的、常规的组织结构。环境越复杂多变，则组织设计就越要强调适应性，要求采用更为灵活的、可调整的组织结构。

3. 组织的规模与生命周期

组织的规模大小影响管理控制的复杂性、组织的规范化程度、集权化程度等。组织规模小，组织结构简单，则管理控制较易、权力集中，往往采取集权程度高的组织结构；规模大的组织，制度建设完善，管理控制规范，组织结构复杂、管理层次多，从上到下的控制就会变得非常困难，因此就要求组织采用分权式的组织结构。

任何一个组织都是有生命周期的，美国学者奎因和卡梅隆认为企业生命周期分为四个阶段：产业阶段、集合阶段、规范化阶段、精细阶段。在每个阶段，企业都有与之相应的组织结构形式。各阶段的组织特征见表 5.1。

表 5.1 企业生命周期各阶段的组织特征

项目	产业阶段	集合阶段	规范化阶段	精细阶段
产品或服务	单一产品或服务	几种产品或服务	产品或服务系列化	提供多重产品或服务
规范化程度	非规范化	初步规范化	规范化	规范化
集权程度	个人集权	上层集权	有控制的分权	有控制的分权
奖励标准	凭个人印象	个人印象加考核制度	考核和激励制度	按小组考核
高层管理方式	个人家长制	激励忠诚，指明方向	有控制的授权	团队方式
企业目标	生存	成长	扩大市场	创造声誉，完善企业

4. 科学技术

科学技术是用来设计、生产和分销组织产品与服务的技能、知识、工具、机器、计算机和设备的结合体。

通常，一家企业应用的技术越复杂，对于管理者和员工来说，对技术进行严格控制或者有效调整就越困难。因此，技术越复杂，就越需要一种分权组织结构。这样，才能提高管理者应对突发状况的能力，给予他们充分的自由来想出解决问题的新方法。

相反，技术越常规，就越适合规范的常规组织结构，因为任务很简单，生产产品和服务所需要的步骤也是事先设定好的。

值得一提的是，由于现代信息技术的发展，大量工作部分或全部可以由计算机完成，组织内部的沟通愈发畅通，致使管理者的管理幅度加宽、管理层次减少，组织越来越呈现出扁平化趋势。

（三）组织结构设计的原则

国内外关于管理组织原则的论述很多，在此不逐一介绍。结合我国的实际情况，为最有效地配置组织各种资源，实现组织目标，必须遵循以下基本原则。

（1）目标任务原则。即组织设计时，必须从组织要实现的目标、任务出发，并为有效实现目标、任务服务，要因事设机构。

（2）专业分工与协作的原则。要按照专业化的原则设计部门和确定归属，同时要有利于组织单元之间的协作。

（3）指挥统一原则。组织的各级机构以及个人只能服从一个上级的命令和指挥，只有这样，才能保证命令和指挥的统一，避免多头领导和多头指挥。为此，管理要按照等级链、按照自己的系统进行，避免越级和越权行为的出现。

（4）有效管理幅度原则。每个管理者管理幅度大小的设计，必须确保实现有效控制。

思考与讨论

一个组织只能如此运作吗？

某一天，产科护士长王娜给医院的院长张楠打来电话，要求立即做出一项新的人事安排。从王娜急切的声音中，院长感觉到一定发生了什么事，因此要她立即到办公室来。5 分钟后，王娜递给了院长一封辞职信。

“张院长，我再也干不下去了，”她开始申诉，“我在产科当护士长已经四个月了，我简直干不下去了。我怎么能干得了这项工作呢？我有两个上司，每个人都有不同的要求，都要求优先处理。要知道，我只是一个凡人。我已经在尽最大的努力适应这种工作，但现在看来这是不可能的。让我举个例子吧。请相信我，这是一件平平常常的事。像这样的事情，每天都在发生。昨天早上 7:45，我来到办公室就发现桌上留了张纸条，是林萍（医院的护士主任）给我的。她告诉我，她上午 10 点钟需要一份床位利用情况报告，供她下午开会作汇报时用。我知道，这样一份报告至少要花一个半小时才能写出来。30 分钟以后，孙丽（王娜的直接主管，基层护士监督员，直属于林萍）走进来质问我为什么我的两位护士不在班上。我告诉她陈刚医生（外科主任）从我这要走了她们两位，说是急诊外科手术正缺人手，需要借用一下。我告诉她，我也反对过，但陈刚坚持说只能这么办。你猜，孙丽说什么？她叫我立即让这些护士回到产科部。她还说，一个小时以后，她会回来检查我是否把这事办好了！我跟您说，这样的事情每天都发生好几次的。一家医院就只能这样运作吗？”

请问：为什么会出现这种情况？这违背了什么原则？陈刚主任找王娜要护士属于越级还是越位？

视野拓展

扫描二维码，阅读《组织管理中常见的五大问题》一文。

（5）集权和分权相结合的原则。将适度权力集中与放权于基层有机结合起来。

（6）责权利相结合原则。要使每一个组织单元或职位所拥有的责任、权力和利益相匹配。

（7）稳定性和适应性相结合原则。既要保证组织的相对稳定，又要在目标或环境变化情况下能够适应或及时调整。

（8）决策执行和监督机构分设的原则。为了保证公正和制衡，决策执行机构和监督机构必须分别设置。

（9）精简高效原则。机构既要精简，又要保证效率。

二、组织横向结构设计

组织横向结构设计的主要工作是部门划分，部门划分就是根据每个职务所从事的工作内容和相互间的关系，把相近的工作归为一类，将一类工作组合成相应的管理单元，并组成相应的机构或单位。部门是组织系统有机运转的细胞与基础。部门划分的目的，在于确定组织中各项任务的分配与责任的归属，以求分工合理，职责分明，有效达到组织目标。部门划分要根据组织环境、活动特点进行，并随其变化进行相应的调整。

> **思考与讨论**
>
> 第二章最后一个“思考与讨论”提到“59岁现象”，结合类似案例讨论出现“59岁现象”的企业中，在组织设计上违背了什么原则。

部门划分应遵循以下几项原则。

（1）有效实现组织目标的原则。部门划分必须将有利于组织目标实现作为出发点和归宿。

（2）专业化原则。按专业化分工，将相似职能、产品、业务汇集到一个部门中。

（3）满足社会心理需求的原则。划分部门切忌过度专业化，因为这样容易使人产生厌倦情绪、疲劳感和压力，应按照现代工作设计原理，使员工工作实现丰富化、扩大化，尽可能使其对自己的工作感到满意。

（一）部门划分的方法

部门划分的方法较多，常用的有以下几种方法。

1. 按人数划分

当某项工作必须由若干数量的人一起劳动才能完成时，可以按照人数的多少来划分部门。部门按人数划分的方法是最原始、最简单的划分方法，军队中的师团、营即为此种划分方法。这种方法考虑的仅是人力，因此，在现在高度专业化的社会有逐渐被淘汰的趋势。

部门按人数划分的方法主要适合于某些技术含量低的组织。

> **即问即答**
>
> 学校里的班级是按什么标准划分的？

2. 按时间划分

部门按时间划分是指将人员按时间进行分组，即倒班作业。在一些需要不间断工作的组织中，由于经济和技术的需要，常按时间来划分部门，采取轮班作业的方法。其特点是可以保证工作的连续性。

这种划分方法通常适用于生产经营一线的基层组织。

3. 按职能划分

部门按职能划分是把属于同一性质的工作任务或职能编在一起形成一个部门。如企业的主要职能部门是生产、营销、财务、人事等部门。这种划分方法的优点在于可以提高专业化水平、强化专业职能，减轻了上级主管承担最终成果的压力，有利于上层加强宏观控制；缺点是容易形成思维定式，容易形成部门主义，增加了部门协调的难度。

这种方法较多应用于管理或服务部门划分。

> **即问即答**
>
> 四川长虹股份有限公司下设有空调事业部、电池事业部、太阳能事业部等事业部，这种部门的划分是按什么方法设置的？

4. 按产品划分

部门按产品划分是指按产品或产品系列来划分部门。这种划分的优点是：可以专注某种产品的生产，做大、做优；可以形成内部以利润为目标的责任中心，有利于内部竞争、责任承担；容易适应产品或劳务的迅速发展；为"多面手"组织高层培养创造了场所。其缺点是：需要更多的多面手的管理人才，比较难以实现；容易产生部门本位利益，影响整体目标实现；会造成管理机构重叠，管理费增加。

这种方法主要适用于制造、销售和服务等业务部门。

5. 按地区划分

部门按地区划分是指把某个地区或区域内的业务工作集中起来，委派一位管理者或一个部门去完成。其优点是：可以根据本地区需求灵活调整产品或服务，更好适应市场；就地组织生产和销售，可以降低物流成本；可以调动各个地区的积极性，改善地区活动的协调。缺点是：需要多面手式的管理人员，管理控制难，也存在结构重叠、管理费增加等问题。

这种方法主要适用于空间分布很广的企业生产经营业务部门。

6. 按服务对象划分

部门按服务对象划分是指根据服务对象或顾客来划分各个部门。其最大优点就是可以针对各类服务对象的不同要求提供针对性强、个性化的服务；缺点是成本增加，有时会引起不同服务对象的反感。

这种方法主要用于服务对象差异大，对产品与服务有特殊要求的企业。

7. 按工艺过程（设备）划分

部门按工艺过程（设备）划分是指把完成任务的生产工艺过程分成若干阶段，以此来划分部门，或按使用的大型设备来划分部门。这种划分的优点是：可以充分发挥专业化的优点；可以充分、有效地利用专业设备，使设备的维修、保管以及材料供应更为方便，同时也为发挥专业技术人员的特长以及为上级主管的监督管理提供了方便。缺点是各部门沟通协作困难，不利于全面管理人才的培养。

这种划分方法主要适用于生产制造企业、连续生产性企业、交通运输企业等。

（二）部门职责委派

部门划分还涉及各项具体业务工作的分配、部门职责的委派等问题。职责委派、任务分配的一个最基本的依据就是按业务工作的类似性分配任务，这就需要对业务工作的一些项目进行分类，把从事类似业务工作的人集中到一个部门，从而实现职务专业化。同时，分派责任时应考虑彼此联系的密切程度。有时根据工作需要，也可以将多种性质的业务工作集中到一个部门，但这些必须是有着密切联系的，以便能最有效地进行工作。在向各部门委派职责时，应注意防止发生下列问题。

（1）重复。把组织运行及管理的同类问题同时委派给不同机构，使他们都有解决问题的权力和责任，这就会发生职责上重复，也等于机构设置的重复。这样一旦发生问题，几家来回"扯皮"，相互推诿，谁都有责，谁都不负责，问题反而难以解决。如果有的特殊问题需要几个部门协作解决，那么，将该职责授予几个部门的时候，必须明确划清各自的权限和职责范围，并确定牵头部门，协调处理问题。最好的方法是将相关职责设置于一个综合管理部门。

（2）遗漏。如果对于某项基本的例行工作，任何机构都没有把它列为自己的工作职责，这就发生了职责的遗漏，出现有事无人管的现象，这就必然影响组织目标的实现和工作的正常进行。即使是例外工作，当遗漏发生时，也应及时将其委派给有关部门作为例行职责。

（3）不当。不当是指将某项职责委派给了不适合完成这一职责的部门。每个机构都有其基本的职能，以及有助于完成这一职能的条件。因此，对于某一具体工作，总有某一个部门能利用其有利条件更好地加以完成，所以，应将工作交给能最有效解决这一问题的部门去完成。

思考与讨论

我国全面推行河长制

2016年12月，中共中央办公厅、国务院办公厅印发了《关于全面推行河长制的意见》，截至2018年6月底，31个省区市已全面建立河长制。为什么要推行河长制？随着经济发展，河流的污染日益加剧，河流污染的治理涉及多个部门，往往跨了不同行政区域，河流上下游、河流两岸行政管理部门、责任部门往往各不相同，出了问题相互推诿，你方治理，我方排污，治理缺乏整体效果。推行河长制，一个河流区域由一个行政首长负责，责任明确，行政首长负责协调区域内各部门齐抓共管，共同治理河流，就可以起到对河流的保护作用。

请问：请读者收集相关资料，讨论推行河长制的原因。

三、组织纵向结构设计

组织纵向结构设计中主要关心管理幅度、管理层次和组织职权的配置。

（一）管理幅度与管理层次

1. 管理幅度

管理幅度又称管理跨度，是指组织中一名上级主管能够直接有效地管理下属成员的数量。管理幅度的大小，实际上反映着上级管理者直接控制和协调业务活动量的多少。

2. 管理层次

管理层次是指一个组织内部从最高一级管理组织到最低一级管理组织所设立的行政等级的数目。一个组织集中着众多的员工，作为组织主管，不可能对每一个员工直接进行指挥和管理，这就需要设置管理层次，逐级地进行指挥和管理。

3. 管理幅度与管理层次的关系

管理层次受到组织规模和管理幅度的影响。管理层次与组织规模成正比，组织规模越大，则管理层次越多；在组织规模已定的情况下，管理层次与管理幅度成反比，也就是管理幅度越宽，层次越少，其管理组织结构的形式成扁平型。相反，管理幅度越窄，管理层次就越多，其管理组织结构的形式呈金字塔型。这两种典型的组织结构形态各有优缺点。

扁平型组织结构的优点是：由于管理的层次少，上下联系渠道缩短，有利于信息沟通，并可减少信息传递失真；管理机构减少，可以减少管理人员和管理费用，有利于提高管理指挥效率；由于扩大下级管理权限，有利于调动下级人员的积极性、主动性和锻炼与提高下级人员的管理能力。扁平型组织结构的缺点是：过大的管理幅度会增加主管对下属监督与协调控制的难度；使领导者易陷于复杂的日常事务之中，没有时间和精力搞好有关组织长远发展的、事关全局的战略管理；下属也会缺少更多的晋升机会。

金字塔型组织结构的优点是：管理层次少，管理幅度小，利于上级对下属进行及时的指导和控制；层级之间的关系比较紧密，有利于工作任务的衔接；下属有了更多提升机会。金字塔型组织的缺点是：影响了信息传递的速度，信息失真度大；会增加管理费用，使协调工作量增加，互相扯皮的事情会层出不穷，增加了管理的复杂性。

至于组织究竟采取扁平型还是金字塔型组织结构，主要取决于组织规模的大小和组织领导者的有效管理幅度等因素。因为在管理幅度不变时，组织规模与管理层次成正比。规模大、层次多，呈金字塔型结构；反之，规模小、层次少，呈扁平型结构。但总的来讲，组织结构的扁平化是一种普遍趋势，这反映了对人的尊重与重视。

（二）影响管理幅度的因素

根据许多管理学家所进行的大量实证研究可知，影响管理幅度的因素主要有以下几个。

（1）计划制订的完善程度。事先有良好、完整的计划，工作人员都明确各自的目标和任务，清楚自己应从事的业务活动，则主管人员就不必花费过多的精力和时间进行指导和纠正偏差，那么主管人员的管辖幅度就可以大一些，管理幅度大，管理层次就相对少一些；反之，计划不明确、不具体，就会限制一个管理人员的管辖范围，管理幅度就相对较小。

（2）工作任务的复杂程度。若主管人员经常面临的任务较复杂，解决起来较困难，并对企业活动具有较大影响，则他直接管辖的人数不宜过多；反之，可增大管理幅度。

（3）员工的经验和知识水平。当管理人员的自身素质较强，管理经验丰富时，在不降低效率的前提下，可适当增加其工作量，加大管理幅度；同样，下属人员训练有素、工作自觉性高时，也可采用较大的管理幅度，让他们在更大程度上实行自主管理，发挥创造性。

（4）完成工作任务需要的协调程度。如工作任务要求各部门或一个部门内部协调程度高，则应减少管理幅度，以较为高耸的结构为宜。

视野拓展

有关组织结构的纵向设计，读者可参阅《诸葛孔明谋臣术缺失——关于管理幅度的故事》一文。

（5）组织信息沟通的状况。如果组织沟通渠道畅通、通信手段先进、信息传递及时，可加大管理幅度。

（6）管理者的水平和管理手段的先进程度。管理者水平高、管理手段先进，则管理幅度可大些；否则，就可小些。

（7）不同管理层次和工作性质。①不同管理层次。管理者的工作在于决策和用人。处在管理系统中的不同层次，决策与用人的比重各不相同。决策的工作量越大，主管用于指导、协调下属的时间就越少，而越接近组织的高层，主管人员的决策职能越重要，所以其管理幅度要较中层和基层管理人员小。②下属工作的相似性。如下属从事的工作内容和性质相近，则对每人工作的指导和建议也大体相同。这种情况下，同一主管对较多下属的指挥和监督是不会有什么困难的。③非管理事务的多少。主管作为组织不同层次的代表，往往必须占用相当长的时间去处理一些非管理性事务。这种现象对管理幅度也会产生消极的影响。

（8）组织环境变化的剧烈程度。组织环境稳定与否会影响组织活动内容和政策的调整频度与幅度。环境变化越快，变化程度越大，组织中遇到的新问题越多，下属向上级的请示就越有必要、越频繁；相反，上级能用于指导下属工作的时间和精力却越少，因为他必须花更多的时间去关注环境的变化，考虑应变的措施。因此，环境越不稳定，各层主管人员的管理幅度越受到限制。

（三）组织职权的配置

组织在确定了各部门职位、设置好管理层次后，就要考虑如何满足组织设计的系统化效果，也就是如何使整个组织结构有效运行。这就涉及组织职权的配置，要根据不同管理层次、各部门及每个人职责的不同赋予其职权，使他们具有完成组织任务相应的权力。职权是指由于占据组织中的职位而拥有的权力。与职权相对应的是职责，是指担当组织职位而必须履行的责任。职权是承担职责的必要条件与手段，职责则是行使权力所要达到的目的。在组织内，最基本的信息沟通就是通过职权关系来实现的。通过职权关系上传下达，使下级按指令行事，上级及时得到反馈信息，进行有效的控制，做出合理的决策。职权的配置主要需处理好以下两个方面的问题。

1. 三种职权的处理

组织内的职权有直线职权、参谋职权和职能职权三种类型。

（1）直线职权。直线职权是指给予一位管理者指挥其下属工作的权力，也就是使其具有指挥权和决策权。直线关系是一种指挥与命令的关系，是上级指挥下级的关系。正是这种上级－下级职权关系从组织内的最高层贯穿到最低层，从而形成所谓的指挥链。在指挥链中，拥有直线职权的管理者均有权指导下属人员的工作，并无须征得他人意见而做出某些决策。直线职权是组织中一种最基本、最重要的职权，缺少了直线职权的有效行使，整个组织的运转就会出现混乱，甚至陷于瘫痪。

（2）参谋职权。参谋职权是指管理者拥有某种特定的建议权或审核权，可以评价直线方面的活动情况，进而提出建议或咨询。参谋关系则是一种服务和协助的关系，授予参谋人员的是思考、筹划和建议的权力。参谋职权的产生是由于组织规模不断扩大，使得直线管理者所面临的管理问题日益复杂，因此仅凭直线人员个人的知识和经验已显得很不够，于是需要借助参谋职能来支持、协助，为他们提供建议，帮助他们行使直线指挥权力。

（3）职能职权。职能职权是指参谋人员或某个职位、某个部门所拥有的原属直线主管的那部分权力。随着管理活动的日益复杂，主管人员不可能通晓所有的专业知识，为了提高管理效率，主管人员可能将职权关系做某些变动，把一部分本属自己的直线职权授予参谋人员或某个部门的主管人员，这便产生了职能职权。职能职权介于直线职权和参谋职权之间，是一种有限的权力，只在被授权的职能范围内有效。职能职权是组织职权的一个特例，例如一家公司的总经理具有统揽全局的职权，他为了节约时间，加速信息的传递，就可能授权财务部门直接向生产经营部门的负责人传达关于财务方面的信息和建议，也可能授予人事、采购、公共关系等部门一定的职权，让其直接向直线组织发布批示，等等。

> **即问即答**
>
> 过去在军队里有个俗语“参谋不带长，放屁都不响”，为什么？在这里参谋是什么类型的职权？

2. 处理好三种职权的关系

直线人员与参谋人员本质上是一种职权关系，而职能职权介于直线职权与参谋职权之间。从理论上来说，直线与参谋的关系应该是参谋人员作为助手而为直线管理人员服务，这样能保证更好的工作效率。但在实际上，直线职权与参谋职权、职能职权之间往往会发生矛盾，通常表现为以下两种倾向。

（1）虽然保持了命令的一致性，但参谋、职能作用不能充分发挥。当参谋人员喋喋不休地向直线管理人员提意见时，直线管理人员会认为参谋干扰了自己的工作，因此会对参谋人员不满，这样就会对直线人员失去约束力。

（2）参谋作用发挥不当，破坏了直线人员的统一指挥。有些参谋人员对下级的一些低层管理者发号施令，造成下级人员没有受到统一指挥而是被多头领导。

在管理工作中，应处理好这三种职权之间的关系。具体要求如下。

（1）注意发挥参谋职权的作用。从直线与参谋的关系看，参谋是为直线主管提供信息，出谋划策，配合主管工作的。此外，发挥参谋作用应注意以下几点。

第一，参谋应独立提出建议。参谋人员多是某一方面的专家，应让他们根据客观情况提建议，而不应该左右他们的建议。为了提高建议的科学性，直线人员应该给参谋人员提供较多的信息，参谋人员也该加强调研，提高建议的科学性、可行性。

第二，直线主管不为参谋左右。参谋应多谋，直线应善断。直线主管应充分尊重参谋人员的专业地位，认真对待参谋的意见和建议，但要切记，直线主管是决策者。二者之间的关系是“参谋建议、直线命令”的关系。

（2）适当限制职能职权。限制职能职权的使用，要求做到以下两点。

第一，限制使用的范围。职能职权的作用常限于解决“如何做”“何时做”等方面的问题，若无限扩大到“在哪儿做”“谁来做”“做什么”等方面的问题，就会削弱直线人员的作用。

第二，限制使用的级别。职能职权不应越过上级下属的第一级。如人事科长或财务科长的职能职权不应越过生产经理这一级。

3. 集权与分权的含义与标志

集权与分权研究的是组织结构特别是纵向管理系统内的职权划分问题，是指组织中决策权的集中与分散。所谓“集权”，即职权的集中化，也就是指决策权在很大程度上向处于较高管理层次的职位集中的组织状态和组织过程。所谓“分权”，即职权的分散化，也就是决策权在很大程度上分散到处于较低管理层次的职位上。

在一个组织中，绝对的集权或绝对的分权都是不可能的。绝对的集权就是最高主管把所有的权力都集中在自己手里，这就意味着他没有下属，因而也就不存在组织；绝对的分权就是最高主管不再有任何职权，这样他就不再是领导者，也就不存在完整的组织了。因此，某种程度的分权和某种程度的集权，对组织都是必要的。

集权与分权在组织中只是一个程度问题，衡量集权与分权的标志主要有以下几种。

（1）决策的数量。组织中较低管理层次做出的决策数量越多，则分权的程度越高；反之，上层决策数量越多，则集权程度越高。

（2）决策的范围。组织中较低层次决策的范围越广，涉及的职能越多，则分权程度越高。

（3）决策的重要性。若较低层次做出的决策越重要，影响面越大，则分权程度越高；相反，如下级做出的决策越不重要，影响面越小，则集权程度越高。

（4）决策的审核。组织中较低层次做出的决策，上级要求审核的程度越低，分权程度越高；如果做出的决策上级要求审核的程度越高，则分权程度越低。

4. 影响集权与分权的因素

影响集权与分权的因素主要有以下几种。

（1）决策的代价。决策付出代价的大小，是决定集权与分权程度的主要因素。一般来说，从经济标准和诸如信誉、士气等无形标准来衡量的决策，其代价越高，越不适于交给下层决

（2）政策的一致性。如果希望保持政策的一致性，那么集权程度就应高些；如果希望政策不一致，那么分权的程度就应高些。

（3）组织的规模。组织规模越大，管理层次和管理部门越多，为了提高管理效率，分权程度就应高些；相反，如果组织规模较小，集权程度就应高些。

（4）组织的成长方式。如果组织是靠组织内部积累，由小到大逐级发展起来的，则集权程度较高；若组织是由并购或联合发展起来的，则分权程度较高。

（5）管理哲学。主管人员的个性和他们的管理哲学，对组织的集权与分权的程度影响较大。

（6）管理人员的数量及素质。如果管理人员数量充足、经验丰富、训练有素、管理能力强，则可较多地分权；反之，趋向集权。知名国际战略管理顾问林正大说："授权就像放风筝，部属能力弱，线就要收一收，部属能力强了就要放一放。"

（7）控制技术与手段。如果控制技术与手段比较完善，主管人员对下属的工作和绩效控制能力强，则可较多地分权。

（8）经营环境条件和业务活动性质。环境稳定，采用集权的方式较好；反之，则采用分权的方式较好。

视野拓展

集权与分权关系的处理

集权与分权是一个组织设计时最重要的问题，在处理这两者的关系时要做到以下四点。

第一，关键问题要大权独揽，上令下达，不让组织走错路。

第二，事务性问题要小权分散，各司其职。

第三，疑人不用，用而有度，权衡利弊，依事择人。

第四，用人不疑，信任下属，不听谗言，不滥加干涉。

5. 集权与分权的优劣势分析

在一个组织中，过分的集权与分权都是有害的。

集权的优势主要体现在可以提高行政的效率，使组织总体政策高度统一，达到决策执行的高效率与组织的高稳定性。但其也存在一些弊端，表现在以下三个方面。

（1）降低决策的质量和速度。在规模相对较大的组织中，高层主管距离组织运行第一线现场较远，如果管理权力过于集中，现场发生的问题需要经过层层请示汇报后由高层人员做出决策，这样的决策不仅难以保证其应有的准确性，时效性也将受到影响，会贻误战机。

（2）降低组织的适应能力。过分集权的组织，可能使各个部门失去自我适应和自我调整的能力，从而削弱组织整体的应变能力；致使高层管理者陷入日常管理事务中，使其难以集中精力处理企业发展中的重大问题；降低组织成员的工作热情，并妨碍对后备管理队伍的培养。

（3）挫伤下层人员的积极性，不利于组织的长远发展。管理权力的高度集中，不仅会挫伤下层管理人员和作业人员的工作主动性与创造性，而且也使他们丧失了在实践中锻炼和提高自己能力的机会，缺乏思想参与的权利，久之会使其产生思想依赖，失去思考能力，从而可能对组织的长远发展造成不利的影响。

对组织的长远发展造成不利的影响。

管理故事

管理是让别人干活的艺术

哈默有这样一个客户：当他在自己的办公室时，除了要与客户电话联络外，还要处理公司大大小小的事情，桌子上有一大堆文件等着他去处理，他每天都忙得不可开交。

哈默每次到加利福尼亚州出差，都要约他在早上6:30见面，他必然会提前三个小时起床，处理公司转来的传真，然后再将传真回送给公司。哈默曾与他谈论，觉得他做得太多，而他的员工只做简单的工作，甚至不必动脑筋去思考，也不必承担任何责任与风险。像他这种做法，好的人才不可能长期留下来。

而这位客户说，员工没有办法做得像他一样好，对此，哈默向他说明两点："第一，如果你的员工像你这么聪明，做得和你一样好的话，那他们就不必当你的员工，早就当老板了；第二，你从不给他们机会去尝试，怎么知道他们做得不好呢？"

他进而又说："身为领导者，就必须明白：请别人为你做事，你才可能从他们当中发现有才能的人。给他们机会，为你完成更多的工作，也可以说是在训练他们承担额外的工作。所以，作为管理者，不可能什么事都自己做，因此必须用心栽培值得你信赖的有潜力的员工，耐心地教导他们。刚开始的学习阶段，难免发生错误，致使公司蒙受损失，但只要损失不是太大，不会动摇公司的根本，就把它当作训练费用。你一定要脱身去处理首要的事情，因为它可能关乎整个企业的前途。适时放手，让你身边的人承担责任，并考核他们的表现。当他们圆满地完成工作时，就要让他们知道自己做得不错。"

在哈默的劝说下，这位客户改变了自己的工作方法，学会了放权让有能力的员工去处理事情，最终他的公司取得了相当不错的业绩。

点评：企业的发展壮大不能光靠一个或几个管理者，必须依靠广大员工的积极努力，借助他们的才能和智慧，群策群力才能逐步把企业推向前进。再能干的领导也要借助他人的智慧和能力，这是确定无疑的。

分权的优势体现在以下几方面：①可以使组织高层脱离繁杂的日常事务，更好地考虑组织的战略事宜；②可以快速、有效地应对市场变化，部门或个人作为相对独立的个体，会有更高的工作热情与更好的应变能力，在市场中会更加灵活地采取应对行动，以提高市场竞争力；③有利于培养后备管理者。

分权也有其弊端，主要表现在以下几方面：①过分分权容易造成部门本位利益思想严重，行动缺乏协调，缺乏从组织整体利益进行考虑，会影响组织整体利益；②部门权力太大，容易造成管理失控、命令失效，统一指挥难以实现；③高层领导协调难度加大。

管理故事

我只管三个人

美国的艾森豪威尔将军曾是第二次世界大战中的盟军指挥官。在诺曼底登陆之前，一次他在英国打高尔夫球，新闻记者采访他："前线战事紧急，你怎么还有心情在这里打球啊？"艾森豪威尔说："我不忙，我只管3个人：大西洋的蒙哥马利，太平洋的麦克阿瑟，喏，还有在那里捡球的马歇尔。"其实艾森豪威尔手下有百万大军。

启示：作为高层管理者要善于授权，这样既锻炼了下属，有利于下属成长，自己又可以集中精力思考组织发展的大事。

6. 授权的含义与原则

分权可以通过两种途径来实现：一是改变组织设计中对管理权限的制度分配；二是促成主管人员在工作中充分授权。管理者的授权行为是促进组织达到分权状态的重要环节。

所谓授权，是指上级把自己的职权（主要指决策权）授给下属，使下属拥有相当的自主权和行动权。

授权的本质含义就是：管理者不要去做别人能做的事，而只做那些必须由自己来做的事。任何一个管理者，其时间、精力、知识和能力都是有限的，一个人不可能事必躬亲去承担实现组织目标所必需的全部任务。授权可以使管理者的能力在无形中得以延伸。真正的管理者必须知道如何有效地借助他人的力量去实现组织的目标。

管理故事

成功的企业管理者都熟谙授权之道

詹森维尔公司是一个美国式家族企业，规模不大，但自从 1985 年下放权力以来，企业发展相当迅速。其首席执行官（CEO）斯达尔的体会是："权力要下放才行。一把抓的控制方式是一种错误，最好的控制来自人们的自制。"

斯达尔下放权力的主要手段是由现场工作人员来制定预算。刚开始时，整个预算过程是在公司财务人员的指导下完成的。后来，现场工作人员学会了预算，财务人员要做的就只是把把关了。在自行制定的预算指导下，工作人员自己设计生产线。需要添置新设备时，他们会在报告上附上一份自己完成的现金流量分析，以证明设备添置的可行性。

为了让每一位员工更有权力，斯达尔撤销了人事部门，成立了"终身学习人才开发部"，支持每一位员工为自己的梦想而奋斗。另外，每年向员工发放学习津贴，对学有成效的员工，公司还发给奖学金。自从实行权力下放以来，公司的经营形势非常好，销售额每年递增 15%，比调资幅度高出整整一倍。

点评：善于授权才能调动下属的积极性，才能有利于对下属的培养。

为了使授权取得良好的效果，需要灵活运用以下几个原则。

（1）适当原则。为达到某一目标，应通过一定程序进行一定限度内的授权。

（2）责任原则。授权的同时要明确下属的责任，也就是带责授权。

（3）可控原则。授权不仅要适当，还要可控。

（4）信任原则。领导者对将要被授权的下属一定要有充分的了解和考察，一旦授权就要对下属予以充分信任，即"疑人不用，用人不疑"。

（5）考绩原则。领导者授权后，就要定期对下属进行考核，对下属的用权情况给予客观的评价，并将其与下属的切身利益结合起来。

7. 授权的方式

授权是一种带有权变色彩的行为，要因时、因地、因人制宜。站在不同的角度，根据不同的标准，可以将其分成不同的类型。

根据在授权时所采用的方式的不同，可以将授权分为口头授权与书面授权。

（1）口头授权，是上级领导利用口头语言对下属所做的工作交代，或者是上下级之间根据会议所产生的工作分配。这种授权形式一般适合于临时性与责任较轻的任务。

（2）书面授权，是上级领导利用文字形式对下属工作的职责范围、目标任务、组织情况、等级规范、负责办法与处理规程等进行明确规定的授权形式。这种授权形式适合比较正式与长期的任务。

根据授权的规范性程度的不同，可将领导授权分为正式授权与非正式授权。

（1）正式授权是领导主体根据法律规定并按照法定程序所进行的授权活动，即下属人员根据其合法地位获得相应职权的过程。

（2）非正式授权是指无法律特别规定或组织体系之外的非程序性授权，带有随机性，视机遇与需要而定，往往是临时性的。

根据工作内容的重要性程度、上下级的水平与能力等综合情况，可将领导授权分为充分授权、不充分授权、制约授权和弹性授权等形式。

（1）充分授权也叫一般授权，是指上级行政主体在下达任务时，允许下属自行决策，并能进行创造性工作。

（2）不充分授权，也称为特定授权或刚性授权，是指上级行政主体对于下属的工作范围、内容、应达成的目标和完成工作的具体途径等都有详细规定，下级行政主体必须严格执行这些规定。

> **即问即答**
>
> 在财会工作中必须坚持会计与出纳分设，这种授权属于什么授权方式？

（3）制约授权，又叫复合授权，是指上级行政主体将某项任务的职权分解授给两个或多个子系统，使子系统之间产生互相制约的作用，以免出现疏漏。

（4）弹性授权，又称动态授权，是指在完成任务的不同阶段采用不同的授权形式。

8. 授权的步骤

简单授权没有必要划分步骤，而较为规范的授权可以划分为以下几个步骤。

（1）明确责任。授权就是让下属分担责任，而责任就是工作任务。领导者要为下属清晰地解释任务的内容，明确地划分责任中心，使下属在工作中做到不相互推诿扯皮。明确工作任务后，就要向下级指明完成任务后应取得哪些预定结果，达到什么预期目标。

（2）授予权力。领导者要将完成任务、实现目标所需的相应类型和程度的权力授给下属。要做到权责对等，并使尽责与一定的利益挂钩。

（3）监控与考核。在授权过程中，即下级运用权力推进工作的过程中，要以适当的方式与手段，进行必要的监控，以保证权力的正确运用与组织目标的实现。在工作任务完成后，要对授权效果、工作实绩进行考核与评价。

> **思考与讨论**
>
> 古狄逊定理认为：一个累坏了的管理者，是一个最差劲的管理者。结合本节所学知识，讨论如何避免这种情况发生。

第三节　组织结构的类型

【本节任务】

对各种组织结构形式的优缺点有所知晓；通过学习能够判断所遇到的组织结构类型。

组织结构形式是管理组织结构设计的结果。一个组织纵横结构设计完成，通过机构、职位、职责、职权及它们之间的相互关系，实现纵横结合，可以组成不同类型的组织结构。不同的组织结构适合不同的条件。在一定的条件下，每一种合理的组织结构都有其优越性，而当条件发生变化时，就会逐渐失去其合理性。所以，组织结构是随着生产力和社会的发展而不断发展的。最佳的组织结构，是最适合组织存在的特定条件的结构。著名的管理大师彼得·杜拉克（Peter Drucker）称“合理的组织结构是企业的效率之源”。

视野拓展

推荐读者阅读《管理人员怎样授权 101 招》一文，加深对授权方式方法的了解。

一、直线制

直线制是一种最早、最简单的组织形式。它是指企业各级行政单位从上到下实行垂直领导，下属部门只接受一个上级的指令，各级主管负责人对所属单位的一切问题负责（见图 5.1）。

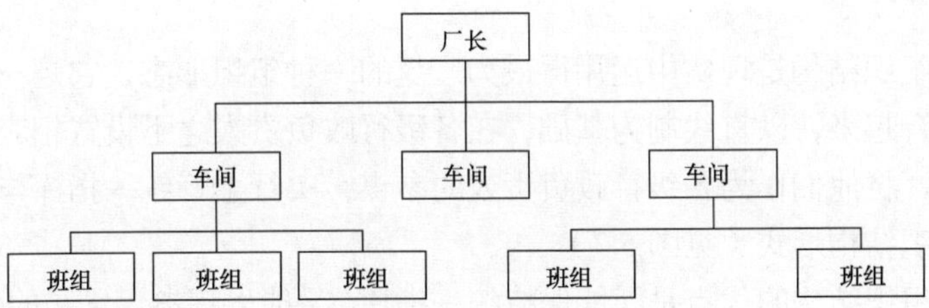

图 5.1　直线制组织结构

直线制组织结构的特点是：每个主管人员对其直接下属有直接职权；下级只能向自己的直接上级报告；主管人员在其管辖的范围内，有绝对的职权或完全的职权。

直线制组织结构的优点是：结构比较简单，职责明确，命令统一，协调起来比较容易和迅速。

直线制组织结构的缺点是：它要求行政负责人通晓或具备多种知识和技能，能亲自处理各种业务。在业务比较复杂、企业规模较大的情况下，把所有管理职能都集中到最高主管一人身上，显然是令其难以胜任的。

这种组织结构类型只适用于规模较小、生产技术比较简单的企业。

二、职能制

职能制组织结构是指各级行政单位除主管负责人外，还相应地设立一些职能机构，协助主管负责人从事职能管理工作。这种结构要求行政主管把相应的管理职责和权力交给相关的职能机构，各职能机构有权在自己的业务范围内向下级行政单位发号施令（见图 5.2）。

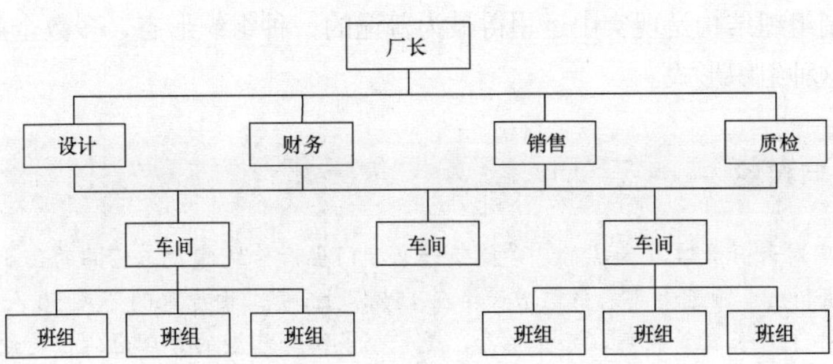

图 5.2　职能制组织结构

职能制组织结构的优点是：能适应现代化工业企业生产技术比较复杂、管理工作比较精细的特点；行政组织按职能或业务性质分工管理，选聘专业人才，能充分发挥职能机构的专业管理作用，减轻直线领导人员的工作负担，利于业务专精、提高专业管理水平；同类业务划归同一部门，职有专司、责任确定，有利于建立有效的工作秩序、防止顾此失彼和互相推诿。

职能制组织结构的缺点是：由于多头领导，妨碍了组织的统一指挥，易造成管理混乱，不利于明确划分职责与职权；各职能机构往往不能很好地配合，横向联系差；在科技迅速发展、经济形势日益复杂的情况下，对环境发展变化的适应性差；强调专业化，使主管人员忽略了本专业以外的知识，不利于培养上层管理者。

由于这种组织结构形式具有明显的缺陷，因此现代企业一般都不再采用。

三、直线职能制

直线职能制组织结构是现实中运用得最为广泛的一种组织形态，它是一种把直线制结构与职能制结构结合起来，以直线制为基础，在各级行政负责人之下设置相应的职能部门，分别从事专业管理，将他们作为各级行政负责人的参谋，实行主管统一指挥与职能部门参谋、指导相结合的组织结构形式（见图 5.3）。

直线职能制组织结构的优点是既能保持统一指挥，又能发挥参谋人员的作用；分工精细，责任清楚，各部门仅对自己应做的工作负责，效率较高。

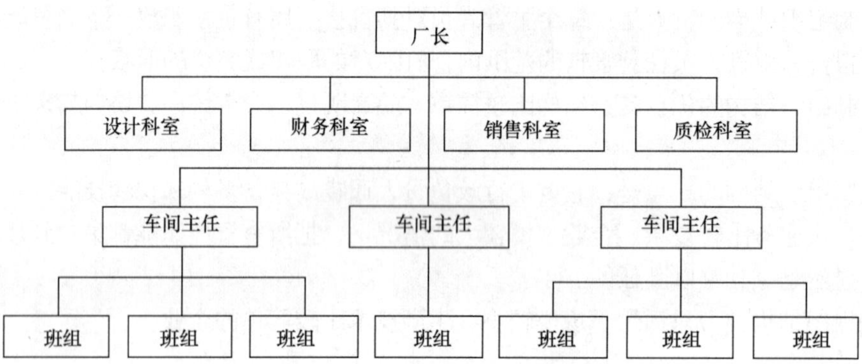

图 5.3　直线职能制组织结构

直线职能制组织结构的缺点是部门间缺乏沟通，协调工作较多；容易发生直线部门与职能部门（参谋部门）职权冲突；难以从组织内部培养熟悉全面情况的管理人才；系统刚性大，适应性差。

直线职能制组织结构是现实中运用得最为普遍的一种组织形态，多数企业和一些非营利组织经常采用这种组织形式。

思考与讨论

伴随着我国对外开放政策的实行，景德镇一家专门生产传统陶瓷工艺品的企业逐渐发展壮大起来。其销售额和出口额近十年来平均增长率在15%以上，员工由原来的不足50人增加到了1000人。企业一把手王厂长既管销售，又管生产，是一个多面全能型的管理者。但是最近发生的一系列事情却让王厂长感到力不从心。

其一，生产基本按订单进行，厂长平时只需传达生产指令。遇到交货时间紧时，厂长带头，与员工挑灯夜战。虽然能按时交货，但质量不过关，产品被退回，并被要求赔偿。

其二，以前规模较小，招聘人数少，所以王厂长一人就可以轻松决定。现在每年要招50多位大中专毕业生，还要进行人员培训、绩效分配等。王厂长发现，无论时间、精力还是业务能力，自己都已经跟不上公司的发展需要了。

其三，过去总是王厂长临时找人做后勤工作，现在这方面的工作太多，再临时找人去做，往往完成不了或完成不好。

其四，市场竞争更加激烈，随着电子商务、跨境电商等的发展，不懂信息技术的王厂长对此感到无能为力。

讨论：这个企业是什么样的组织结构？它存在哪些问题？应该如何改进？

四、事业部制

所谓事业部制结构，就是在企业内按产品、地区或市场（顾客）分别成立若干事业部。事业部制是在总公司集中领导下进行分权管理的一种组织形式（见图5.4），是指在一家企业内对拥有独立产品市场、独立责任利益的部门实行分权管理。

事业部制组织结构是由美国的斯隆在20世纪20年代初担任美国通用汽车公司副总经理时研究和设计出来的，故被称为“斯隆模型”。

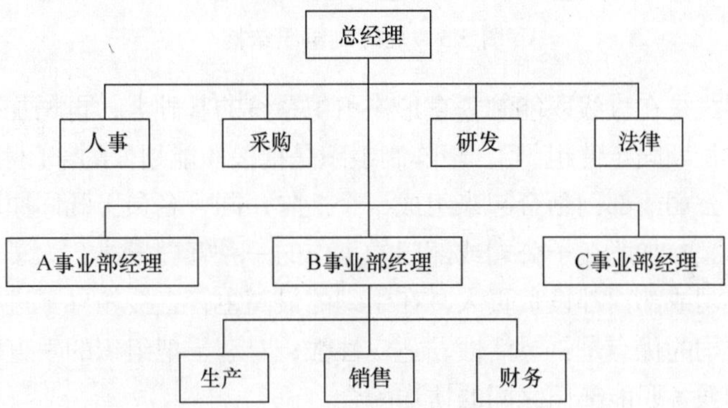

图5.4　事业部制组织结构

事业部制组织结构的管理原则是“集中政策，分散经营”，即在集中领导下进行分权管理。企业按产品、地区或经营部门分别成立若干个事业部。该项产品或地区的全部业务，从产品设计直到产品销售，全部由事业部负责。各事业部实行独立经营、单独核算。高层管理者只保留人事决策、财务控制、规定价格幅度以及监督等大权，并利用利润等指标对事业部进行控制。事业部的经理根据企业最高领导的指示进行工作，统一领导其所管的事业部和研制、技术等辅助部门。

事业部制组织结构的优点是把事业部作为利润中心，责权利划分明确，便于考核，便于核算每个事业部的贡献；按产品划分事业部，便于组织专业化生产，形成经济规模；采用专用设备，有利于提高劳动生产率和企业经济效益；各事业部之间可以有比较、有竞争，有利于增强企业活力，促进企业的发展；通过事业部门独立生产经营活动，有利于在企业内部培养全面性的高层管理人员。

事业部制组织结构的缺点是管理层次多，管理费用高，各事业部协助比较困难，易产生各自为政、本位主义的倾向。

事业部制组织结构比较适合于产品多样化和从事多元化经营的组织，具备专业化原则划分的条件，并能确保各个事业部独立性，以便其承担利润责任，也适用于市场环境复杂多变、市场需求差异大、环境或地理位置分散的大型企业和巨型企业。

五、矩阵制

矩阵制组织结构由职能部门系列和为完成某一临时任务而组建的项目小组系列组成，它的最大特点在于具有双道命令系统（见图 5.5）。

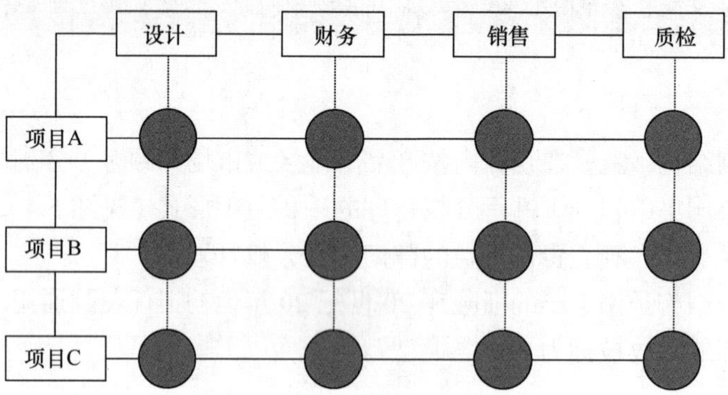

图 5.5　矩阵制组织结构

矩阵制组织形式是在直线职能制垂直形态组织系统的基础上，再增加一种横向的领导系统，可称之为“非长期固定性组织”。矩阵制组织是把按职能划分的部门和按项目（或产品、服务等）划分的子公司或部门结合起来组成一个矩阵，同一名员工既同原职能部门保持组织与业务上的联系，又参加所在子公司或部门的工作的一种管理模式。为了保证完成一定的管理目标，每个子公司或部门都设负责人，在组织的最高主管直接领导下进行工作。

矩阵制组织结构的优点是：灵活性、适应性强；有利于把组织的垂直联系与横向联系更好地结合起来，加强各职能部门之间的协作配合。

矩阵制组织结构的缺点是：成员位置不固定，有临时观念，有时责任心不够强；人员受双重领导，有时不易分清责任。

这种组织结构主要适用于科研、设计、规划等创新性较强的工作或者单位。

视野拓展

如果把那些大名鼎鼎的科技公司复杂的业务架构用漫画的方式来呈现，会是什么样子？推荐读者看看 Web 设计师 Manu Cornet 和《第一财经周刊》对亚马逊、谷歌、Facebook、微软、苹果、甲骨文等公司所做的业务架构漫画。

六、多维立体组织结构

多维立体组织结构是在矩阵制组织结构的基础上发展起来的（见图 5.6）。所谓多维，是指组织中存在多种管理机制。按产品划分的事业部称为利润中心；按职能划分的专业参谋机构称为专业成本中心；按地区划分的管理机构称为地区利润中心。在这种体制下，按产品划分的事业部与专业参谋机构、地区管理机构共同组成产品指导机构，对同类产品的产销活动进行指导。

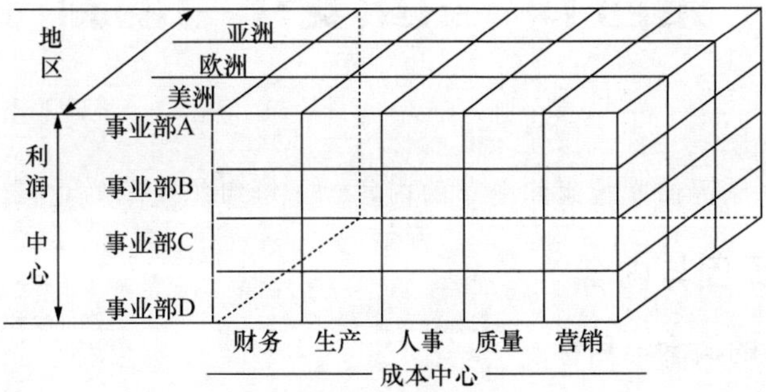

图 5.6　多维立体组织结构示意图

多维立体组织结构是在矩阵制组织结构的基础上加上其他内容而形成的。

这种组织形式的最大特点是有利于形成集思广益、信息共享、共同决策的协作关系。这种组织形式比较复杂，比较适用于规模相当大的企业，如巨型跨国公司或跨全球大公司。

七、网络型组织结构

> **视野拓展**
>
> 组织的结构并非一成不变的，进入 21 世纪后，组织结构迅速变化。推荐读者阅读《企业组织结构发展趋势》一文，了解更多内容。

网络型组织结构是利用现代信息技术手段发展起来的一种新型的组织机构，它是目前正在流行的一种组织设计。这是一种只有很精干的中心机构（核心公司），以契约关系的建立和维持为基础，依靠外部机构进行制造、销售或其他重要业务经营活动的组织结构形式（见图 5.7）。被联结在这一结构中的各经营单位之间并没有正式的资本所有关系和行政隶属关系，只是通过契约纽带，通过一种互惠互利、相互协作、相互信任和支持的机制来进行密切的合作。采用网络型结构的组织，核心公司所做的就是通过公司内联网和公司外互联网创设一个“关系”网络，与独立的制造商、销售代理商及其他机构达成长期协作协议，使他们按照契约要求进行相应的生产经营活动。由于网络型企业组织的大部分活动都是外包、外协的，因此，公司的管理机构就只是一个精干的经理班子，负责监管公司内部开展的活动，同时协调和控制与外部协作机构之间的关系。网络型组织进一步的发展形态就是虚拟组织。

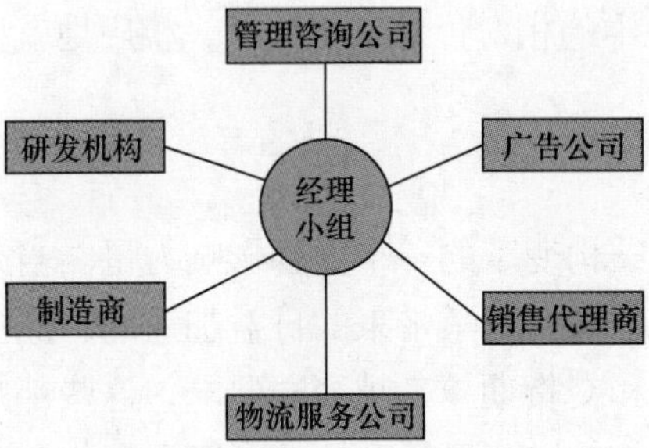

图 5.7　网络型组织结构

网络型组织结构的优点是可以降低管理成本，提高管理效益，实现企业全世界范围内供应链与销售环节的整合，简化了机构和管理层次，实现了组织充分授权式的管理。

网络型组织结构的缺点是需要科技与外部环境的支持。

网络型组织结构并不是对所有的企业都适用的，它比较适合于玩具和服装制造企业，因为它们需要相当大的灵活性以对时尚的变化做出迅速反应；也适合于那些制造活动需要低廉劳动力的公司。

第四节　组织变革与创新

【本节任务】

理解组织变革的原因；掌握组织变革的内容；了解组织变革的过程。

一、组织变革的原因与内容

（一）组织变革的概念与目标

组织变革就是对组织的调整、改革与再设计。组织变革属于组织工作过程中的反馈与修订步骤。

一个组织无论设计得多么完美，在运行一段时间后也必须进行变革，这样才能更好地适应组织内外条件变化的要求。组织变革是为适应内外条件的变化而进行的，组织变革的根本目的是适应未来组织发展的要求，增强组织活力，实现组织目标，提高组织的效能，并最终实现组织的可持续发展。

组织变革的目标是使组织、管理者和员工更具环境适应性。

（二）组织变革的原因

一般来说，引起组织变革的主要因素可以归纳为以下几个。

1. 战略

组织在发展过程中需要不断地对其战略的形式和内容进行调整。新的战略一旦形成，组织结构就应该进行调整、变革，以适应新战略实施的需要。结构追随战略，战略的变化必然带来组织结构的更新。

企业的战略可以在两个层次上影响组织结构：一是不同的战略要求开展不同的业务和管理活动，由此就影响到管理职务和部门设计；二是战略重点的变化引起组织业务活动重心的转移和核心职能的改变，从而使各部门、各职务在组织中的相对位置发生变化，相应地就要求对各管理职务以及部门之间的关系做出调整。

视野拓展

京东商城的刘强东坚持自建物流，阿里巴巴的马云表态说自己坚决不做物流，这是为什么？他们怎么看待“企业规模适度化”？推荐读者观看2014年中央电视台纪录片《商战之电商风云》第四集《生死时速》片段。

2. 环境

环境变化是导致组织结构变革的一个主要影响力量。当今企业普遍面临全球化的竞争和由竞争带来的日益加速的产品创新，以及顾客对产品质量和交货期越来越高的要求，这些都是环境动态性的表现。而传统的以高度复杂性、高度正规化和高度集权化为特征的机械式组织，并不能够对迅速变化的环境做出灵敏的反应，不适应新的环境条件的要求。与此同时，组织作为整个社会经济大系统的一个组成部分，它与外部的其他社会经济子系统之间存在着各种各样的联系，所以外部环境的发展和变化必然会对组织结构的设计产生重要的影响。

3. 技术

组织的任何活动都需要利用一定的技术和反映一定技术水平的特殊手段来进行。技术以及技术设备的水平，不仅影响组织活动的效果和效率，而且会对组织的职务设置与部门划分、部门间的关系，以及组织结构的形式和总体特征等产生相当程度的影响。比如，信息技术的推陈出新，在促进传统非程序化决策向程序化决策转化以及组织内外部高强度的信息共享和交流的同时，使许多重大问题的决策趋于集权化，而次要问题的决策可以分权化，这样就使长期管理实践中被作为一项组织原则提出来但很难实现的“集权与分权相结合”问题获得了解决的途径。

4. 组织规模和成长阶段

组织的规模往往与组织的成长或发展阶段相关联。伴随着组织的发展，组织活动的内容会日趋复杂，人数会逐渐增多，其活动规模和范围会越来越大。这样，组织结构也必须随之调整，才能适应成长后的新情况。组织变革伴随着企业成长的各个时期，不同成长阶段要求不同的组织模式与之相适应。例如，企业在成长的早期，组织结构常常是简单、灵活而集权的。随着员工的增多和组织规模的扩大，企业必须由创业初期的松散结构转变为正规、集权的结构，其通常的表现形态就是职能型结构。而当企业的经营进入多元产品和跨地区市场后，分权的事业结构可能更为适宜。企业进一步发展而进入集约经营阶段后，不同领域之间的交流与合作，以及资源共享、能力整合、创新力激发等问题日益突出，这样，以强化协作为主旨的各种创新型组织形态便应运而生了。总之，组织在不同成长阶段所适合采取的组织模式是各不一样的。管理者如果不能在组织步入新的发展阶段之际及时地、有针对性地变革其组织设计，那就容易引发组织发展危机。这种危机的有效解决，必须在组织结构的变更之前。

思考与讨论

在计划经济条件下，企业生产部是第一大部门，市场化后不少企业的第一大部门让位给了市场营销部，无锡小天鹅公司甚至提出“工厂的一线不在生产车间，而是在市场”，这是什么原因造成的？大家还能举出组织变革的例子吗？

（三）组织变革的内容

组织变革具有互动性和系统性，任何一个因素的变革都会引起其他因素的变化，各阶段由于环境不同，变革的内容和侧重点也有所不同。总的来讲，组织变革涉及以下三个方面。

（1）人事变革。人事变革是指管理者着重改变员工的态度、价值观和需求种类与层次，转变员工工作态度促使其修正自己的行为，从而达到改进工作绩效的目的。

（2）结构变革。结构变革是对组织的构成要素、整体布局和运作方式所做的较大调整。具体内容包括权力创新分配、结构再设计、工作再设计、绩效评估和激励制度的改变、控制系统的改变等。

（3）技术变革。技术变革就是通过改变从原料投入到转变为产品的整个过程所使用的技术，对作业流程与方法的重新设计、修整和组合，更换机器设备，采用新工艺、新技术和新方法等。

即问即答

随着市场经济的深入发展，我国政府机构的改革按照“大社会，小政府”的思路进行，精简合并了许多部委，这是政府组织哪方面的变革？

二、组织变革的动力与阻力

（一）组织变革面临着两种力量的较量

组织变革时常面临动力和阻力这两种力量的较量。对待组织变革所表现出来的推动和阻止这两种不同的态度，以及由此产生的方向相反的作用力量及其强弱程度的对比，从根本上决定了组织变革的进程、代价，甚至影响到组织变革的成功和失败。

组织变革动力，指的就是发动、赞成和支持变革并努力去实施变革的驱动力。总的说来，组织变革动力来源于人们对变革的必要性及变革可能带来的好处的认识。比如，企业内外各方面客观条件的变化，组织本身存在的缺陷和问题，各层次管理者（尤其是高层管理者）居安思危的忧患意识和开拓进取的创新意识，变革可能带来的权力和利益关系的有利变化，以及能鼓励革新、接受风险、赞赏失败并容忍变化的开放型组织文化，这些都可能形成变革的力量，引发变革的动机、欲望和行为。

组织变革中的阻力，则是指人们反对变革、阻挠变革甚至对抗变革的制约力。这种制约组织变革的力量可能来源于个体、群体，也可能来自组织本身或外部。组织变革阻力的存在，意味着组织变革不可能一帆风顺。这就给变革管理者提出了更严峻的变革管理的任务。成功的组织变革管理者应该既注意到所面临的变革阻力可能会对变革产生的影响，还应当看到人们对待某项变革的阻力并不完全都是破坏性的，而是要在妥善的管理或自理下使之转化为积极的、建设性的因素。比如，阻力的存在至少能引起变革管理者对所拟定变革方案和思路予以更理智、更全面的思考，并在必要时做出修正，以使组织变革方案不断获得完善和优化，从而取得更好的组织变革效果。

（二）组织变革阻力的主要来源

变革意味着变化，意味着不确定性的发生，必然会遇到阻力。对变革的阻力可以从个体、群体与组织等方面进行分析。

1. 个体方面的阻力

（1）利益因素造成的阻力。组织变革，势必引起利益格局的调整，当这种调整直接或间接降低了某些人的收入时，这些人就会阻扰、抵制变革。

（2）心理因素造成的阻力。障碍变革的因素包括安全心理、求稳心理、保守心理、归属感心理、习惯心理以及对未知的恐惧心理等。组织变革带来的不确定性，必然会对人们的心理产生影响，从而形成变革阻力。

2. 群体与组织方面的阻力

（1）群体规范造成的阻力。一个群体，无论是正式群体还是非正式群体，在其价值观念和行为方式上有一套成文或不成文的特殊规范。变革必然会造成群体行为规范相应发生改变，这时，群体为了保护自身利益，保持群体的稳定，有可能采取一些措施强化原有规范，对组织变革采取不合作的态度。

（2）组织中结构惯性造成的阻力。来自组织层面的对组织变革的阻力，包括现行组织结构的束缚、组织运行的惯性、变革对现有责权利关系和资源分配格局造成的破坏和威胁、保守型组织文化的影响，以及追求稳定、安逸和确定性的考虑等，这些都可能成为影响和制约组织变革的因素。

（三）组织变革阻力的管理对策

概括地说，改变组织变革力量及对比的策略有三类：一是增强或增加驱动力；二是减少或减弱阻力；三是同时增强动力与减少阻力。有实践表明，在不消除阻力的情况下增强驱动力，可能加剧组织的紧张状态，从而在无形中增强对变革的阻力；在增加驱动力的同时采取措施消除阻力，会更有利于加快变革的过程。

三、组织变革的过程

成功而有效的组织变革，通常需要经历解冻、改革、冻结这三个有机联系的过程。

1. 解冻

由于任何一项组织变革都会或多或少地面临来自组织自身成员一定程度的抵制力，因此，组织变革过程需要有一个解冻阶段作为实施变革的前奏。解冻阶段的主要任务是发现组织变革的动力，制造危机感，营造出改革乃是大势所趋的气氛，并在采取措施克服变革阻力的同时具体描绘组织变革的蓝图，明确组织的目标和方向，以形成并实施比较完善的组织变革方案。

2. 改革

改革或变动阶段的任务就是按照所拟定变革方案的要求，开展具体的组织变革运动或行动，以使组织从现有结构模式向目标模式转变。这是变革的实质性阶段，通常可以分为试验与推广两个步骤。这是因为组织变革的涉及面较为广泛，组织中的联系相当错综复杂，往往“牵一发而动全身”。这种状况使得组织变革方案在全面付诸实施之前，一般要先进行一定范围内的典型试验，以便总结经验，进一步修正变革方案。在试验取得初步成效后再进入大规模的全面实施阶段。这样做有一个好处，那就是可以使一部分对变革尚有疑虑的人们能在试验阶段便及时地看到或感觉到组织变革的潜在效益，从而有利于争取更多的组织成员在思想和行动上支持所要进行的组织变革，并踊跃跻身于变革的行列，由此实现从变革观望者向变革的积极支持者和参加者的转变。

3. 冻结

组织变革过程并不是在实施变革行动后就宣告结束。涉及人们行为和态度的组织变革，从根本上说，只有在变革前面有个解冻阶段、变革后面又有个冻结阶段的条件之下改革才有可能真正地实现。现实中经常出现以下情况：组织变革行动发生之后，个人和组织都有一种退回到原已习惯了的行为方式中的倾向。为了避免出现这种情况，变革的管理者必须采取措施保证新的行为方式和组织形态能够不断地得到强化和巩固。这一强化和巩固的阶段可以视为一个冻结或者重新冻结的过程。缺乏这一冻结阶段，变革的成果就有可能退化消失，对组织及其成员也将只有短暂的影响。

视野拓展

组织应如何搞好变革？推荐读者阅读《组织变革实践的几点体会》一文。

本章小结

组织的概念有动词与名词两层含义。一个社会组织由共同的目标、协作的愿望和信息的沟通三个基本要素构成。组织具有聚集、放大、承载、有序化和调节功能。

组织结构设计是组织职能的关键。组织结构设计包括横向结构设计和纵向结构设计两个方面。

常见的组织结构的类型有直线制、职能制、直线职能制、事业部制、矩阵制、多维立体型、网络型等。

组织结构设计完成后必须搞好人员配备工作，人员配备任务可以从组织和个人两个方面来考虑。

人员配备的程序需要经过制订用人计划、确定人员的来源、制定岗位标准、确定人选与培训、人员配置与调整、员工考评等阶段。

组织因种种原因必须实行变革，组织变革分为解冻、改革和冻结三个阶段。

综合练习与实训

一、重点概念

组织　　管理幅度　　管理层次　　集权

二、填空题

1. 组织的构成要素包括________、________和________。

2. 管理幅度与管理层次成________关系。

3. 组织变革的内容涉及________、________和________三个方面。

4. ________组织结构又被称为“斯隆模型”。

5. 组织内外部环境的变化，都要求对组织________进行调整，以适应变化。

三、单项选择题

1. 直线型组织结构一般只适用于（　　）。

A. 大型组织　　B. 小型组织

C. 需要职能专业化管理的组织　　D. 没有必要按职能实现专业化管理的小型组织

2. 职能型组织结构的最大缺点是（　　）。

A. 横向协调差　　B. 多头领导

C. 不利于培养上层领导　　D. 适用性差

3. 一般组织采用最多的组织结构是（　　）。

A. 直线制　　B. 职能制　　C. 直线职能制　　D. 矩阵制

4. 事业部制组织结构产生于20世纪（　　）。

A. 20年代　　B. 30年代　　C. 40年代　　D. 50年代

5. 组织中主管人员监督管辖其直接下属的人数越是适当，就越能够保证组织的有效运行，这是组织工作中（　　）的内容。

A. 目标统一原理　　B. 责权一致原理　　C. 管理宽度原理　　D. 集权与分权相结合原理

6. 组织规模一定时，组织层次和管理宽度呈（　　）关系。

A. 正比　　B. 指数　　C. 反比　　D. 相关

7. 在管理工作中，组织的分权会有助于（　　）。

A. 提高下级积极性　　B. 增加成本　　C. 增加管理层次　　D. 增加管理透明度

四、判断题

1. 组织战略要服从组织结构。（　　）

2. 管理幅度指组织中一名管理人员管辖的下属人员的数量。（　　）

3. 直线制组织结构的最大优点是实现了指挥统一。（　　）

4. 职能制组织结构的缺点之一是形成了多头指挥。（　　）

5. 过早或过迟发动变革都可能导致变革的失败。(　　)

6. 在处理组织的职权关系时，应充分发挥参谋职权，并尽可能限制职能职权。(　　)

五、思考题

1. 什么是组织工作？它包括哪些内容？

2. 什么是管理幅度？影响管理幅度的主要因素有哪些？

3. 什么是事业部制组织结构？它有哪些优缺点？

4. 什么是直线职能制组织结构？它有哪些优缺点？

5. 组织设计应该遵循哪些原则？

六、案例分析

千亿企业的组织变革：破除部门墙——从分割到协同

"要推倒内部的墙。"张瑞敏在谈及组织内部变革时说，"一个传统的组织，每一个部门都要追求自己的利益最大化，所以经常会出现问题。"

千亿企业随着组织结构金字塔化，部门之间条块分割，壁垒加深，组织活力在内耗中丧失。阿里巴巴集团参谋长曾鸣就坦言，最近一两年许多人叫他"拉偏架的"。他说："我原来做的很重要的工作是协调，两个BU（业务单元）打架了，我出面判谁对谁错，经常被双方骂，但还得协调。"

为此，千亿企业都在不遗余力地打破内部壁垒，推进企业各个部门的横向协作。

阿里巴巴由7个事业集群的总裁组成战略决策委员会，对各个事业群之间的合作进行统管和协调。阿里巴巴还实施轮岗制度，干部保持横向流动，从而让干部的视角能够超越部门的边界。华为在2013年成立的跨地区组织——片联，它的一个重要工作就是通过对各个地区干部的选拔与流动，打破地区和部门壁垒。在海尔的自主经营体模式中，则通过一线自主经营体的牵引，来实现各个自主经营体的自发协同。"传统企业就是靠领导来协调，协调到最后，可能就是妥协。现在我们变成一个自主经营体了，不再是领导说了算，而是由用户说了算。"张瑞敏说。

在打破部门边界方面，共享平台的崛起起到了重要作用。通过共享平台，千亿企业打通了各个部门的顾客或用户的数据，从而实现了针对某一顾客群各个业务部门之间的协作。阿里巴巴2013年成立的共享业务事业部、数据平台事业部和信息平台事业部，就聚焦于用户数据与信息在各个部门的共享。再如，在平安的组织结构中专门建立了共享平台，其中包括平安科技、平安数据科技等子公司，用于实现顾客资源和信息的共享等。

案例思考：

试用组织有关理论讨论大企业的组织结构存在什么问题，应该如何变革。

七、实训练习

实训目的：让学生了解一家企业或学校的组织机构设计。

组织形式：由任课教师组织学生到一家企业或对自己学校的组织结构进行调查，知晓组织机构的关系。

实训要求：画出企业或学校组织机构图，并分析这样的组织机构有无问题。

第六章

领　导

管理格言：领导的艺术在于沟通的技巧和真诚。

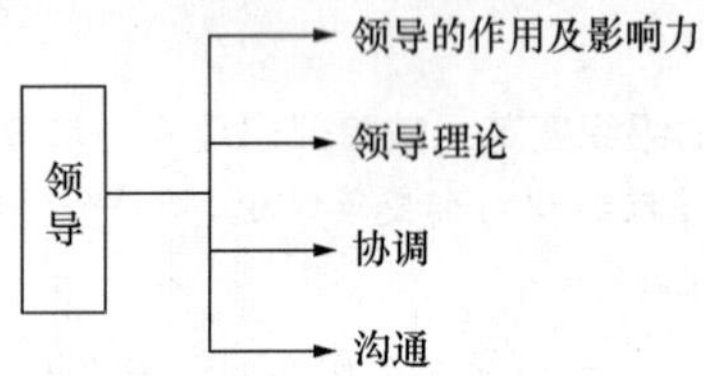

导入案例

该选谁？

谢丁是北京中关村电子一条街的一家电脑公司分管人事工作的副总经理。公司董事会日前做出了“第二次创业”的战略决策，并据此将公司经营业务的重点从组装“杂牌”电脑转到创立自己“品牌”的方向上来。谢丁必须在这周内做出一项人事决定，挑选一个人担任公司新设业务部门的领导。

有三个候选人，他们都在公司里工作了一段时间。

其中一位是李非。这个小伙子年纪不大，但领导手下人挺有一套办法，所以谢丁平时就比较注意他。另一个原因是，李非的领导风格很像谢丁。他的性格与言行让人感到他是一个说一不二、敢作敢为的人，但有些固执，经常坚持己见。谢丁曾在部队从事通信系统维护工作，多年军队生活的训练使他养成了目前这种因为习惯而很难改变的领导方式。但谢丁心里也明白，公司新设立的业务部门更需要能激发创造性的人。李非是外地某大专院校电子计算机专业的毕业生，四年前独自到北京“闯世界”，经过面试来到了本公司工作。

秦雯则是另一种性格的人。她通过自学获得了文科学士文凭。她为人友善，喜欢听取下属的意见，并通过前一段时间参加工商管理短训班的学习以及自己在实践中的总结、提高，形成了一种独特的领导风格。

对于第三个候选人彭英，谢丁没有给予多少考虑，因为他似乎总是让他的下属做出所有决策，从没有勇气说出自己的主张。

假如你是在谢丁身边工作多年的一位参谋人员，谢丁想让你从纯理性角度对该项人事决策做一分析，你该建议谢丁选择谁担任新设业务部门的领导人？为什么？诸如此类的问题就属于领导问题。究竟什么是领导？领导有哪些类型？在什么情况下应该采用什么样的领导方式？这就是本章所要讲述的内容。

第一节　领导的作用及影响力

【本节任务】

掌握领导的概念与领导影响力的构成；知晓领导的作用；了解管理与领导的区别和联系。

一、领导的概念

什么是领导？对于领导的概念如果从不同角度去理解，会有不同的认识。领导一词可以从名词和动词两个角度来理解：从名词角度来讲，领导（名词属性，leader）是指为实现组织目标，进行决策、计划、组织、控制等工作而去指挥或引导下属的人，也称为领导者；从动词角度，领导（动词属性，leading）是指领导者利用组织所赋予的职权和个人所具有的影响力，指挥、带领和影响下属为完成组织目标而努力工作的过程，也称为领导工作。

从动词角度来讲，领导这个概念包含以下三方面的内容。

（1）领导的本质是影响力。领导者拥有影响被领导者的能力或力量，领导包含领导者和被领导者两个方面。

（2）领导是一个过程。领导行为包括指挥、带领和激励等活动，这些都是能够影响下属行为的活动。

（3）领导的目的是有效实现组织目标。

领导工作包括必不可少的三个要素：领导者、被领导者和特定环境，也就是说领导效率是领导者、被领导者和特定环境三个要素相互作用的结果，可表示为

> **即问即答**
>
> 张校长是我们的好领导，这是什么意义上的概念？
>
> 校党委决定由张校长兼任迎接评估领导小组组长，亲自领导学校的迎接评估工作，这是什么意义上的领导？

$$领导效率=f（领导者，被领导者，特定环境）$$

> **视野拓展**
>
> 一、领导的四要素
>
> 1. 让你的员工感到他很重要；
>
> 2. 明确你的目标，并说服员工与你一起共进退；
>
> 3. 你想别人怎样对你，你就怎样对别人（己所不欲，勿施于人）；
>
> 4. 为你的行为负责，也要为你的员工负责，千万别推卸责任。
>
> 二、乔布斯的领导艺术
>
> 乔布斯是一位比较特别的企业领导者，推荐读者阅读库克的《“箱子”之外思考的哲学是乔布斯的可贵遗产》一文。

二、领导的作用

领导主要有以下四个方面的作用。

（1）指挥作用。有人将领导者比作乐队指挥。一个乐队指挥的作用是通过演奏家的共同努力而形成一种和谐的声调和正确的节奏。由于乐队指挥者的指挥才能不同，乐队也会做出不同的反响。领导者不是站在群体的后面去推动群体中的人们，而是站在群体的前列去促使人们前进并鼓舞人们去实现目标。

（2）激励作用。领导者为了使组织内的所有人都最大限度地发挥其才能，以实现组织的既定目标，就必须关心下属，激励和鼓舞下属的斗志，发掘、充实和加强人们积极进取的动力。

管理故事

你对你的下属了解多少？

在一次招聘会上，某公司经理大胆录用了玛丽，因为她不仅有多年的工作经验，更重要的是，她在原来的公司上班时曾经很不留情面地向业务经理提出过建议。事实证明，她的建议是正确的，可她却无法再待下去。

玛丽刚来这里上班时，恰逢酷暑。她顶着烈日，穿梭在各个客户、公司之间。第一、二季度，她的业绩很好。可后来，她上班常常迟到，连基本的销售任务都没有完成。在一次职工大会上，经理点名批评了玛丽。她将头埋得很低，但经理仍然发现她流泪了。

经理的心里也很不是滋味，散会后，他叫住了玛丽。经过了解才知道，玛丽的妈妈在三个月前摔了一跤，需要卧床，她不得不伺候妈妈的吃喝拉撒。

经理感到很惭愧，员工有困难，他居然一无所知。他决定为玛丽做点什么。于是，经理拨通了老板的电话，向他说明了情况。然后他找到玛丽，向她真诚地说了一声“对不起”，玛丽的眼泪一下子就涌了出来。经理代表公司领导转告玛丽，在她妈妈患病期间，她早上可以不到公司报到，自己可以灵活掌握时间跑业务。玛丽很是感动，她的眼睛告诉经理她不会让大家失望。

果然，玛丽的销售业绩又上来了。最让经理感动的是，她还为新员工汤姆解了围。汤姆在与客户谈业务签单时，被对方钻了空子。200 万元的货已经按签单发出去一半了，可对方的货款迟迟没有到位。公司决定派一位有经验的销售员工一同前往。没想到玛丽竟主动提出愿意前去讨债，可她的家里不能没有她呀。

公司领导立即召开会议，决定为玛丽家请一位保姆，以解除她的后顾之忧。后来，玛丽与对方足足周旋了半个月，终于如数追回了欠款。

（佚名）

启示：“士为知己者死。”作为经理，如果对自己的下属有一定的“知”，相信下属会心甘情愿地完成交给他的任务，甚至超额完成任务。

（3）协调作用。在组织实现其既定目标的过程中，人与人之间、部门与部门之间发生各种矛盾和冲突及在行动上出现偏离目标的情况是不可避免的。因此，领导者的任务之一就是协调各方面的关系和活动，保证各个方面都朝着既定的目标前进。

（4）沟通作用。领导者是组织的各级首脑和联络者，在信息传递方面发挥着重要作用。领导者是信息的传播者、监听者、发言人和谈判者，在管理的各层次中起到上情下达、下情上传的作用，领导者的职责是保证管理决策和管理活动顺利地进行。

三、管理和领导

管理与领导是人们经常容易混淆的概念。事实上，领导职能与管理职能、领导者与管理者是既相互联系，又相互区别的。

1. 两者的共性

从行为方式上看，领导和管理都是一个在组织内部通过协调他人的活动以实现组织目标的过程。领导是从管理中分化出来的，领导活动的目标只有通过有效的管理才能实现，而管理也只有在正确的领导下才能产生效益。从权力的构成看，两者都是组织层级的岗位设置的结果，无论在社会活动的实践方面还是社会科学的理论方面，领导和管理都具有较强的相容性和交叉性。一个组织负责人常常具有双重身份，既从事领导工作也承担管理工作，对上级他以管理者的角色出现，对下级他以领导者的角色出现。从最终目的来看，两者是一致的，都是通过一系列的努力，来最终实现组织的既定目标。

2. 两者的区别

领导职能是管理职能的一部分，可以说管理职能的范围要大于领导职能。领导与管理的区别主要体现在以下几个方面。

（1）职能不同。领导的主要任务是给组织指引前进方向，为组织确定奋斗的目标，重在决策，做正确的事；管理的任务在于贯彻领导提出的路线、方针，推动组织向既定的方向迈进，促使目标实现。管理重在执行，正确做事。

（2）着眼点不同。领导注重长远目标，着眼于处理与外界相关的问题，注重宏观问题；管理注重短期目标，着眼于部门内事务性问题的处理，注重微观问题。

（3）执行侧重点不同。领导强调激励、授权和教练，通过发挥领导者的非权力性影响力去激发和调动下属的积极性与创造性；管理则强调指挥、控制和监督，通过发挥权力性影响力去规范下属的行为。

（4）对象不同。领导侧重的对象是人及其组织，通过调动下属的热情和积极性，激发下属的潜在需求、价值观和情感，来实现组织的目标；管理侧重的对象是事，虽也包括人，但多为事、财、信息、时间等具体问题的调控与配置，通过事无巨细的工作实现组织目标。

（5）对组织产生的影响不同。 领导力能催生变革，对变革的成功起着决定性的作用。约翰·科特经研究得出的结论是：企业的变革成功与否，领导行为起 70%～90%的关键作用，管理行为只起 10%～30%的作用，管理的有效性对组织目标达成有重要影响，同时也决定着组织内部工作环境的秩序。

管理故事

蚁群中的“懒蚂蚁”

科学家发现，一个蚁群中的大部分蚂蚁都会很勤快地寻找、搬运食物，但总有少数蚂蚁整日无所事事、东张西望，人们把它们称作“懒蚂蚁”。有趣的是，当生物学家在这些“懒蚂蚁”身上做上标记，并且断绝蚁群的食物来源时，那些平时工作很勤快的蚂蚁表现得一筹莫展，而“懒蚂蚁”们则“挺身而出”，带领众蚂蚁向它们早已侦察到的新的食物源转移。原来“懒蚂蚁”们把大部分时间都花在“侦察”和“研究”上了。它们能观察到组织的薄弱之处，同时保持对新的食物的探索状态，从而保证群体不断得到新的食物。在蚁群和企业中，“懒蚂蚁”很重要，此种现象被称为“懒蚂蚁效应”。

启示：做企业，不能每一个人都埋头做事，总要有人抬起头来环顾四周，决定方向，防范风险并发现机会。作为领导，其最重要的角色是好舵手，而不能陷入日常事务中，不必事必躬亲。

四、领导的影响力

领导实质上是一种对他人的影响力，即管理者对下属及组织的行为与心理的影响力。影响意味着使他人的态度和行为发生改变。而要产生这种影响，领导者就必须拥有比被领导者更大的权力，这种权力是领导者对他人施加影响的基础。换句话说，领导是由权力派生而来的。权力是领导的标志，是实施领导行为的基本条件。

领导权力由两部分构成：一是职位权力，二是个人权力。

1. 职位权力

职位权力是由组织正式授予管理者的一种法定权力。这种权力与特定的个人没有必然的联系，它同职务相联系。职权是管理者实施领导行为的基本条件，没有这种权力，管理者就难以有效地影响下属。职位权力主要有三种。

（1）法定权力，是指组织内各领导职位所固有的合法的、正式的权力。这种权力可以通过领导者利用职权向直属人员发布命令、下达指示来直接体现，有时也可借助于组织内的政策、程序和规则等而得到间接体现。一名工人对不符合质量标准的产品要进行返工，是因为他知道质量标准是必须遵守的，返工是合法的要求。连队士兵听从连长指挥向敌军阵营发起猛攻，是因为连长具有这种人们所接受的合法的职权。同样，企业中的各级管理人员对其下属也拥有法定权力，这种权力是由组织的等级指挥链规定的。

（2）奖赏权力，是指领导者为了鼓励和肯定某一行为，而以物质或精神的方式给予员工强化和刺激。如发奖金、提薪、升职、赞扬，或安排理想的工作等。由于被领导者感觉到领导者有能力使他们的需求得到满足，因而愿意追随和服从领导者。可以说，领导者所控制的奖赏手段越多，并且这些奖赏对下属越是显得重要，那么他拥有的影响力就越大。

（3）强制权力，是指领导者对下属在精神或者物质上施加威胁，强行要求下级服从的权力。如降薪、扣发奖金、降职、批评、调换工作岗位等。强制权力和奖赏权力都与法定权力密切相关，如采购员可以向生产现场提前或拖延供应急需的零部件而发挥影响力，交通警察可以对违反交通规则的驾驶员发出违章罚款单或扣留驾驶执照，这些权力的行使都是与其所担负的工作和职务相关的。

管理故事

分黄油的人

比尔·布拉德利议员进入参议院的时候，头上有两个光环，他不但是普林斯顿大学最优秀的学生，之前还曾经是美国职业篮球联赛的著名球星。据说，有一次他被邀请去一个大型宴会上发表演讲。这位自信的立法议员坐在贵宾席上，等着发表演讲。这时一个侍者走过来，将一块黄油放在他的盘子里，布拉德利立刻拦住了他说：“打扰一下，能给我两块黄油吗？”

“对不起，”侍者回答道，“一个人只有一块黄油。”

“我想你一定不知道我是谁吧，”布拉德利高傲地说道，“我是罗氏奖学金获得者、职业篮球联赛球员、世界冠军、美国议员比尔·布拉德利。”

听了这句话，侍者回答道：“那么，也许您也不知道我是谁吧。”

“这个嘛，说实在的，我还真不知道。”布拉德利回答道：“您是谁呢？”

“我嘛，”侍者不紧不慢地说道，“我就是主管分黄油的人。”

（佚名）

启示：俗话说“县官不如现管”，侍者虽然不如布拉德利的权力大，却能够在分黄油时拥有决策权，该案例说明了法定权的重要性。

2. 个人权力

个人权力来自于领导者个人的权力。这种权力与领导者所处的职位无关，它是由于领导者自身的某些特殊条件才具备的。个人权力主要有以下两种。

（1）专长权，指由个人的特殊技能或某些专业知识而产生的权力。如律师、医生、大学教授和企业中的工程师可能拥有相当大的影响力。与之相反，一个身居领导职位的人，因为缺少某种专门知识，因而可能缺乏相应的专家权力。提倡“内行当家”，其道理之一就在于此。

（2）感召权，是指由于领导者的特殊品格、个性或个人魅力而形成的权力。领导者个人的品质、工作的魅力、成就、经历、背景，甚至独特的气质都有可能吸引下属，引起下属的追随和模仿，从而影响其行为。例如，美国黑人领袖马丁·路德·金，尽管法定的权力很小，但凭着他人格的力量，有力地影响着许多人的行为。

正式组织中的有效的领导者应该是兼具职位权力和个人权力的领导。仅有职位权力的领导者只会是指挥官，而不能成为令人信赖和敬佩的领袖。非正式组织的领导者并不拥有职位权力，但却能使周围的人对他一呼百应，其影响力就主要来源于个人的力量。这从一个侧面说明，正式组织的领导者应该加强个人素质的修炼，以便在拥有职位权力的同时获得更大的个人权力。

思考与讨论

应该如何提高领导者的影响力？为了更好地进行讨论，推荐阅读《管理者如何获得领导力》一文。

第二节　领导理论

【本节任务】

了解领导的性格理论与有关领导理论的新发展；掌握各种人性假设理论与领导方式的对应关系；对领导行为方式理论与领导权变理论的有关内容能够灵活掌握。

一、人性假设理论

1. 人性假设与领导方式

在管理活动中，领导者采取什么样的领导方式，在很大程度上取决于领导者对人性的假设。所谓“人性假设”是指领导者在管理活动中对人的本质属性的基本看法。在我国古代对人的本性有“性恶说”和“性善说”。西方管理理论在其发展的不同阶段对人的本性认识也各不相同。由于阶级不同，管理学派不同，以及社会发展时期不同，对人的本性认识也有所不同。人性假设问题是一切管理思想和管理行为的认识基础，直接决定着管理者的领导方式。有什么样的人性假设，就会形成与之相适应的领导方式。

领导方式是指领导者实施领导行为所采取的各具特色的方式与风格。不同管理者，由于其管理观念、自身素质、所处环境的不同，领导方式有很大的差别。而不同的领导方式直接关系到领导的成效。管理者必须选择适宜、科学、有效的领导方式。

2. 人性假设理论的演进

随着管理实践的发展和科学技术的进步，在社会发展的不同阶段，人们在生产经营活动中所处的地位不同，对管理中人性的认识也在不断地变化，先后经历了“经济人”假设、“社会人”假设、“自我实现人”假设、“复杂人”假设等阶段。

（1）“经济人”假设。在传统管理阶段，亚当·斯密最早提出了“经济人”假设。“经济人”观点认为，人的一切行为，目的是最大限度满足自己的经济利益。他认为人天生具有以下缺点：好逸恶劳，缺乏进取心，逃避责任，以自我为中心，漠视组织的要求。既然人的本性如此，那么管理者在管理活动中就应采用严格监管和控制的领导方式，必须强调服从和惩罚。

（2）“社会人”假设。随着人际关系学说的产生，形成了管理中的“社会人”人性假设。“社会人”观点认为，人不是孤立存在的，而是归属于某一工作集体，并受这一集体的影响。人的行为不单纯地为了追求金钱收入，还有追求人与人之间的友情、安全感、归属感等方面的社会的和心理的欲望。满足职工的欲望、提高士气，是提高劳动生产率的关键。因此，要重视人际关系的协调，重视非正式组织的作用，鼓励职工参与管理。与这种人性观相适应，管理上采取一种重视人际关系、鼓励职工参与的领导方式。

（3）“自我实现人”假设。随着管理实践的进一步发展、行为科学的盛行，在管理界出现了“自我实现人”的人性观。“自我实现人”的观点认为，人特别注重自身的社会价值，以自我实现为最高需求。与这种人性观相适应，管理者采用一种重视贡献、实现自我控制的领导方式。

（4）“复杂人”假设。“经济人”“社会人”及“自我实现人”的观念，都从某一角度反映了人的一些本质属性，具有其合理性。但是，任何人都不可能是单纯具有某一方面属性的，而且也会因人、因条件不同而不同。于是，有人提出了“复杂人”假设。这个观念认为，人是复杂的，其需求是多种多样的，其行为会因时、因地、因条件的不同而不同。与这种人性观相适应，管理者应采用权变领导方式。

管理故事

鞭策

拿破仑一次打猎的时候，看到一个落水男孩在一边拼命挣扎，一边高呼救命。这河面并不宽。拿破仑不但没有跳水救人，反而端起猎枪对准落水者，大声喊道：“你若不自己爬上来，我就把你打死在水中。”那男孩见求救不但无用，反而增添了一层危险，便拼命地奋力自救，终于游上了岸。

（佚名）

启示：对待自觉性比较差的员工，如果一味地为他创造良好的软环境、去帮助他，并不一定会让他感受到“萝卜”的重要，有时还不如“大棒”管用。偶尔利用你的权威对他们进行“威胁”，会及时改变他们消极、散漫的心态，有可能激发他们发挥出自身的潜力。

二、领导特性理论

领导特性理论主要研究作为一个领导者应该具有哪些素质或特性，从而了解究竟何种人才适合充任领导者。领导特性理论试图确定能够造就伟大管理者的共同特性，以便按此标准衡量与选拔领导者。

领导特性理论按其对领导特性来源的不同解释可以分为传统特性理论与现代特性理论。传统特性理论认为领导者所具有的特性是天生的，是由遗传决定的；现代特性理论认为领导者的特性和品质是在实践中形成的，是可以通过教育训练培养的。

领导者应当具有哪些特性呢？研究者说法不一：

1949 年，亨利（W. Henry）在调查研究的基础上，提出了天才领导者的十二种特性：①成就需求强烈；②工作积极努力，乐于工作，勇于承担具有挑战性的任务；③用积极的态度对待上级；④组织能力强；⑤决断力强；⑥自信心强；⑦思维敏捷；⑧富于进取精神；⑨讲求实际，不尚空谈；⑩忠于职守，尽心尽力；⑪独立性强，从不过分依赖别人；⑫同上级较为亲近，而同下级保持一定的距离。

1969 年，吉伯（C.A.Gibb）认为天才的领导者应具备七种先天特性：①善言辞；②外表英俊潇洒；③智力过人；④具有自信心；⑤心理健康；⑥有支配他人的倾向；⑦外向而敏感。

1971 年美国管理学家吉赛利（Edwin E.Ghiselli）在其《管理才能探索》一书中，认为领导者有八种个性特征和五种激励特征。八种个性特征包括：①才智：语言与文辞方面的才能；②首创精神：开拓新方向、创新的愿望；③督察能力：指导别人的能力；④自信心：自我评价较高；⑤适应性：为下属所亲近；⑥决断能力；⑦性别（男性或女性）；⑧成熟程度。五种激励特征包括：①对工作稳定的需求；②对金钱奖励的需求；③对指挥别人的权力需求；④对自我实现的需求；⑤对事业成就的需求。

吉赛利的研究说明：①才智和自我实现对于取得成功关系重大；②指挥别人的权力的概念并不很重要；③督察能力基本上是指运用管理职能来指导下级的能力；④性别这一特征与管理成功与否没有多大关系。

美国普林斯顿大学包莫尔（W.J.Baumol）提出了企业家应该具备的十个条件，比较有代表性：①合作精神；②决策能力；③组织能力；④精于授权；⑤善于应变；⑥敢于求新；⑦敢担风险；⑧勇于负责；⑨尊重他人；⑩品德高尚。

管理故事

唐玄宗放权用人

李隆基即位初期，很讲究用人之道，姚崇曾就一些低级官员任命问题向唐玄宗请示，连问三次，唐玄宗都不理睬。姚崇以为自己办错了事情，慌忙退了出去。正巧高力士在旁边，劝李隆基道："皇上即位不久，天下事情都由皇上决定。大臣奏事，妥与不妥都应有个态度，你怎么连理都不理呢？"唐玄宗说："我任姚崇为政，大事由我来做主，他不能大事小事都拿来烦我，否则我用他做什么？"表面上看唐玄宗是在批评姚崇拿小事麻烦他，实际上是放权姚崇让他敢于做事。后来姚崇听了高力士的传达，就去放手办理事情了。正因为唐玄宗敢于放权用人，各级官吏才得以充分发挥自己的才能，由此开创了历史上著名的"开元盛世"。

启示：作为高层领导要善于授权，放手让下属去做，使他们各司其职。

斯托格迪尔（R.M.Stogdill）的"新特性论"把这些领导特性归纳为六类：①身体性特性，包括体力、年龄、身高等；②社会背景性特性，包括教育、经历、社会地位、社会关系等；③智力性特性，包括知识、智商、判断分析能力等；④个性特性，包括热情、自信、独立、外向、机警、果断等；⑤与工作有关的特性，包括责任感、首创性、毅力、事业心等；⑥社交性特性，包括指挥能力、合作、声誉、人际关系、老练程度等。

有关领导特性研究的理论尽管不统一，但大致可以从这些特性研究成果中窥见出一个成功的领导者应该具有的特性，这为选拔与考察领导者提供了可资参考的特性要求。

思考与讨论

俗话说“无奸不商”，“小老板成功靠勤、中老板靠商、大老板靠德”，你如何看待上述说法？你认为一个成功的领导者应具有哪些特性？为了加深读者对领导概念的了解，请扫描二维码阅读《领导力五力模型》一文。

视野拓展

21世纪企业家的十条标准

开阔视野，要具有全球性眼光；

要向前看，改进战略性思想；

将远见卓识与具体目标结合起来；

具有管理各种不同人物和各种不同资源的能力；

要有不断改进质量、成本、生产程序和新品种的能力；

具有准确的判断力，富于创新精神并能适应社会新的变革；

要具有创造性管理的才能；

要善于掌握情况和各种信息，以及通晓决策过程；

要具有适应新的形势，不断变革的能力；

要具有较强的协调和沟通的能力和知识。

（佚名）

三、领导行为方式理论

领导才能与追随领导者的意愿都是以领导方式为基础的，所以许多人开始从研究领导者的内在特征转移到外在行为上，这就是领导者的行为方式理论。领导行为方式理论主要研究领导者在领导过程中的具体行为以及不同的领导行为对下属的影响，以期寻求最佳的领导行为。研究领导行为方式理论的目的在于提高对各种具体的领导行为的预见性和控制力，改进工作方法和领导效果。研究的侧重点在于确定领导者应具有什么样的领导行为，以及哪一种领导行为的效果最好。这里只着重介绍几种比较有代表性的理论。

（一）三种领导方式理论

美国管理学家怀特（Ralph K. White）和李皮特（Ronald Lippett）提出的三种领导方式理论是权威式（authoritarian）、民主式（democratic）及放任式（laissez-faine），这是一般人最熟悉的分类。

1. 权威式领导

权威式领导是指领导者个人决定一切，布置下属执行。这种领导者要求下属绝对服从，并认为决策是自己一个人的事情。

这种领导方式的优点是决策迅速统一，责任清楚，可保证管理目标在很短的时间内得以实现。缺点是容易造成决策失误，会使下属缺乏工作的主动性，形成依赖性，引起成员的消极自卑，甚至会导致下属的不满与反抗，对下属的主动行为构成障碍。

视野拓展

面对不同类型的下属该怎么办？读者可参考李海峰老师《不同的下属需要不同的领导方式》一文中的观点。

2. 民主式领导

民主式领导是指主要政策的制定由领导者发动下属讨论，共同商量，集思广益，然后决策，要求上下融洽、协作一致地工作。

这种领导方式的优点是能够充分调动下属参与管理的积极性，鼓励下属积极主动地开展工作，可以使下属个性得到发挥；使全体成员形成并发挥团队观念，关系融洽，凝聚力增强。缺点是不适合紧急情况下的管理，易延误时机。

3. 放任式领导

放任式领导是指组织成员或群体有完全的决策权，领导者放任自流，只管给组织成员提供工作所需的资源条件和业务咨询，而尽量不参与，也不主动干涉，只偶尔表示意见。工作进行几乎全依赖组织成员，各人自行负责。

这种领导方式的优点是可以充分发挥下属的作用。缺点是缺乏领导与协调，各自为政，缺乏团队精神，组织的管理目标难以实现。

（二）领导连续流理论

美国管理学家坦南鲍姆（Robert Tannenbaum）和施莱特（Warren Schliect）提出了领导连续流（leadership as a continum）理论，也称作主管者-非主管者的行为连续流理论。这种理论认为领导方式各式各样。一个适宜的领导方法取决于组织环境、下属的素质、领导的个性及能力等因素的灵活运用。

这种理论认为民主与专制仅是两个极端的情况，这两者之间还存在多种过渡式领导方法，它们组成了领导行为连续统一体，并具体提出了在以领导为中心的专制型领导方式到以下级为中心的民主型领导方式之间，有七种代表性的领导方式（见图 6.1）。这一理论认为说不上哪种领导方式是正确的，哪种方式是错误的，领导者应根据具体情况，考虑各种因素后选择图中的某种领导行为。

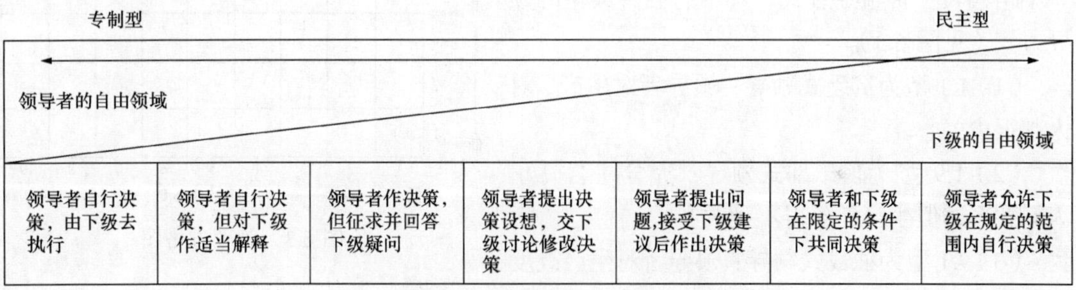

图 6.1 领导行为连续统一体

（三）二维构面理论和管理方格理论

1. 二维构面理论

1945 年起，美国俄亥俄州立大学工商研究所对大型组织的领导行为做了一系列深入的研究。他们列出了一千多种刻画领导行为的因素，通过高度概括和归类，他们发现领导的行为可以利用两个构面加以描述——关怀维度和定规维度，得到了领导行为四分图。所谓定规，指领导者对于下属的地位、角色与工作方式是否都订有规章或工作程序。定规有高度定规和低度定规之分。所谓关怀是指领导者对其下属所给予的尊重、信任以及相互了解程度。从高度关怀到低度关怀，中间可以有无数不同程度的关怀。由此，可形成四种基本领导方式，如图 6.2 所示。

（1）高关怀低定规的领导者。该种领导者注意关心爱护下属，经常与下属沟通思想、交流信息，与下属感情融洽，但是组织内规章制度不严，工作秩序不佳。这是较仁慈的领导者。

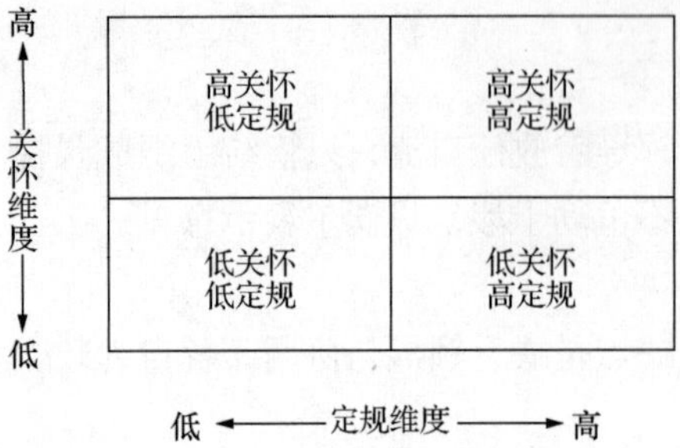

图 6.2　领导行为四分图

（2）低关怀高定规的领导者。该种领导者注意严格执行规章制度，建立良好的工作秩序和责任制，但是不注意关心爱护下属，不与下属交流信息，与下属关系不融洽。这是较为严厉的领导者。

（3）低关怀低定规的领导者。该种领导者不注意关心爱护下属，不与下属沟通思想、交流信息，与下属关系不太融洽，也不注意执行规章制度，工作无序，效率低下。这是一种无能、不合格的领导者。

（4）高关怀高定规的领导者。该种领导者注意严格执行规章制度，建立良好的工作秩序和责任制，同时关心爱护下属，经常与下属交流信息、沟通思想，努力调动下属积极性。这是一种高效、成功的领导者。

2. 管理方格理论

在俄亥俄州立大学的领导风格四分图的基础上，布莱克和莫顿于 1964 年提出了管理方格图。他们用一张九等分的方格图组成一个两维矩阵，横坐标表示领导者对生产的关心程度，纵坐标表示对人的关心程度。纵横共组成 81 个小方格，每一小格代表一种领导方式。其中有五种典型的领导方式（见图 6.3）。

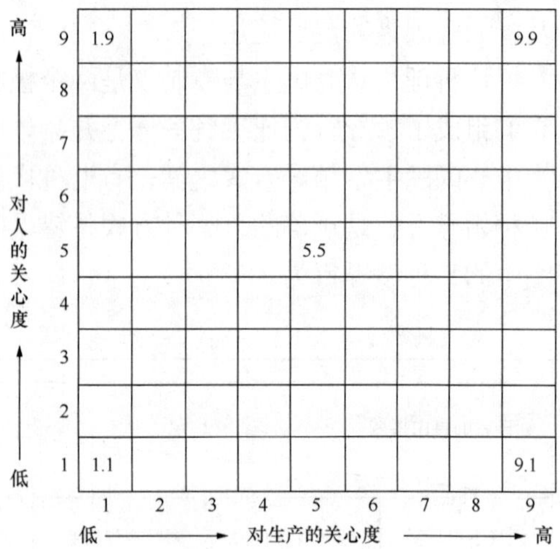

图 6.3　管理方格图

（1）1.1 型为贫乏式领导：领导者对生产、对人都很少关心。

（2）1.9 型为俱乐部式领导：充分注意搞好人际关系，但生产任务得不到关心。

（3）9.1 型为独裁式领导：领导者对生产高度关心，对人则很少关心。

（4）9.9 型为团队式领导：领导者对生产和人都极为关心，通过与职工的互敬互信、相互协作来完成任务。

（5）5.5 型为中间式领导：领导者折中地在关心人和关心生产两者间取得平衡。

上述五种类型的前四种相当于四分图中的四个极端方式。大多数研究者认为 9.9 型最好，其次是 9.1 型，再次是 5.5 型、1.9 型，1.1 型最差。

管理方格理论对于培养有效的管理者是有用的工具，它提供了一个衡量管理者所处领导形态的模式，使领导者较清楚地认识到自己的领导方式，并指出改进的方向。在西方国家，很多企业或事业组织都应用这个理论来训练管理人员。

（四）三维构面理论

由二维构面理论进而到三维构面理论（three dimensional theory），是 20 世纪 70 年代以来美国管理学家雷定（William J.Reddin）的贡献。他所利用的三维构面是：①任务导向（task orionted）；②关系导向（relationships oriented）；③领导效能（leadership effectiveness）。

雷定把领导方式简要地分为以下四种。

（1）密切者（related），是指这种领导者重视人际关系，但不重视工作和任务。

（2）分立者（separated），是指这种领导者既不重视工作，也不重视人际关系，与下属人员似乎各不相干，一切照规定行事，不考虑个人差异和创新。

（3）尽职者（dedicated），是指这种领导一心只想完成任务，铁面无私、秉公办事。

（4）整合者（integrated），是指这种领导兼顾群体需求及任务完成，能通过群体合作来实现目标，故属于整合性质。

雷定的理论特点在于第三构面——领导效能。雷定不认为上列四种领导方式中哪一种最具效能，而是每一方式都可能发生效能，也都可能缺乏效能，因而他认为效能是另一种单独的构面。为此，雷定分别给予每一方式两个名称：一个代表有效的领导方式；另一个代表无效的领导方式。

雷定认为，一种领导方式有效或无效，决定于当时所处的环境。用得对了，便是有效的领导方式，用得不对时便无效。这就包含了环境因素对领导方式和领导效能的影响。

四、权变（或情境）领导理论

“权变”一词有“随具体情境而变”或“依具体情况而定”的意思。权变领导理论主要研究与领导行为有关的情境因素对领导效力的潜在影响。该理论认为，在不同的情境中，不同的领导行为有不同的效果，所以该理论又被称为情境领导理论。

领导的作用在于领导人们的行为，而人们的行为又受其动机、态度以及客观环境的影响，因此，讨论领导效能就不能脱离人们的动机和态度，以及当时当地所处的环境。决不能以为某一种领导方式可以普遍应用于所有的情况和所有的人群。相反，必须将这种环境因素，包括组织人员的动机与态度同时进行考虑。这就是研究领导问题的权变（或情境）理论的基本观点。

权变领导理论中有两个比较著名的理论：“权变制宜”理论（the contingency theory of leadership）和“路径-目标理论”（Path-goal theory）。

（一）几种有代表性的权变理论

1. 费德勒的权变领导理论

美国管理学家费德勒（Fred E.Fiedler）提出的权变理论意味着领导工作是一个过程。在此过程中，领导者施加影响的能力取决于群体的工作环境、领导者的风格，以及领导方法对群体的适合程度。按照费德勒的理论，人们之所以成为领导者，不仅是由于他们的个性，而且还由于各种环境因素以及领导与环境之间的相互作用。对一个领导者的工作影响最大的三个因素是职位权力、任务结构和上下级关系。

（1）职位权力。职位权力指的是与领导者职位相关联的正式职权以及领导者从上级和整个组织各个方面所取得的支持的程度。这一职位权力由领导者对下属所拥有的实有权力所决定。领导者拥有这种明确的职位权力时，组织成员将会更服从于他的领导，从而有利于提高工作效率。

（2）任务结构。任务结构是指工作任务明确程度和有关人员对工作任务的职责明确程度。

当工作任务本身十分明确，组织成员对工作任务的职责明确时，领导者对工作过程易于控制，整个组织完成工作任务的方向就更加明确。

（3）上下级关系。上下级关系是指下属对一位领导者的信任、爱戴和拥护程度，以及领导者对下属的关心、爱护程度。这一点对履行领导职能是很重要的。因为职位权力和任务结构可以由组织控制，而上下级关系是组织无法控制的。

这三个因素构成了组织环境。费德勒按照这三个因素的不同组合，把领导者所处环境从最有利到最不利共分为八种类型（见表6.1）。其中，三个因素都具备的是领导最有利的环境，三者都缺乏的是领导最不利的环境。领导者所采用的领导方式应该与环境类型相适应。费德勒通过对1200个团体进行观察，收集了大量资料，经过分析，得出以下结论：在最不利和最有利的两种情况下（分别如表中的8和1、2、3），采取以"任务为中心"的指令式领导方式效果较好；而在处于中间环境的情况下（如表中的 4、5、6、7），则采用关系导向型的领导方式效果较好。

表6.1　费德勒提出的领导环境与领导方式关系

对领导的有利性 / 环境类型因素	有利			中间环境				不利
	1	2	3	4	5	6	7	8
上下级关系	好	好	好	好	差	差	差	差
任务结构	明确	明确	不明确	不明确	明确	明确	不明确	不明确
职位权力	强	弱	强	弱	强	弱	强	弱
领导方式	任务型			关系型				任务型

2. 领导生命周期模式

该理论由赫塞（Paul Hersey）和布兰查德（Ken Blanchard）提出，他们认为下属的"成熟度"对领导者的领导方式起重要作用。所以，对不同"成熟度"的员工采取的领导方式有所不同。所谓"成熟度"（readiness）是指人们对自己的行为承担责任的能力和愿望的大小。它包括两个方面：工作成熟度和心理成熟度。工作成熟度包括一个人的知识和技能，工作成熟度高的人拥有足够的知识、能力和经验，可以完成他们的工作任务而不需要他人的指导。心理成熟度指的是一个人做某事的意愿和动机。心理成熟度高的个体不需要太多的外部激励，他们靠内部动机激励。随着被领导者从不成熟走向成熟，领导者要不断调整工作型和人际关系型领导方式的比例，这样领导行为才能有效。领导的生命周期理论可以用四个象限来表示四种适合下属不同成熟阶段的领导方式，如图6.4所示。

图 6.4 中，工作行为是指领导者对下属发布指示、命令的频度和强度，从左到右逐渐提高，越靠右越趋向严格的监督控制。关系行为是指领导者与下级进行信息沟通的方式与强弱，越向上越趋向双向传递信息，充分信任、支持下级。下级成熟度指下级管理自己行为的意愿和能力，图中由右（M1）至左（M4）成熟度逐渐提高。

图中曲线表示四种不同的领导方式：

曲线Ⅰ段——高工作，低关系（命令式领导方式）；

曲线Ⅱ段——高工作，高关系（说服式领导方式）；

曲线Ⅲ段——低工作，高关系（参与式领导方式）；

曲线Ⅳ段——低工作，低关系（授权式领导方式）。

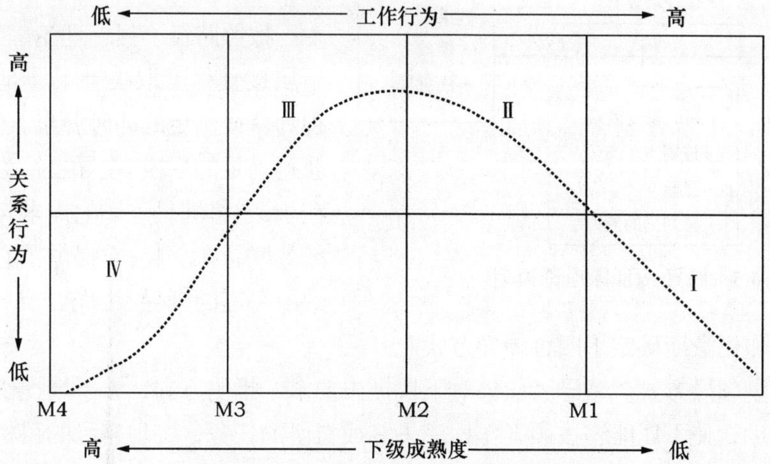

图 6.4　领导生命周期图

（1）命令式（telling）。对于低成熟度（M1）的下级，要采取高工作低关系型领导方式，领导者对下属进行分工并具体指导下属应当干什么、如何干、何时干，它强调直接指挥。因为在这一阶段，下属缺乏接受和承担任务的能力和愿望，既不能胜任又缺乏自觉性。

（2）说服式（selling）。对于较不成熟（M2）的下级，要采取高工作高关系型领导方式。领导者既给下属以一定的指导，又注意保护和鼓励下属的积极性。因为在这一阶段，下属愿意承担任务，但缺乏足够的能力，有积极性但没有完成任务所需的技能。

（3）参与式（participating）。曲线Ⅲ段对应着比较成熟的下级（M3），要采取低工作高关系型领导方式。领导者与下属共同参与决策，领导者着重给下属以支持及进行内部的协调沟通。因为在这一阶段，下属具有完成领导者所交给任务的能力，但没有足够的积极性。

（4）授权式（delegating）。曲线Ⅳ段对应的是高度成熟（M4）的下级，适合采取低工作低关系型领导方式。领导者几乎不加指点，由下属自已独立地开展工作，完成任务。因为在这一阶段，下属能够而且愿意去做领导者要他们做的事。

领导生命周期理论认为随着下属从不成熟走向成熟，领导者不仅要减少对活动的控制，而且也要减少对下属的帮助。当下属成熟度不高时，领导者要给予明确的指导和严格的控制；当下属成熟度较高时，领导者只需给出明确的目标和工作要求，由下属自我控制和完成任务。

（二）路径 - 目标理论

路径 - 目标理论是由加拿大多伦多大学教授豪斯（R.J.Howse）提出来的。该理论的核心在于领导者的工作是帮助下属达到他们的目标，并提供必要的指导和支持，以确保各自的目标与群体或组织的总体目标相一致。“路径 - 目标”的概念来自于这种信念，即有效的领导者通过明确指明实现工作目标的途径来帮助下属，并为下属清理各项障碍和危险，从而使下属

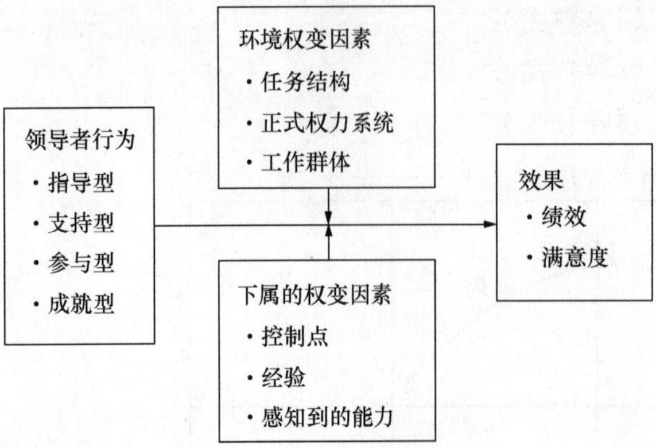

图 6.5 路径－目标理论模型

的这一履行更为容易。该理论模型见图 6.5，内容描述如下。

1. 领导者行为

按照路径－目标理论，领导者行为被下属接受程度取决于下属是将这种行为视为获得满足的即时源泉，还是作为未来获得满足的手段。领导者行为的激励作用在于：它将满足下属的需求与有效的工作绩效联系在一起；它提供了有效的工作绩效所必需的辅导、指导、支持和奖励。为了考察激励的作用豪斯确定了四种领导方式。

（1）指导型领导方式。领导者应该对下属提出要求，指明方向，给下属提供他们应该得到的指导和帮助，使下属能够按照工作程序去完成自己的任务，实现自己的目标。

（2）支持型领导方式。领导者对下属友好、平易近人、平等待人、关系融洽、关心下属的生活福利。

（3）参与型领导方式。领导者经常与下属沟通信息、商量工作，虚心听取下属的意见，让下属参与决策、参与管理。

（4）成就型领导方式。领导者做的一项重要工作就是树立具有挑战性的组织目标，激励下属想方设法去实现目标，迎接挑战。

2. 情景因素

豪斯认为领导方式是可变的，这四种领导方式可能在同一个领导者身上出现，因为领导者可以根据不同的情况斟酌选择，在实践中采用最适合于下属特征和工作需要的领导风格。领导者的责任就是根据不同的环境因素来选择不同的领导方式。他提出了以下两类情景或权变变量作为领导行为与结果之间的中间变量。

（1）下属的权变因素，包括控制点、经验和感知能力。它指下属对于自身行为结果的原因解释（内因或者外因）以及员工对于自身完成任务能力的评价。

（2）下属控制范围之外的环境权变因素，包括任务结构、正式权力系统以及工作群体。

路径－目标理论告诉我们，领导者可以而且应该根据不同的环境特点来调整领导方式和作风。如果下属是教条的和权力主义的，任务是不明确的，组织的规章和程序是不清晰的，那么，指导型领导方式最适合；对于结构层次清晰、令人不满意或感到灰心的工作，领导者应该使用支持型方式；当任务不明确时，参与型领导效果最佳；如果组织要求下属履行模棱两可的任务，成就型领导方式效果最好。

视野拓展

如何才能当好领导？不同环境下应该采取何种领导方式？建议读者参阅《领导方式与管理模式》一文，以加深对相关内容的理解。

第三节　协　　调

【本节任务】

掌握协调的概念；了解协调的范围与内容。

领导最重要的工作就是协调和沟通。因为任何组织都是一个人造系统，一方面它要与外部发生关系，需要处理好与外部的关系；另一方面，组织由许多子系统（或部门）、许多环节、许多人组成，在围绕组织目标运行中难免有矛盾与不一致的地方，这就需要领导进行协调，以保证组织平稳运行。而要实现协调就必须依靠沟通。

任何一个管理过程都包含两种性质的运动形式：一是物质流——人、财、物的输入、输出；二是信息流——各种信息的传递、接收和处理。领导通过信息流掌握物质流的状况，进而指挥物质流的运动。在这个意义上说，领导的职责就在于通过信息流控制物质流。领导较少与“具体的事物”打交道，而更多的是与“事物的信息”打交道。领导要想做好任何管理工作，都离不开信息和信息沟通。为了有效进行信息沟通，充分发挥信息沟通的作用，对有关沟通的一些基本问题应该有所了解。没有人员之间的沟通就不可能做到协调。事实上，领导每天所做的大部分事务都是围绕沟通这一核心问题展开的，例如，与上司和下属的沟通、与社会公众的交流，等等。

协调，是组织领导者从实现组织的总体目标出发，依据正确的政策、原则和工作计划，运用恰当的方式方法，及时排除各种障碍，理顺各方面关系，促进组织机构正常运转和工作平衡发展的一种管理活动。

一、协调的重要性

协调职能是领导的重要工作。在现代管理过程中，由于管理体制不顺、权责划分不清，政出多门，互相扯皮，导致领导班子不团结；干部素质上的差异，导致对问题的认识和看法的不一致；决策失误、计划不周，导致执行的困难；客观情况的重大变化，导致原来的工作计划无法继续实施；单位、部门之间的本位主义和个人感情上的隔阂，导致相互之间的矛盾和冲突等，使得组织管理过程中充满各种矛盾和冲突。如果不能及时解决这些矛盾和冲突，理顺各个方面的关系，就不可能顺利实现组织机构的协调运转和计划目标。因此，协调工作十分重要，领导者必须高度重视协调工作，认真履行好协调职能。

在一个组织中最有效的协调手段就是信息的沟通与交流。

> **思考与讨论**
>
> 为什么最有效的协调手段是信息的沟通与交流？

二、协调的范围

在组织机构运行的过程中出现的各种矛盾和冲突，都在协调的范围之内。按照与组织的关系，可将这些矛盾和冲突分为内部和外部两大类：对组织内部的各种矛盾和冲突的协调，称为内部协调；对组织与其他组织、个人的矛盾和冲突的协调，称为外部协调。无论是内部协调还是外部协调，最主要的都是要协调好三个方面的关系：

第一，上下级之间的关系，包括上下级机关、领导与群众之间的关系；

第二，同级之间的关系，包括平行的部门、单位、职位之间的关系；

第三，社区公众之间的关系，包括所在地区的其他单位、部门、个人之间的关系。

只有把组织内部和外部的这些关系都协调好了，才能创造良好的内部和外部的关系环境，保证计划、决策的顺利推行和组织目标的最终实现。

视野拓展

领导为什么要重视协调工作？推荐扫描二维码阅读《平庸领导下跳棋，伟大领导下象棋》一文。

三、协调的内容

组织内领导的协调工作主要有以下几项内容。

（1）协调奋斗目标。不同部门、单位、人员的工作目标出现矛盾冲突，必然导致行动的差异和组织活动的不协调。因此，协调好不同部门、单位和人员之间的工作目标，是协调工作的重要内容。

（2）协调工作计划。计划不周或主客观情况的重大变化，是导致计划执行受阻和工作出现脱节的重要原因。因此，根据实际情况特别是重大情况变化调整工作计划和资源分配，是协调工作的必要内容。

（3）协调职权关系。各部门、单位、职位之间职权划分不清，任务分配不明，是造成工作中推诿扯皮、矛盾冲突的重要原因。因此，理顺各层级、各部门、各职位之间的职权关系，消除相互之间的矛盾冲突，需要协调。

（4）协调政策措施。政策措施不统一、互相打架，是造成组织活动不协调的重要原因，消除政策措施方面的矛盾和冲突，需要加强协调。

（5）协调思想认识。在组织管理过程中，不同部门、单位、人员对同一问题认识不一致，观点、意见不相同，往往导致行动上的差异和整个组织活动的不协调。因此，协调不同部门、单位、人员的思想认识，统一大家对某个问题的基本看法，成了协调组织活动的前提条件和协调工作的内容。

第四节　沟　　通

【本节任务】

掌握沟通的概念与过程；了解沟通的分类；理解影响沟通的障碍，知晓如何实现有效沟通。

没有信息交流，就不可能有领导行为。领导者指导、协调和激励职责的履行都是建立在与他人的良好沟通基础上的。没有沟通，组织就无法协作；没有沟通，个人就无法融入社会。

沟通一词源于拉丁语的动词 communicare，意为“分享、传递共同信息”，英文的沟通也曾翻译为“交际”或“社交”，即社会上人与人之间使用语言等媒介进行思想、观念、感情、意志的交往，相互作用的一种行为。简单地说，沟通就是信息交流，就是指一方将信息传递给另一方，期待其做出反应的过程。使组织中的各种行动协调一致是组织沟通的首要目标，共享信息和表达情感对协调行动起到了支持的作用。需要从以下三个方面理解沟通的概念。

（1）沟通首先要进行信息传递。沟通首先要把信息传递出去，然后要构建信息反馈的通路，这样才能有效实现管理。

（2）沟通需要理解信息。有效的信息沟通不仅需要信息传递，也需要采用恰当的形式让接收者所感知的信息与发送者的意思一致，才能达到预期效果。

（3）沟通是双方的行为。沟通可以是人人沟通，可以是人机沟通，但根本是人与人之间的人际沟通。

一、沟通的重要性

沟通意味着信息的传递，如果信息没有被传送到，则沟通不会发生，但是，成功的沟通不仅要求意义被传递，而且还需要被理解。因此，一般意义上的沟通是指信息从发送者到接收者的过程和行为。沟通使有组织的活动统一起来，它也是改正行为、引起变化、达到目的的手段。从领导职能而言，离开了人际沟通，组织的活动就不能开展，既不可能实现相互协调合作，也不可能进行必要而及时的协调变革。因此，信息沟通在管理活动中具有重要意义。

（1）有效沟通是正确决策的必要前提。管理者对内和对外的有效沟通，可以使企业掌握大量的各种信息，比如企业组织结构、工作业绩标准、企业计划等企业内部问题，还可以了解顾客的需求、供应商的状况、股东的要求、政府的政策，以及企业所在社区普遍关心的问题。这些信息可以为企业拟订有关产品的研制计划、生产数量、产品质量、市场战略、各种生产要素间的组合以及企业内各项决策提供基础资料。在信息匮乏的情况下，任何高明的管理者都无法做出正确的决策。掌握和了解尽可能全面的信息，是避免决策失误的基本保证。

（2）有效的沟通是组织目标实现的重要手段。如果没有人际沟通，一个群体的活动也就无法进行。通过有效的人际沟通，可以使组织内部分工合作更为协调一致，保证整个组织体系统一指挥、统一行动，实现高效率的管理，使组织成员团结一致，共同努力来实现组织目标。

（3）有效的沟通是履行领导职能的基本途径。领导职能的实质是指挥、协调、鼓励下属为实现组织目标而努力的过程。完成这一过程的关键在于有效地进行沟通，即领导者的意图和想法要使下属知道和理解，并且还要了解下属的愿望和需求。因此，真正发挥领导职能的是上下级的沟通。

（4）有效的沟通是改善人际关系的重要条件。组织中每个成员都有受人尊重、社交和爱的需求，人与人之间的沟通和交流可以使这些需求得到满足。经常性的沟通和交流也可以使人们彼此了解，消除彼此的隔阂和误会，解决矛盾和纠纷，从而利于良好人际关系的形成。

管理故事

上帝与画眉

有一天，上帝问一只被囚在笼中的画眉：“你愿意到天堂去生活吗？”“为什么要去那里呢？”画眉问。上帝说：“天堂宽敞明亮，不愁吃喝。”“可我现在也很好啊。我的吃喝拉撒全由主人包办，风不吹头，雨不打脸，还能天天听见主人说话、唱歌。”画眉回答说。“可是你有自由吗？”听了上帝的话，画眉沉默了。于是，上帝把画眉带到了天堂。他把画眉安置在翡翠宫住下，便忙着处理各种事务去了。一年后，上帝突然想起了画眉，便去翡翠宫看它。他问画眉：“啊，我的孩子，你过得还好吗？”画眉答道：“感谢上帝，我过得还好。”“那么，你能谈谈在天堂里的生活感受吗？”上帝真诚地问道。画眉长叹一声，说，“唉，这里什么都好，就是没有人和我说话，让我无法忍受。您还是让我回到人间吧。”听了这话，上帝不禁大为感慨。

启示：人与人需要交流和沟通。企业内部若是没有相互交流和相互欣赏，即使身在天堂，你也不会感到快乐和自由。

二、有效沟通的原则

美国著名的公共关系专家特立普、森特在他们合著的被誉为“公关圣经”的著作《有效的公共关系》中提出了有效沟通的“7C 原则”，具体如下。

（1）可信赖性（credibility）。可信赖性指建立对传播者的信赖。

（2）一致性（又译为情境架构）（context）。一致性指传播须与环境（物质的、社会的、心理的、时间的环境，等等）相协调。

（3）可接受性（content）。可接受性指传播内容须与受众有关，必须能引起他们的兴趣，满足他们的需求。

（4）明确性（clarity）。表达的明确性，指信息的组织形式应该简洁明了，易于公众接受。

（5）渠道的多样性（channels）。渠道的多样性，指应该有针对性地运用传播媒介以达到向目标公众传播信息的目的。

（6）持续性与连贯性（continuity and consistency）。沟通是一个没有终点的过程，要达到渗透的目的，必须对信息进行重复，而且在重复中不断补充新的内容，这一过程应该持续下去。

（7）受众能力的差异性（capability of audience）。受众能力的差异性，是指沟通必须考虑沟通对象能力的差异（包括注意能力、理解能力、接受能力和行为能力），采取不同方法实施传播才能使传播易为受众理解和接受。

三、信息沟通过程

信息沟通过程指的是信息交流的全过程。人与人之间的沟通过程可以分为六步：发送者把所要发送的信息按一定程序进行编码后，使信息沿一定的通道进行传递，接收者收到信息后先对信息进行译码处理，使信息被接收者接收，接收者再将收到信息后的情况或反映发回给传递者，即反馈。在整个信息传递过程中都存在影响信息传递和接收效果的噪声，如图 6.6 所示。

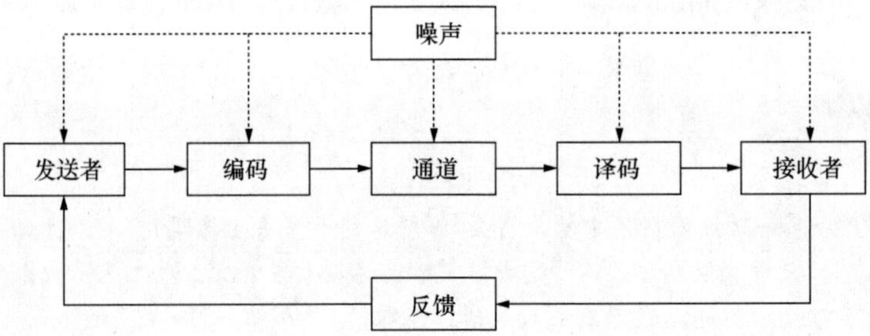

图 6.6 信息沟通的基本过程

（1）发送者。发送者即信息源。信息发送者是一个沟通过程的原点，为了某种需要，他准备向接收者传递某些信息。这里所说的信息包括想法、观点、建议、计划以及各种资料等。

（2）编码。信息是一种抽象的意识，需要借助技术手段才能表达出来，这就是信息的编码过程。即将信息内容表达为某种或某些特定的符号，如语言、文字、手势等，这样才能得以传递。但在编码的过程中如果发生错误，则会影响沟通的效率。

（3）信息通道。通道是指传递信息的媒介。对信息进行编码之后，还需要通过一定的渠道或媒介传递出去。如通过文件传递、电话传递、会议传递或面对面交谈等。具体采用哪种渠道，应根据信息性质、重要程度、保密情况、空间距离等来确定。一个具体的信息可以通过不同的通道发送。对信息沟通渠道要求畅通无阻，避免干扰，能使接收者正确无误地收到信息。

视野拓展

西门子的沟通机制

作为一家不断进取的跨国公司，西门子努力改善管理方式及行为，加强开放式的沟通，建立良好的工作环境与氛围。为此，西门子建立了很多供员工沟通的渠道。

西门子的沟通渠道包括以下所列方式。

（1）内部刊物。西门子内部办有很多内部刊物，它们是传达各种信息、进行员工间沟通的重要渠道之一。这些内部媒体主要包括《西门子之声》《西门子世界》以及各业务集团主办的各种内部沟通杂志。

（2）内部网站。西门子的内部网站是一个庞大而高效的沟通平台。有关公司最新报道、公司的政策、领导层写给员工的信等内容都会及时在该平台发布，让每一名员工都能在第一时间获取最新信息。西门子人事部建立有专门的网页，新员工可以从中了解如何融入公司。针对外国员工、合资工厂、各地区开辟了专门的链接。其他方面，如关于人员招聘、培训、出差、发展、投诉等内容一应俱全，并随时更新。

（3）强大的电子邮件（E-mail）系统。西门子内部网络建立有强大的员工电子邮件系统，为员工之间的沟通提供了便捷的渠道。

（4）员工对话机制。在西门子，每位员工每年至少要与直接上级有一次非常系统的对话，特别是表现突出的重点、核心员工。通过与员工的对话，公司可以了解员工的想法，并针对其提出的问题制订解决方案。

（5）员工沟通信息会。公司每年至少举办一次“员工沟通信息会”，在公司政策、员工福利、职业发展等众多问题上听取员工的意见，与员工进行双向的沟通。

（6）直接与高层沟通。员工在工作上若有不同的意见，也可以越过自己的直接上级向公司高层反映，与他们直接进行沟通。

（7）新员工导入研讨会。西门子公司为新员工开设了“新员工导入研讨会”，公司的 CEO 每一期都会参加，并为新员工介绍企业文化、公司背景等信息。在此，CEO 等高层直接面对面地与新员工进行交流。

（8）员工培训。无论是新员工培训还是经理人培训，都为员工之间进行沟通提供了机会。在所有的集体培训上，公司的 CEO 等高层领导都会亲自参加，与员工进行面对面的交流。

（9）员工建议制度。西门子鼓励员工为公司提出合理建议与意见，为改善公司业务与管理而出谋划策。被采纳的建议将迅速在公司中实施与推广，对于提出合理建议且被公司采纳的员工，公司将给予从小礼物到 10 余万元现金不等的奖励。好建议的标准很简单：节省费用、节省时间、提高质量。

四、沟通的类型

沟通的类型多种多样，可按不同的方式进行分类。

（一）按沟通的组织系统分类

沟通按组织系统的不同可以分为正式沟通和非正式沟通。

1. 正式沟通

正式沟通，指的是通过组织明文规定的渠道进行信息的传递和交流。如组织与组织之间的公函来往。在组织中，上级的命令、指示按系统逐级向下传送，下级的情况逐级向上报告，以及组织内部的会议、汇报、请示、报告等，这些都属于正式沟通。

正式沟通的优点是沟通效果较好，有较强的约束力，易于保密，因此一般重要的信息传送通常都采用这种沟通方式。其缺点是：因为依靠组织系统层层传递，因而沟通速度比较慢，而且显得刻板。

2. 非正式沟通

非正式沟通，指的是正式沟通渠道之外进行的信息传递和交流。如员工之间私下交换意见、背后议论别人、小道消息、马路新闻的传播等，均属于非正式沟通。

非正式沟通方式的优点是沟通方便、内容广泛、方式灵活、沟通速度快，可用于传播一些不便正式沟通的信息，而且由于在这种沟通中比较容易把真实的思想、情绪、动机表露出来，因而能提供一些正式沟通中难以获得的信息。其缺点是比较难以控制，传递的信息往往不确切，易于失真、曲解，容易传播流言蜚语而混淆视听，对此应予重视，注意防止和克服其消极的方面。

正式沟通时，其内容和频率要适当。次数过少，内容不全，会使上情不能下达，下情不能上达；而次数过多，内容过繁，则会导致文山会海，陷入官僚主义和形式主义。管理者在力求使正式沟通畅通的同时，还应重视和利用非正式沟通渠道，使后者成为更好地掌握各种信息的一种补充形式。通常，小道消息大多出于捕风捉影、歪曲或扩大事实，但它的流行常常与正式沟通渠道不畅有关。因此，改善的办法在于使正式沟通渠道畅通，用正式消息驱除小道传闻。

（二）按沟通的方式分类

沟通按其使用方式可以分为口头沟通、书面沟通和非语言沟通。

1. 口头沟通

口头沟通，指运用口头表达的方式来进行信息的传递和交流。这种沟通通常见于会议、会谈、对话、演说、报告、电话联系、市场访问、街头宣传等。

2. 书面沟通

书面沟通，指的是用书面形式进行的信息传递和交流。例如简报、文件、通信、刊物、调查报告、书面通知等。

美国心理学家戴尔（T. L. Dahle）通过比较研究，认为兼用口头与书面沟通的沟通方式效果最好，其次是口头沟通，再次是书面沟通。

其实，口头沟通与书面沟通各有优缺点。口头沟通的优点在于：比较灵活，简便易行，速度快，有亲切感；双方可以自由交换意见，便于双向沟通；在交谈时可借助手势、体态、表情来表达思想，有利于对方更好地理解信息。但它也有缺点：受空间限制，人数众多的大群体无法直接对话，也会造成信息失真；口头沟通后保留的信息较少，取证困难。书面沟通的优点在于：具有准确性、权威性，比较正式，不受时间、地点限制；信息可以长期保存；便于查看、反复核对，倘有疑问可据以查阅，可减少因一再传递、解释所造成的失真。它的缺点是：一旦上了书面，就不易随时修改，有时文字冗长不便于阅读，搞成书面形式也较为费时。

在管理中，口头沟通与书面沟通都是必不可少的，但用得更多的是口头沟通。通常，传递重要的、需要长期保存的信息，宜用书面沟通；传递一般性的、暂时性的、有关例行工作的信息，以口头沟通更为简便。在班组、科室中，一般说来成员不多，工作场地较为集中，担负的大多是执行性任务，因此，应特别重视口头沟通。

3. 非语言沟通

非语言沟通，指的是用语言以外的即非语言符号系统进行的信息沟通。如视-动符号系统（手势、表情、动作、体态变化等非言语交往手段）、目光接触系统（如眼神、眼色）、辅助语言（如说话的语气、音调、音质、音量、快慢、节奏等），以及空间运用（身体距离）等。

语言沟通与非语言沟通通常是交织在一起的，这两个方面配合得越好，沟通的效果也越好。因此在沟通时，要注意保持两者在意义上的一致性，否则，如怒气冲冲地表扬人、嬉皮笑脸地批评人、怒目而视地抚摸、板着脸孔与人打招呼，都会使信息模糊而使对方难以捉摸，影响沟通效果，以致招来误会、带来麻烦。

（三）按信息传播的方向分类

沟通按信息传播的方向可以分为上行沟通、下行沟通和平行沟通。

（1）上行沟通，是指自下而上的沟通，即下级向上级汇报情况、反映问题。这种沟通既可以是书面的，也可以是口头的。为了做出正确的决策，领导者应该采取措施（如开座谈会、设立意见箱和接待日制度等）鼓励下属尽可能多地进行上行沟通。

（2）下行沟通，是指自上而下的沟通，即领导者以命令或文件的方式向下级发布指示、传达政策、安排和布置计划工作等。下行沟通是传统组织内最主要的一种沟通方式。

（3）平行沟通，是指同层次、不同业务部门之间以及同级人员之间的沟通。平行沟通符合过程管理学派创始人法约尔提出的“跳板原则”，它能协调组织横向之间的联系，在沟通体系中是不可缺少的一环。

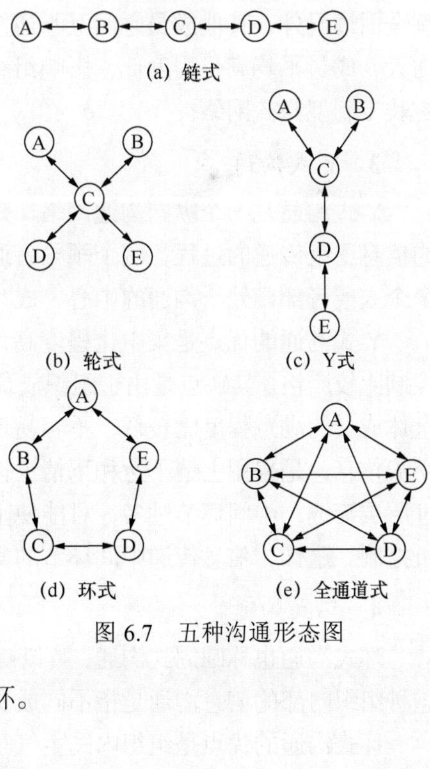

图 6.7　五种沟通形态图

（四）按沟通网络的基本形式分类

沟通按其网络的基本形式可分为链式、轮式、Y 式、环式和全通道式沟通，如图 6.7 所示。

1. 链式沟通

链式沟通又称为直线型沟通，是指若干沟通参与者，从最初的信息发送者到最终的接收者环环衔接，形成信息沟通的链条。链式沟通是一个线性网络，特点是机制比较简单，速度较快，有明确的领导人，适合等级结构，失真度高。

链式沟通的优点是：传递信息的速度最快；解决简单问题的时效最高。其缺点是：信息经过层层筛选，容易出现失真的现象，使上级不能直接了解下级的真实情况，下级不能了解上级的真实意图；各个信息传递者接受信息差异很大，平均满意程度有很大的差距；处于最低层次的沟通只能做上行沟通，或接收失真度较大的信息，造成心理压力大，最容易产生不满足感；每个成员的沟通面狭窄，彼此沟通的内容分散，不易形成群体共同意见，最低层次的沟通者与最高层次的沟通者难以通气，不利于培养群体凝聚力。

2. 轮式沟通

轮式沟通是指最初信息发送者直接将信息同步辐射式发送给最终接收者。轮式沟通是一个控制性网络，其过程中有一明显的主导者，凡信息的传送与回馈均需经过此主导者，且沟通成员也要通过此主导者才能相互沟通。

轮式沟通的优点是：集中化程度高，解决问题的速度快；解决问题的精确度高；对领导人物的预测能力要求很高；处于中心地位的领导人的满足程度较高，他是信息沟通的核心，一切信息都得经过这个核心进行传递，所以可以接收所有的信息，有利于了解、掌握、汇总全面情况并迅速把自己的意见反馈出去。其缺点是：沟通渠道少；除处于核心地位的领导了解全面情况外，其他成员之间互不通气，平行沟通不足，不利于提高士气；组织成员心理压力大，成员平均满足程度低，影响组织的工作效率，将这种沟通网络引入组织机构中，容易滋长专制型交流网络。

3. Y 式沟通

Y 式沟通是一个纵向沟通网络，是在链式沟通网络基础上发展起来的，表示在不同层次的信息逐级传递的过程，两个领导者通过一个人或者一个部门和相关人或部门进行沟通，这个个人或者部门处于沟通的中心，成为沟通的中间媒介。

Y 式沟通的优点是集中化程度高，较有组织性，信息传递和解决问题的速度较快，组织控制比较严格。其缺点是由于组织成员之间缺少直接和横向沟通，不能越级沟通，除节点外，全体成员的满意程度比较低，不容易形成和谐的组织沟通气氛。Y 式沟通模式中其成员之间交流信息，是采用上情下达和下情上传的逐级传达的形式，虽然信息传递快，但由于信息经过层层筛选，中间环节过多，可能使上级不能了解下级的真实情况，信息被过多的中间环节所控制。这样，信息传递中间环节的操纵可能造成信息失真，给组织工作带来不良影响。

4. 环式沟通

环式沟通也称圆周式沟通，类似链式沟通，但信息链首尾相连形成封闭的信息沟通的环。这种组织内部的信息沟通是指不同成员之间依次联络沟通。环式沟通属于封闭式网络结构。

环式沟通的优点是组织内民主气氛较浓，组织成员一般有较高的满意度，组织士气高昂。其缺点是组织的集中化程度和领导人的预测程度较低，沟通速度较慢，信息易于分散，往往难以形成中心。

如果在组织中需要创造出一种高昂士气来实现组织目标，同时追求创新和协作，加强组织中的决策机构、咨询机构、科研开发机构以及小规模独立工作群体，采用环式沟通是一种行之有效的措施。

5. 全通道式沟通

全通道式沟通是指每个成员可以自由与其他成员沟通。这是一种非等级式沟通，满意度高、失真度低，但规模受限。所有参与成员都是平等的，人们能够比较自由地发表意见，提出解决问题的方案。各个沟通者之间全面开放，彼此十分了解，组织成员的平均满足程度很高，各个成员之间满足程度的差距很小。即时通信工具普及后，各种工作群组内的沟通（如QQ群、微信群）属于全通道式沟通。

全通道式沟通的优点是：该网络是高度分散的，组织内的每一个成员都能同其他任何人进行直接交流，没有限制；所有成员是平等的，人们能够比较自由地发表意见，提出解决问题的方案；各个沟通者之间全面开放，彼此十分了解，组织成员的平均满足程度很高，各个成员之间满足程度的差距很小；组织内士气高昂，合作气氛浓厚，个体有主动性，可充分发挥组织成员的创新精神。全通道式沟通比环式沟通的沟通渠道更开阔，弥补了环式沟通难以迅速集中各方面信息的缺陷。其缺点是：沟通渠道太多，易于造成混乱；对较大的组织不适用，在一个较大的企业组织中，各成员不能都有彼此面对面地接触的机会；沟通路线的数目会限制信息的接收和传出的能力；信息量大，可能影响工作效率。

（五）按沟通是否有反馈分类

沟通按是否有反馈分为单向沟通和双向沟通。

（1）单向沟通是指信息的发送者和接收者位置不变的沟通方式，如作报告、演讲、上课，一方只发送信息，另一方只接收信息。这种沟通方式的优点是信息传递速度快，并易保持传出信息的权威性；缺点是准确性较差，并且较难把握沟通的实际效果，当接收者不愿接受意见或任务时，容易引起不满与抗拒心理。当工作任务急需布置、工作性质简单，以及从事例行的工作时，多采用此种沟通方式。

（2）双向沟通是指信息的发送者和接收者的位置不断变换的沟通方式，如讨论、协商、会谈、交谈等均属此类沟通。信息发送者发出信息后，还要及时听取反馈意见，直到双方对信息有共同的了解，有效的沟通应该是信息的双向沟通。双向沟通的优点是，信息的传递有反馈，准确性较高。由于信息接收者有反馈意见的机会，使他有参与感，易保持良好的气氛和人际关系，有助于意见沟通和建立双方的感情。但是，由于信息的发送者随时可能遭到信息接收者的质询、批评或挑剔，因而对发送者的心理压力较大，要求也较高；同时，这种沟通方式比较费时，信息传递速度也较慢。

> **即问即答**
>
> 企业做新产品的广告，属于什么沟通？企业举行新产品现场演示、咨询会，这种沟通属于什么沟通？

莱维特（M.J.Leavitt）曾对单向和双向沟通做过比较研究，得出的结论为：①从沟通速度来说，单向沟通比双向沟通速度快；②从内容正确性来说，双向沟通比单向沟通好；③从工作秩序来说，双向沟通容易受到干扰，缺乏条理性，单向沟通显得安静规矩；④双方沟通中，接受信息的人对自己的判断较有信心，知道自己对在哪里，错在哪里；⑤对发讯人来说，在双向沟通时感到心理压力较大。

一般说来，在工作任务不紧迫，又需要准确地传递信息时，或在处理陌生、复杂的问题，要做出重要决策、决定时，宜采用双向沟通方式。在上下级之间进行双向沟通时，领导者要特别注意“心理差距”对沟通的影响。处在主管地位的人，在下属的心目中往往具有一种“心理巨大性”，而下属对自己则存在一种“心理微小性”。这种心理差距会造成心理上的不平衡，使人们在上级面前不敢畅所欲言，成为双向沟通的心理障碍。

要尽量减少领导者与被领导者之间的心理差距，首先要求领导者平易近人，把自己放在与对方平等的地位上，营造一种和谐的气氛。影响领导者与被领导者之间双向沟通的另一因素是领导者对不同意思的容忍性。双向沟通的目的是要让下级有公开和坦率地表达意见的机会。然而有些领导者却只爱听顺耳的或对己有利的话，听到“坏”消息就感到不快。这时有的下级为了“顺利通过”，也来个报喜不报忧，看领导脸色行事，这样，就会使双向沟通徒具形式。

思考与讨论

2015 年 6 月，正当一些地方西瓜大量上市时，网上疯传“黑心商贩给还没成熟的西瓜注射了甜蜜素和胭脂红”，这些添加剂会损害肝肾、影响儿童智力发育，一时间一些地方出现了西瓜滞销现象，致使西瓜烂在地里，瓜农损失严重。国家食监局、中央电视台都及时进行了辟谣，才使这一谣言得以澄清。

请问：由此案例来看，正式沟通为什么重要？

五、信息沟通的障碍及其克服

（一）信息沟通的障碍

信息沟通常常会受到各种因素的影响，如个人因素、人际因素、组织结构因素、技术因素等，使沟通受到阻碍。归纳来看，沟通障碍主要来自以下几个方面。

1. 语言障碍、习惯性思维，产生理解差异

自从人类社会创造出了语言，语言便成了人类沟通中最重要的工具。它的表达方式丰富多彩，表现包罗万象，使用范围广阔无边，在沟通功能上是其他任何方式无法比拟的。但语言本身并不是客观事物，而是描述客观事物、传递信息的符号。语言是思想的外壳，处于不同地域的人，对同一内容表述差异大，语音差别大，沟通困难。即使不考虑这些因素，每个人的语言修养和表达能力差别也很大，加上有些沟通者事先缺乏必要的准备和思考，或用词不当或说话模糊，让人听了半天不知所云；有时即使意思清楚，但接收者在译码过程中，往往会加上主观的推理综合，因而受其个人的世界观、方法论、经历、经验、需要的影响，从而会产生不同的理解和结论。在沟通过程中人们还经常犯一些错误，就是习惯性的常理思维，或未听完下属情况反映就凭经验乱加评论。

思考与讨论

受委屈的小朋友

一天，美国知名主持人林克莱特采访一位小朋友：“你长大后想当什么呀？”小朋友天真地回答：“我要当飞机的驾驶员！”林克莱特接着问：“如果有一天，你的飞机飞到太平洋上空，所有引擎都熄火了，你会怎么办？”小朋友想了想说：“我会先告诉坐在飞机上的人系好安全带，然后挂

上我的降落伞跳出去。”当现场的观众笑得东倒西歪时，林克莱特继续注视着这个孩子，想看他有什么反应。没想到，接着孩子的两行热泪夺眶而出，这才使得林克莱特发觉这孩子的悲悯之情远非笔墨所能形容。于是林克莱特问他：“为什么要这么做？”小孩的答案透露出一个孩子真挚的想法：“我要去拿燃料，我还要回来!!”

请问：在这个案例中，如果你是观众，当听到小朋友说“我挂上我的降落伞跳出去”时你是怎么理解的？为什么现场的观众会误解这个小朋友？该案例说明在沟通中我们要注意什么？

2. 环节过多，引起信息损耗

上传下达是组织经常采用的沟通方式，由于组织发展所带来的组织结构复杂化，使得管理层和员工之间出现了更多的层次和职权结构。由于各种因素，信息每经过一次传达就多一层丢失和错误，一般每经过一个中间环节就要丢失30%左右的信息。一项著名的关于美国公司管理沟通状况的调查显示，信息在下行传递中，好像经过一个漏斗，层层过滤。如果董事会的原始信息是 100%的话，口头传递经过五个层次，到达最后一个信息接收者那里时就只剩下 20%了，80%的信息因为各种原因而损失掉了。

究其原因，是因为人具有性别、年龄、文化程度、信仰、思维、想象等差异。在上行沟通过程中，组织越大,其沟通阻碍越常见。在一项对美国和加拿大 75 家公司的研究中发现，组织内上行沟通的每一步骤几乎都有信息过滤和扭曲发生。当认为信息可能对自己不利时，对信息的过滤就会在上行路上产生。例如，一些高层管理者只喜欢听某类信息，于是，中层管理者、秘书或行政助理往往为了迎合高层，只回应高层感兴趣的事；另一方面，主管与下属的关系不良，缺乏信任，双方又不肯花时间去相互了解和真诚沟通时，下属就不愿意向上级提供信息。

3. 信誉不高，妨碍沟通

如果沟通者在接收者心中的形象不好，例如认为他存有偏见时，则后者对其所讲述的内容往往不愿意听或专挑毛病，有时虽无成见，但认为内容与己无关，也会不予理会。

管理故事

第二次世界大战中的丘吉尔与希特勒

据 2010 年 5 月 11 日《IT 时代周刊》中《公司高管如何跟员工打交道》刊载（唐纳德·基奥）在第二次世界大战期间，温斯顿·丘吉尔专门设立了一个办公室，该办公室的唯一职责就是向他报告坏消息，这一点值得我们深思。不管消息有多么糟糕，丘吉尔都想一五一十地了解真相。希特勒则刚好与此相反。希特勒有“听喜”的癖好，他的秘书马丁·博尔曼很快就学会了适应这位暴君的脾气，从来都报喜不报忧。于是，当德军在战场上已经处于不利局面时，希特勒得到的消息还是德军还一直在战场中处于上风，当他知道局面不利时已经为时过晚了。

启示：两种信息沟通方式产生了两种效果，因此一个管理者要善于听取不同的信息。凯特林是通用汽车最辉煌年代的舵手，他经常说：“除了坏消息之外，什么也别告诉我，好消息会削弱我的斗志。”

4. 沟通要求不明，渠道不畅

有些领导者不确切说明自己需要哪些信息才能完成某项任务和做出正确的决策，因此在组织渠道设计时没有明确的目标，沟通渠道就必然呈现自发的无组织状态，以致出现下列情况：下属提供的信息自己并不需要，而自己需要的信息下属却没有提供。此外，利益冲突、地位的差异也是妨碍沟通的因素。

5. 外界环境的干扰

环境的干扰会使信息接收者无法全面、准确地接受信息发送者所发送的信息。诸如噪声大、注意力难以集中、通信突然中断、讨论问题的场合不适宜、相互传递信息被打岔，以及室内的布置、房间的颜色、空间距离的远近等，都会对传递信息和相互沟通产生影响，造成信息在传递中的损失和遗漏，甚至扭曲变形，从而造成了错误的或不完整的传递。

（二）信息沟通障碍的克服

信息沟通障碍的存在，势必会影响到各个环节之间信息沟通的效率，不利于组织计划和目标的实现。管理者应积极采取相应的措施，克服沟通中的各种障碍，以保证管理活动的顺利进行。为了有效地克服沟通的障碍，需要注意下面几点。

1. 沟通要有认真的准备和目的性，力求表达准确

对于信息发送者来说，无论是口头交谈的方式还是书面交流的方式，都首先要明确沟通目标；要了解沟通对象的性格，要善于同各种员工打交道；善于换位思考，真正理解对方心意。每次沟通之前都要对沟通的内容有正确和清晰的理解。重要的沟通最好事先征求他人意见，每次沟通要解决哪些问题、达到什么目的，要尽量清楚。传递信息时力求准确表达自己的意思，选择准确的词汇、语气、标点符号，注意逻辑性和条理性，言简易懂，有些地方要加上强调性的说明，要从大量的信息中进行选择，只传递与工作有密切联系的信息，以突出重点。如果信息来自各方面还需要进行统筹协调，避免沟通信息的矛盾，以免降低沟通效果。

2. 沟通要有诚意，取得对方的信任并和其建立感情

沟通能否取得成功，不仅和沟通内容有关，而且和沟通者的品德有关。有人对经理人员的沟通做过分析，得出的结论是：他们一天用于沟通的时间约占 70%，而在沟通的时间中撰写占 9%，阅读占 16%，言谈占 30%，用于聆听占 45%，但一般经理都不是好听众，效率只有 25%。究其原因，主要是缺乏诚意。要提高沟通效率，其中一个重要的技巧就是必须诚心诚意地倾听对方的意见，这样对方才会把真实想法说出来。作为领导，要有民主作风，要欢迎职工发表意见；要能兼收并蓄、豁达大度，善于听取不同的意见；要经常深入基层，与下级进行沟通，从感情上建立联系。

管理故事

沟通要真诚

一位智者和一个朋友外出旅行。在一个危险的山谷，智者被他的朋友救了一命，执意要在石头上镌刻下这件事。后来，在海边，两个人因为一件事争吵起来，朋友给了智者一记耳光。智者捂着发烫的脸，在退潮后的沙滩上把这件事写下了。朋友看过之后问他为什么不刻在石头上，智者说："我告诉石头的，都是我唯恐忘了的事情，而我告诉沙滩的，都是我唯恐忘不了的事情。"

朋友感到很惭愧，于是两人又和好如初了。

启示：智者的真诚和宽容让他赢得了友谊，管理者也应以诚待人。

3. 重视非语言沟通手段

在沟通时，除了语言要准确以外，还要重视非语言沟通手段的运用。可以借助手势、动作、眼神、表情等来帮助思想和感情上的沟通，表达主题、兴趣、观点、目标和用意。初次见面时，马虎而随便的握手和热情而有力的握手会给人完全不同的感受。通过坚决而有力的动作，来明确信息发送者态度的坚定和对前景的信心，用炯炯的目光表示信任，鼓励信息接收者接受和理解信息，并执行信息所提出的要求，可以产生此处无声胜有声的效果。

4. 提倡直接沟通、双向沟通、口头沟通

美国曾做过有关经理沟通方式的调查，请他们选择自认为良好的沟通方式，55%的经理认为直接听口头汇报最好，37%的人选择下去检查，18%的人选择定期会议，25%的人选择下面汇报。另一项调查是问经理们在传达重要政策时认为哪种沟通最有效，共调查 51 人，选择召开会议做口头说明的有 44 人，选择亲自接见重要工作人员的有 27 人，选择在管理公报上宣布政策的有 16 人，选择通过电话通知的仅 1 人。这些说明口头沟通、双向沟通是比较好的沟通形式，可以及时反馈信息，又可以建立人际关系。

5. 恰当地选择沟通时机、方式和环境

沟通的时机、方式和环境对沟通的效果会产生重要影响，领导在宣布重要决定时，应考虑何时宣布才能增加积极作用，减少消极作用。有的消息适合以公开的方式通过正式渠道传递，有的则适合以秘密的方式通过非正式沟通渠道传播；有的消息适合在办公室沟通，有的则适合在家庭内沟通。此外，在沟通时应尽量排除外界环境干扰，如重要的谈话应选择安静的场所，以避免被电话、下属请示工作等打断。管理者在沟通信息时，一定要对沟通的时间、地点、条件等充分加以考虑，使之适合于信息的性质特点，以增加沟通的效果。

6. 疏通沟通渠道，设计固定沟通渠道，形成沟通常规

沟通渠道的任何环节出现故障都有可能严重影响沟通效果。管理者应根据组织的规模、业务性质、工作要求等选择沟通渠道，制定相关的工作流程和信息传递程序，保证信息的上传下达渠道畅通，为各级管理者进行决策提供准确可靠的信息。也可以通过例会、座谈会、问卷调查、领导接待日等形式传递和接受信息。

7. 掌握倾听的技巧

一个善于沟通的人，首先必须善于倾听，倾听是有效沟通的关键环节。倾听时一般需注意以下几点。

（1）创造良好的倾听环境。如有可能，可根据沟通的需要，选择好沟通的时间和地点，避免时间受限制，尽量排除所有分心的事，创造一个良好的倾听环境。

（2）以真诚的态度倾听，并运用体态认真地倾听对方的谈话。保持目光接触，绝不能目光游移或旁视；表情认真，听到精彩之处甚至入神，表明受到吸引。

（3）要适时进行必要的提问或回应，引导对方讲下去。只要听者洗耳恭听，就会使表达的主体感到自己说话的价值已被承认，渴望得到尊重的需求和寻求“知音”的心理得到满足，从而会给对方以相应的感情回报。

管理故事

玫琳凯·艾施女士待人接物——让下属感到他们重要

美国玫琳凯公司的创始人玫琳凯·艾施女士在接见她的下属时，总是全神贯注地注视着对方，认真地听对方说话，并尽可能地说些比较亲切的话，也许只是几句简短的闲谈，如“我喜欢你的发型”或“你的衣服漂亮极了”，她认为只有这样才能表示对下属的尊重与关注。她之所以这样做，与她作为一个销售人员去见她敬仰的一位销售经理的经历有关。这位销售经理做了一场激励士气的演讲，“我很渴望和他握手。我在队伍中排了三个小时，好不容易轮到我和他见面，但他从未正眼瞧过我一眼，只是从我肩膀上望过去，看看队伍还有多长，他甚至没有察觉到我正在和他握手。虽然我明白他很累，但我也一样在队伍中等待了三个小时，我的疲惫并不亚于他！我觉得受到了伤害和侮辱，因为他根本没有把我看在眼里。”从那时起玫琳凯便下定决心，“如果有一天人们排队来和我握手，我将给每一位来到我面前的人全然的关注，而不管我自己是多么疲劳！”

玫琳凯公司每个月都有一批业务督导到达拉斯的总部参观，并接受培训。尽管每次都有将近400 名女士来接受训练，但玫琳凯·艾施女士总是会抽出一天时间和她们一起上课。在她们来访期间，她会邀请她们所有人到家中吃些茶点，而且是她自己烘烤的饼干。她不止一次听到她们说：“玫琳凯，我从未吃过董事长亲手烘烤的饼干。”玫琳凯·艾施女士这样做是想让她们了解她是如何生活的，这对她们是件重要的事，也是她们训练旅行的高潮。她自己乐于和她们在一起，也期待她们来参观，因为她们对玫琳凯·艾施女士及公司而言是相当重要的。

（玫琳凯·艾施，2006）

启示：你们愿意别人怎样待你们，你们也要怎样待别人。约翰·戴·洛克菲勒就说过：“我会付更多的薪水给擅长待人而非擅长处理事务的人。”

8. 掌握说的技巧

说是沟通中应用最多、最基本的语言形式。管理者应掌握说的技巧，因为对他们而言，这是必备素质和基本功。具体应注意以下几点。

（1）换位思考。换位思考是一种语言风格，也是一种技能。它要求信息发送者既要表达出自己的思想，又要顾及受信息接收者的需求——从对方的角度出发，重视对方的需求，保护对方的自我意识。

（2）表达积极的期望。研究发现，商人对积极的语言反应更积极，有可能对措辞积极的要求加以承诺。这就要求避免用否定的字眼或带有否定口吻的语气，消极方面或根本不重要的话干脆省去，把负面信息和对方的某个受益方面结合起来叙述。

视野拓展

有种“管理就是沟通”的说法，暂且不论它是否准确，但这句话反映出沟通对管理的重要性。推荐扫描二维码阅读《管理者如何有效开展沟通》一文。

（3）使用礼貌、友善的语言，学会尊重与赞美。在一般工作环境下要注意使用文明用语，语气应专业但不僵硬，友善但不虚伪，自信但不骄傲。真诚、实事求是地赞美对方的长处，处处表示对对方的尊重，这样会有助于感情的融通。

（4）回避忌讳的话题。在沟通中要为别人保守秘密，不揭露别人的隐私，特别是不可涉及国家、民族、宗教等方面的禁忌。

（5）传递信息的语言要准确、简明，以保证信息准确、迅速地传输。

（6）善于运用体态语言。在口头表达的过程中，要注意辅以各种体态语言，如表情、手势等。

（7）运用幽默。幽默的话语对于调节谈话气氛、迅速消除隔阂、拉近双方心理距离、排除尴尬局面等具有明显作用。此外，还应注意说话不宜过多，声调不宜过高，速度不宜过快，并巧用停顿等。

总之，克服沟通障碍不只是工作方法问题，更主要的是管理理念问题。发达国家现代企业中流行的“开门政策”“走动管理”，是基于尊重个人、了解实情、组成团队等现代管理理念的，沟通只是实现这种理念的途径。因此，如何克服沟通障碍，以及如何建立有效沟通的渠道，不能一概而论，但都应站在现代管理理念和价值观的高度，妥善加以处理。

本章小结

领导一词可以从名词和动词两个方面来理解：从名词角度来讲，领导（名词属性，leader）是指为实现组织目标，进行决策、计划、组织、控制等工作而去指挥或引导下属的人，也称为领导者；从动词角度，领导（动词属性，leading）是指领导者利用组织所赋予的职权和个人所具有的能力，指挥、带领和影响下属为完成组织目标而努力工作的过程，也称领导工作。

领导的实质是一种影响力。领导者对他人产生影响力的基础是权力，这种权力分为职位权力和个人权力两大类。领导的作用主要是指挥、激励、协调和沟通。

现有的有关领导的理论可以分为人性假设理论、特性理论、行为方式理论、权变（或情境）理论三大类。

领导最重要的工作就是协调和沟通。协调是指组织领导者从实现组织的总体目标出发，依据正确的政策、原则和工作计划，运用恰当的方式方法，及时排除各种障碍，理顺各方面关系，促进组织机构正常运转和工作平衡发展的一种管理职能。管理活动中的信息沟通的实质是人际沟通。沟通简单地说就是信息交流，就是指一方将信息传递给另一方，期待其做出反应的过程。信息沟通必须具备三个要素：信息的发送者、信息的接收者、所传递的信息内容。

对组织内发生的沟通方式可以从不同的角度进行分类。在沟通的过程中，由于外界干扰以及其他种种原因，致命信息的传递不能发挥正常的作用，从而降低了沟通的有效性。管理者必须懂得和识别这些障碍因素，还必须掌握克服、消除这些障碍的有效方法及沟通技巧，提高沟通水平。

综合练习与实训

一、重点概念

领导　领导权力　协调　沟通

二、填空题

1. 领导的作用体现在________、________、________和________四个方面。
2. 领导是一种影响力，其影响力来自________和________两方面。
3. 信息沟通必须具备________、________和________三个要素。
4. 协调就是要搞好________协调与________协调。

5. 领导效率=f（______，______，______）。

三、单项选择题

1. 按照管理方格理论，以下哪种领导方式最具战斗力？（　　）

A. 1.1 型　　B. 9.1 型　　C. 1.9 型

D. 5.5 型　　E. 9.9 型

2. 信息发送者与信息接收者彼此不断进行着信息的沟通与反馈，这种沟通属于（　　）。

A. 单向沟通　　B. 双向沟通　　C. 斜向沟通

3. 所有政策均由领导者决定，不受下级的影响，这种领导方式属于（　　）。

A. 权威式领导　　B. 民主式领导　　C. 放任式领导

4. 企业做广告属于（　　）沟通。

A. 向下　　B. 单向　　C. 双向

5. 按照领导生命周期理论，在下属成熟度的第三个阶段应该采取（　　）领导方式。

A. 命令式　　B. 参与式　　C. 授权式　　D. 说明式

6. 在复杂人假设情况下，应该采取（　　）领导方式。

A. 严格监管　　B. 参与式

C. 重视贡献，鼓励参与　　D. 权变

四、判断题

1. 领导的影响力来自其职位权力的大小。（　　）
2. 权力影响力的大小不取决于个人本身，而取决于职位的高低。（　　）
3. 企业派出推销人员外出推销，属于双向沟通。（　　）
4. 在社会人假设情况下，应该采取严格监控的领导方式。（　　）
5. 领导特性理论主要研究在领导过程中何种领导行为最为有效。（　　）
6. 信息沟通过程首先是从信息反馈开始的。（　　）

五、思考题

1. 简述领导的作用。
2. 为什么要协调？
3. 影响沟通的障碍有哪些？如何实现有效的沟通？
4. 有效沟通应该遵循什么原则？
5. 在不同的人性假设理论下应该采取什么样的领导方式？

六、案例分析

三种领导模式

ABC公司是一家中等规模的汽车配件生产集团。最近，对该公司的三个重要部门经理进行了一次有关领导类型的调查。

一、安西尔

安西尔对他本部门的产出感到自豪。他总是强调对生产过程、出产量控制的必要性，坚持下属人员必须很好地将生产指令迅速、完整、准确地反馈。安西尔遇到小问题时，会放手交给下级去处理，当问题很严重时，他则委派几个有能力的下属人员去解决问题。通常情况下，他只是大致规定下属人员的工作方针、完成怎样的报告及完成期限。安西尔认为只有这样才能更好地合作，避免重复工作。

安西尔认为，对下属人员采取敬而远之的态度，对一个经理来说是最好的行为方式，所谓的“亲密无间”会松懈纪律。

安西尔说，在管理中的最大问题是下级不愿意承担责任。他的下属人员可以有机会做许多事情，但他们并不是很努力地去做。

他表示不能理解以前他的下属人员如何能与一个毫无能力的前任经理相处，他说，他的上司对他们现在的工作运转情况非常满意。

二、鲍勃

鲍勃认为每个员工都有人权，他偏重于管理者有义务和责任去满足员工需求的观点。他说，他常为他的员工做一些小事，如给员工两张艺术展览的入场券。他认为，每张门票才15美元，但对员工和他的妻子来说，其价值却远远超过15美元。这种方式也是对员工过去几个月工作的肯定。

鲍勃说，他每天都要到工厂去一趟，与至少25%的员工交谈。鲍勃不愿意为难别人，他认为安西尔的管理方式过去死板，安西尔的员工也许并不那么满意，但除了忍耐别无他法。

鲍勃说，他已经意识到在管理中有不利因素，但大都是由于生产压力造成的。他的想法是以一个友好、粗线条的管理方式对待员工。他承认尽管在生产率上不如其他单位，但他相信他的雇员有高度的忠诚与士气，并坚信他们会因他的开明领导而努力工作。

三、查里

查里说他面临的基本问题是与其他部门的职责分工不清。他认为不论是否属于他们的任务都安排在他的部门，似乎上级并不清楚这些工作应该由谁做。

查里承认他没有提出异议，他说这样做会使其他部门的经理产生反感。他们把查里看成朋友，而查里却不这样认为。

查里说过去在不平等的分工会议上他感到很窘迫，但现在适应了，其他部门的领导也不以为然了。

查里认为纪律就是使每个员工不停地工作，预测各种问题的发生。他认为作为一个好的管理者，没有时间像鲍勃那样握紧每一个员工的手，告诉他们正在从事一项伟大的工作。他相信，如果一个经理声称为了决定将来的提薪与晋职而对员工的工作进行考核，那么，员工则会更多地考虑他们自己，由此会产生很多问题。

他主张，一旦给一个员工分配了工作，就让他以自己的方式去做，取消工作检查。他相信大多数员工知道自己把工作做得怎么样。

如果说存在问题，那就是他的工作范围和职责在生产过程中发生的混淆。查理的确想过，希望公司领导叫他到办公室听听他对某些工作的意见。然而，他并不能保证这样做不会引起风波，而使事情有所改变。他说他正在考虑这些问题。

案例思考：

1. 你认为这三个部门经理各采取的是哪种领导方式？试预测这些模式各将产生什么结果。
2. 是否每一种领导方式在特定的环境下都有效？为什么？

第七章

激　励

管理格言：激励能使人的潜力得到最大限度的发挥。

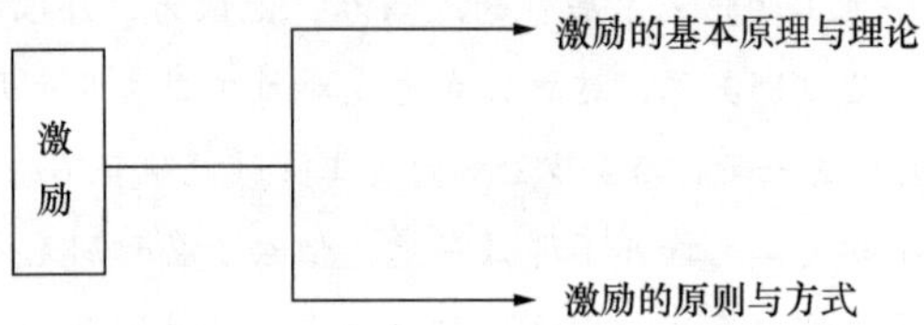

导入案例

一家在同行业中领先的跨国公司在报酬制度方面出现了问题，致使两名精明能干的年轻财务管理人员辞了职，到竞争对手的公司里去任职。辞职的原因是因为对手为他们提供了明显更高的薪水。其实，这家大公司的财务主管在数月前就曾要求给这两位年轻人增加工资，因为他们的工作表现十分出色。但人力资源部门的主管知道，这种加薪与公司现行的工资制度不符。一般情况下，现行的工资级别是建立在职位、年龄和资历等基础上的。另外，他的年度调查也显示，按同行业平均水平来说，这两位年轻财务管理人员的薪资水平已经有相当的竞争力了。

当这两位优秀的年轻人宣布辞职后，问题就暴露出来了。各方面都在说长道短，指指点点。

你认为两个年轻人为什么会辞职？人力资源部门主管的观点有问题吗？应该如何解决这个问题？有关激励的理论会给我们提供帮助。本章主要介绍激励的基本理论与激励方式。

第一节　激励的基本原理与理论

【本节任务】

掌握激励的概念与构成因素；了解激励过程；对激励理论中内容激励、过程激励的主要理论进行理解和应用。

一、激励的基本原理

1. 激励的概念与构成要素

激励是心理学中的一个术语，指的是激发人的动机的心理过程。也就是在某种内部或外部条件刺激的影响下，使人产生或维持一种兴奋的精神状态。将激励这一概念引入管理，就是指管理者运用各种管理手段，刺激被管理者的需求，激发其动机，使其朝向所期望的目标前进的心理过程。激励的实质就是把需求、内动力与组织目标三个相互影响、相互依存的要素衔接起来，使员工为满足自身需求，在内动力的趋势下，努力达到组织目标的整个过程。激励最显著的特点是内在驱动性和自觉自愿性。

> **视野拓展**
>
> 近些年，“90后”员工越来越多，即使不考虑个体差异，代际差别应该说也比较明显，对上一代人行之有效的激励方法对下一代人可能失效。推荐读者阅读《企业如何激励90后员工》一文进行学习。

构成激励的要素主要包括以下几项。

（1）需求。需求是激励的起点与基础。需求是人们对某种目标的渴求和欲望。促进动机产生的原因是驱动力和诱因。在外部环境的刺激下，人产生强烈的需求并导致动机的产生。

（2）动机。这是构成激励的核心要素。动机是推动人们从事某项活动的内在驱动力。人的行为都是由动机驱使的，有什么样的动机，就会产生什么样的行为。激励的关键在于使被激励者产生所希望的动机，以产生有助于组织目标实现的行为。

（3）外部刺激。这是激励的条件，是指在激励过程中，外部环境对人的需求的影响条件与因素。

（4）行为。这是激励的目的。行为是指在激励状态下，人们为动机驱使所采取的实现目标的一系列动作。激励要达到的目的就是通过恰当的激励措施和手段，使被管理者的行为朝着实现组织目标的方向发展。

上述因素相互组合与作用，就构成了对人的激励。

领导工作中最重要的一项职能就是激励。要提高管理工作的绩效，除了每个员工具备完成工作的能力外，最重要的就是要采取恰当的激励方式，才能使员工发挥出他的才能。工作绩效可用下面的函数来表示：

$$\text{工作绩效}=f(\text{能力}\times\text{激励})$$

> **视野拓展**
>
> 美国哈佛大学的詹姆斯（W.James）教授在对员工激励的研究中发现，按时计酬的分配制度仅能让员工发挥20%～30%的能力，如果受到充分激励的话，员工的能力可以发挥出80%～90%，两种情况之间60%的差距就是有效激励的结果。管理学家的研究表明，员工的工作绩效是员工能力和受激励程度的函数，即绩效=f（能力×激励）。如果把激励制度对员工创造性、革新精神和主动提高自身素质的意愿的影响考虑进去的话，激励对工作绩效的影响就更大了。

2. 激励过程

心理学、行为科学认为，人的需求产生动机，从而确定行为目标，激励则起着强化和推动行为的作用。激发人的动机的心理过程模式可以表示为：需求引起动机，动机引起行为，行为又指向一定的目标。这就是说，人的行为都是由动机支配的，而动机则是由需求引起的，人的行为都是在某种动机的策动下为了达到某个目标的活动。当人们有了某种需求且未得到满足之前，就会处在一种不安和紧张状态之中，从而成为从事某项活动的内在驱动力。心理学上把这种驱动力叫动机。动机产生以后，人们就会寻找能够满足需求的目标，而一旦目标确定，就会进行满足需求的活动。活动的结果可能有以下两种情况。

（1）实现了目的，满足了需求，这会产生一个反馈，告诉此人原有的需求已得到满足，于是在新的刺激下，又会产生新的需求。

（2）行为没有实现目的，也会有反馈，产生某种挫折感，这时又可能产生两种行为：一是他可能愈挫愈勇，采取建设性行为，以继续实现目的；二是他可能变得灰心丧气，采取防御性行为，放弃原有的目的。

人的行为过程是一个周而复始、不断进行、不断升华的循环。人的个体行为活动过程的基本模式如图 7.1 所示。

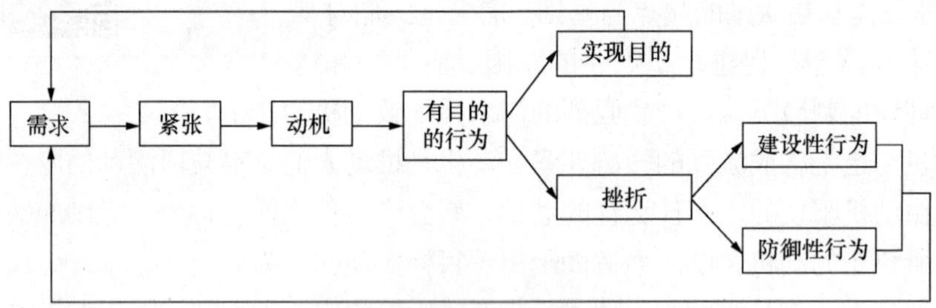

图 7.1　人的行为模式图

思考与讨论

管理学中有个“鲇鱼效应”的故事，说的是在长途运送沙丁鱼的水箱里放进一条吃鱼的鲇鱼，沙丁鱼会为逃避鲇鱼的攻击加速游动，从而解决水箱缺氧使沙丁鱼致死的问题。这说明了什么？

二、激励理论——内容激励理论

有关激励的理论及研究比较多，大致可将其分为内容激励理论和过程激励理论两大类。

内容激励理论从研究需求入手，着重探讨什么东西能够使一个人采取某种行为，即着重研究激励的起点和基础。内容激励理论重点研究激发动机的诱因，影响较大的有以下几种。

（一）需求层次理论

美国管理心理学家马斯洛在 1943 年所著的《人的动机理论》一书中，提出了需求层次理论。他认为人类有五种主要的需求，由低至高依次排成五个阶层，低层次的需求获得满足后，才有可能产生出下一个高层次的需求。这五种需求分别为生理需求、安全需求、社会需求、尊重的需求、自我实现的需求。这几种需求的重要程度的层次结构如图 7.2 所示。

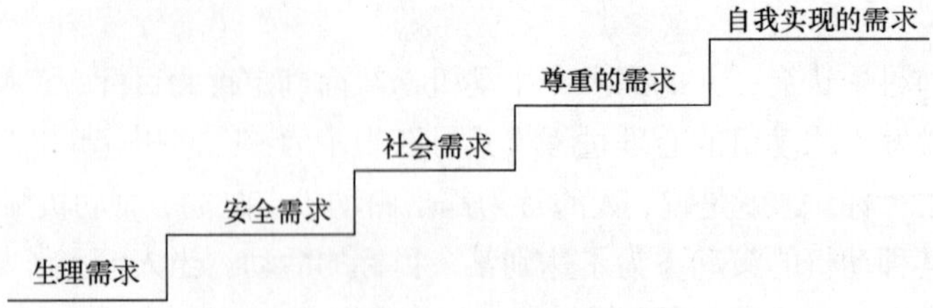

图 7.2　马斯洛的需求层次理论

（1）生理需求是人类维持生存最基本的需求，包括人体生理上的主要需求，即衣、食、住、行、医药等生存的基本条件。

（2）安全需求是人类保护自己免受生理和心理伤害的需求，如希望工作有保障，不要失业，要求避免职业病的侵袭，希望解除严密的监视等。

（3）社会需求是感情或归属方面的需求。从感情上说，人们都希望朋友之间、同事之间的关系融洽，希望得到他人的友情或爱情。从归属上说，每个人都有一种属于某一团体或群体的愿望，希望成为其中的一员，并相互照顾和关心。

（4）尊重的需求是指自尊和受别人尊敬的需求。自尊表现为对自信、独立、成就、信心、知识等的需求。受别人尊敬就是指得到别人的认可、赞赏等。

（5）自我实现的需求是实现个人的理想和抱负的需求。如要求发挥自己的潜在能力，要求最大限度地自我发展和自我表现等。这是需求层次中最高的一种需求。

马斯洛的理论的意义在于：管理者可以通过提供下属未能满足的需求，达到激发下属工作意愿的目的。

思考与讨论

假设你是管理者，要对一个组织的员工进行激励，按照马斯洛需求层次理论，你应该怎么做？讨论完后，每位同学应提交一篇课程论文。

（二）成就需求理论

成就需求理论是美国哈佛大学心理学家戴维·麦克利兰提出的。他认为在生存需求基本得到满足的前提下，人还有高层次的需求，即权力、亲和及成就这三种需求，其中成就需求的高低对人的成长和发展起着特别重要的作用。

（1）权力需求。权力需求是指影响或控制他人且不受他人控制的需求。不同的人对权力的渴望程度也有所不同。权力需求较高的人对影响和控制别人表现出很大的兴趣，喜欢对别人“发号施令”，注重争取地位和影响力。他们常常表现为喜欢争辩、健谈、直率和头脑冷静，善于提出问题和要求，喜欢教训别人并乐于演讲等。他们喜欢具有竞争性和能体现较高地位的场合或情境。权力需求是管理成功的基本要素之一。

（2）亲和需求。亲和需求是指建立友好亲密的人际关系，寻求被他人喜爱和接纳的需求。高亲和动机的人更倾向于与他人进行交往，至少是为他人着想，这种交往会给他带来愉快。高亲和需求者渴望亲和，喜欢合作而不是竞争的工作环境，希望彼此之间的沟通与理解，他们对环境中的人际关系更为敏感。有时，亲和需求也表现为对失去某些亲密关系的恐惧和对人际冲突的回避。亲和需求是保持社会交往和人际关系和谐的重要条件。

（3）成就需求。成就需求是指争取成功、追求优越感，希望做得最好的需求。具有强烈的成就需求的人渴望将事情做得更为完美，提高工作效率，以获得更大的成功，他们追求的是在争取成功的过程中克服困难、解决难题、努力奋斗的乐趣，以及成功之后个人的成就感，他们并不看重成功所带来的物质奖励。成就需求者有三个主要特点：有较强的责任感，倾向于选择适度的风险，希望得到工作业绩的及时反馈。

不同的人对三种需求的排列层次和比例不同，个人行为主要决定于其中被环境激活的那些要素。具有高成就需求的人具有事业心强、比较实际、敢冒风险的特点，他们对企业和国家有重要作用。高成就需求的人才可通过教育和培训来造就。

（三）双因素理论

双因素理论是由美国心理学家弗雷德里克·赫茨伯格（Frederick Herzberg）于 1959 年提出的。20 世纪 50 年代后期，赫茨伯格为了研究人的工作动机，对匹兹堡地区的 200 名工程师、会计师进行了深入的访问调查，提出许多问题，如在什么情况下你对工作特别满意？在什么情况下对工作特别厌恶？原因是什么？等等。调查结果发现，使他们感到满意的因素都是工作的性质和内容方面的，使他们感到不满意的因素都是工作环境或者工作关系方面的。赫茨伯格把前者称作激励因素，后者称作保健因素。1959 年，赫茨伯格在广泛调查的基础上出版了《工作与激励》一书，正式提出了激励的双因素理论。

（1）保健因素。意思是这类因素对职工行为的影响类似卫生保健对人们身体的影响。当卫生保健工作达到一定的水平时，可以预防疾病，但不能治病。同理，当保健因素低于一定水平时，会引起职工的不满；当这类因素得到改善时，职工的不满就会消除。但是，保健因素对职工起不到激励的积极作用。保健因素可以归纳为十项：企业的政策与行政管理；监督；与上级的关系；与同事的关系；与下级的关系；工资；工作安全；个人生活；工作条件；地位。

（2）激励因素。当这类因素具备时，可以起到明显的激励作用；当这类因素不具备时，也不会造成职工的极大不满。这类因素归纳起来有六种：工作上的成就感；受到重视；提升；工作本身的性质；个人发展的可能性；责任。

分析一下上述两类因素可知，激励因素是以工作为中心的，即以对工作本身是否满意、工作中个人是否有成就、是否得到重用和提升为中心的；而保健因素则与工作的外部环境有关，属于保证工作完成的基本条件。研究中还发现，当职工受到很大激励时，他对外部环境的不利能产生很大的耐性；反之，就不可能有这种耐性。

赫茨伯格的双因素理论与马斯洛的需求层次理论有很大的相似性。马斯洛的高层需求即赫茨伯格的主要激励因素，而为了维持生活所必须满足的低层需求则相当于保健因素。可以说，赫茨伯格对需求层次理论做了补充。他划分了激励因素和保健因素的界限，分析出各种激励因素主要来自工作本身，这就为激励工作指出了方向。图 7.3 所示为马斯洛模式与赫茨伯格模式的比较。

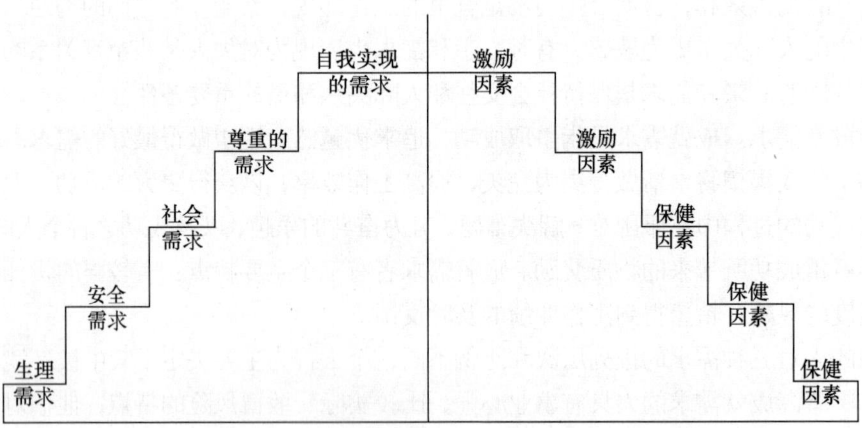

图 7.3　马斯洛模式与赫茨伯格模式比较图

（四）X、Y、超 Y、Z 理论

在管理中，根据人的行为的不同，对“人性”的看法存在四种理论。

1. X 理论和 Y 理论

美国麻省理工学院教授道格拉斯·麦格雷戈（Douglas Mcgregor）于 1957 年首次提出 X 理论和 Y 理论。麦格雷戈所提出的 X 理论主要有以下观点。

（1）一般的人天性厌恶工作，因此只要有可能他们就一定会逃避工作。

（2）由于有这种厌恶工作的特性，所以对大多数人来说，都必须通过强迫、控制、指挥和惩罚性的威胁，才能使他们做出足够的努力来实现组织目标。

（3）一般的人宁可受人指挥，也要力求避免承担责任，即他们胸无大志，只图太平。

与 X 理论相反的是 Y 理论，麦格雷戈认为，Y 理论是较为传统的 X 理论的合理替代物。Y 理论的主要观点有以下几点。

（1）工作中无论是体力还是脑力支出，都像在游戏或休息一样自然。

（2）外来的控制和惩罚性的威胁都不是使人做出努力来达到组织目标的唯一手段。人们在实现他们所承诺的目标任务时会进行自我管理和自我控制。

（3）对目标、任务的承诺取决于实现这些目标任务后所能得到的报酬。

（4）在适当的条件下，一般的人不但懂得接受，而且懂得寻求负有职责的工作。

（5）在解决组织所遇到的问题时，所运用的较高的想象力、机智和创造性的能力，不是少数人才具有的，而是大多数人所共有。

（6）在现代的工业化社会的生活条件下，一般人的潜在智能只得到了部分发挥。

由于两种理论观点对人的看法不同，因此采用的管理方法也不相同，按 X 理论来看，进行管理就应采用严格控制、强制方式；如按 Y 理论来进行管理，管理者就要创造一个能多方面满足员工需要的环境，使人们的智慧、能力得以充分发挥，使其在实现组织目标的过程中实施自我管理。

2. 超 Y 理论

在麦格雷戈提出 X 理论和 Y 理论之后，美国的乔伊·洛希和约翰·莫尔斯对此进行了试验，他们选用两个工厂和两个研究所作为试验对象，实验结果如表 7.1 所示。从表中看出，采用两种理论的单位都有效率高和效率低的。可见 Y 理论不一定都比 X 理论好。通过实验及分析，洛希等人认为，管理方式要由工作性质、成员素质等来决定，并据此提出了超 Y 理论。其主要观点有以下几个。

表 7.1 X 理论和 Y 理论试验结果

试验对象 / 理论依据	工厂	研究所
X 理论	效率高	效率低
Y 理论	效率低	效率高

（1）人的需求是多种多样的，而且随着人的发展和生活条件的变化而发生变化，每个人的需要都各不相同，需求的层次也因人而异。

（2）人在同一时间内有各种需求和动机；这样需求和动机会发生相互作用，并结合为统一的整体，形成错综复杂的动机模式。

（3）人在组织中的工作和生活条件是不断变化的，因而会产生新的需求的动机。

（4）一个人在不同单位或同一单位的不同部门工作，会产生不同的需求。

（5）由于人的需求不同、能力各异，对不同的管理方式会有不同的反应，因此没有适合于任何组织、任何时间、任何个人的统一管理方式。

3. Z理论

Z理论是美国加州大学管理学院日裔美籍教授威廉·大内在研究分析了日本的企业管理经验之后提出来的。按照Z理论，管理的主要内容有以下几点。

（1）企业对职工的雇佣应是长期而不是短期的。这样，就可以使职工感到职业有保障而积极地关心企业的利益和前途。

（2）集体决策，鼓励职工参与企业的管理工作。

（3）实行个人负责制，要求基层管理人员不是机械地执行上级命令，而是有创造性地去执行。中间管理人员对各方面的建议要协调统一，统一的过程就是反复协商的过程。

（4）缓慢的评价和晋升。强调对职工进行长期而全面的考察，不以“一时一事”为根据对职工表现下结论。

（5）控制机制要较为含蓄且不正规，但检测手段要正规。

（6）适度专业化的职业途径。对职工要进行全面的知识培训，使职工有多方面工作的经验。

（7）全面关怀员工。管理当局要处处显示对职工的全面关心，使职工心情舒畅、愉快。

三、激励理论——过程激励理论

过程激励理论主要研究从动机的产生到采取具体行动的心理过程，它的主要任务是找出对行为起决定作用的某些关键因素、弄清它们之间的相互关系，以预测和控制人的行为，即从外在的诱因入手研究激励问题。过程激励理论主要有以下几种。

1. 公平理论

公平理论是美国心理学家亚当斯于1965年提出来的。这一理论重点研究个人做出的贡献与所得报酬之间关系的比较对激励的影响。公平理论的基本内容是，人的劳动积极性不仅受绝对报酬的影响，更重要的是受相对报酬的影响。这种相对报酬是指个人付出劳动与所得报酬的比较值。人们都有一种将自己的投入和所得与他人的投入和所得相比较的倾向。其中，投入主要包括工龄、性别、所受的教育和训练、经验和技能、资历、对工作态度等方面。而所得主要包括工资水平、机会、激励、表扬、提升、地位以及其他报酬。

人们是否感到公平，所依据的就是付出与报酬之间比较出来的相对报酬。相对报酬相等，人们就感到公平，否则就感到不公平。假如甲以乙为参照进行比较，其过程如图7.4所示。

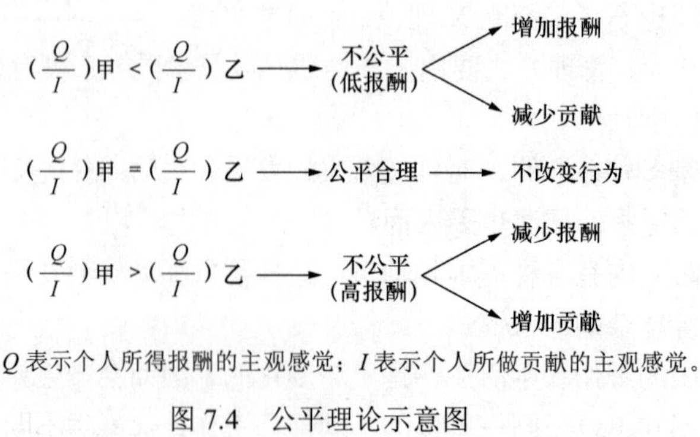

其中：Q表示个人所得报酬的主观感觉；I表示个人所做贡献的主观感觉。

图7.4 公平理论示意图

如果当事人与他人进行比较后感到公平，就会心情舒畅，并努力工作；当其感到不公平时，就会出现心理的紧张、不安，从而影响其行为动机，导致生产积极性与生产效率的降低，引起企业的矿工率、离职率增加。因此，在管理中，必须充分注意在工作中和待遇上的不公平、不合理现象对人的心理状况以及行为动机的影响。管理者应当在工作任务的分配上努力消除不公平、不合理现象，以保证有效地调动职工积极性。

2. 期望理论

期望理论是美国心理学家弗鲁姆于 1964 年提出的。其基本论点是：人们在预期他们的行动将会有助于达到某个目标的情况下，才会被激励起来去做某些事情，以达到这个目标。

弗鲁姆认为，人们对某项工作积极性的高低，取决于他对这种工作能满足其需求的程度（效价）及实现可能性（期望率）大小的评价。也就是说，激励是一个人某一行动的预期价值和将会达到目标的概率的乘积，其表达式为

$$激发力量=效价\times期望率$$

这里激发力量表示一个人所受激励的程度，效价表示一个人对某一成果的偏好程度，而期望率是某一特别行动会导致一个预期成果实现的概率。激励作用的大小与效价、期望率成正比，即效价、期望率越高，激励作用越大；反之，则越小。如其中一项为零，激发力量也自然为零。

管理故事

期望激励

宋朝时，某位将军被派驻边地镇守。他到了边地之后发现守城的尽是些老弱残兵，虽然人人都会武艺，但全都是些花拳绣腿，打仗时根本不管用。用这样的军卒来防守，根本抵挡不了如狼似虎的金兵，怎么办？这位将军计上心头。他颁布了一条命令：用一块银子作靶心，谁射中了，银子便归他所有。自此后，边地军民争以习箭为任，箭术均有提高，个个精于箭术。不久，金兵入侵，边地军民同仇敌忾，把金兵打得抱头鼠窜，成功地守住了边城。

启示：在日常管理中管理者要善于把员工的期望与企业目标有效地结合在一起，将这种心理应用于激励下属的措施中，贯穿在日常管理中，使之成为一种自觉行为，才能有效实现管理的目标，取得良好的管理效果。

3. 强化理论

强化理论也叫行为修正理论，是美国的心理学家斯金纳提出的以学习的强化原则为基础的、关于理解和修正人的行为的一种学说。学习是员工激励的另外一个关键因素。在任何组织中，员工都会很快知晓哪些行为可能得到奖励，哪些行为不受重视或者会受到惩罚，因此，学习在保持激励行为方面扮演着关键角色。

斯金纳认为，人或动物为了达到某种目的，会采取一定的行为作用于环境，当这种行为的后果对其有利时，这种行为就会在以后重复出现；而对其不利时，这种行为就会减弱或消失。人们可以用这种正强化或负强化的办法来影响行为的后果，从而修正其行为。所谓强化，从最基本的形式来讲，指的是对一种行为的肯定或否定的后果（报酬或惩罚），它至少在一定程度上会决定这种行为在今后是否会重复发生。根据强化的性质和目的，可把强化分为正强化和负强化。在管理上，正强化就是奖励那些组织上需求的行为，从而加强这种行为；负强化就是惩罚那些与组织不相容的行为，从而削弱这种行为。正强化的方法包括奖金、对成绩的认可、表扬、改善工作条件和人际关系、提升、安排具有挑战性的工作、给予学习和成长

的机会等。负强化的方法包括批评、处分、降级等，有时不给予奖励或少给奖励也是一种负强化。

强化理论具体应用的一些行为原则如下。

（1）经过强化的行为趋向于重复发生。所谓强化因素就是会使某种行为在将来重复发生的可能性增加的任何一种“后果”。例如，当某种行为的后果是受人称赞时，就增加了这种行为重复发生的可能性。

（2）要根据强化对象的不同采用不同的强化措施。人们的年龄、性别、职业、学历、经历不同，需求就不同，强化方式也应不一样。如有的人更重视物质奖励，有的人更重视精神奖励，对此就应根据情况采用不同的强化措施。

（3）小步子前进，分阶段设立目标，并对目标予以明确规定和表述。对于人的激励，首先要设立一个明确的、鼓舞人心而又切实可行的目标，只有目标明确而具体时，才能进行衡量和采取适当的强化措施。同时，还要将目标进行分解，将其分成许多小目标，完成每个小目标后都及时给予强化，这样不仅有利于目标的实现，而且通过不断的激励可以增强信心。如果目标一次定得太高，会使人感到不易达到或达到的希望很小，这就很难充分调动人们为达到目标而做出努力的积极性。

（4）及时反馈。所谓及时反馈就是通过某种形式和途径，及时将工作结果告诉行动者。要取得最好的激励效果，就应该在行为发生以后尽快采取适当的强化方法。一个人在实施了某种行为以后，即使是领导者表示“已注意到这种行为”这样简单的反馈，对他也能起到正强化的作用；如果领导者对这种行为不予注意，这种行为重复发生的可能性就会减小以至消失。

（5）正强化比负强化更有效。在强化手段的运用上应以正强化为主，同时，必要时也要对坏的行为予以惩罚，做到奖惩结合。

强化理论只讨论外部因素或环境刺激对行为的影响，而忽略了人的内在因素和主观能动性对环境的反作用，具有机械论的色彩。但是，强化理论有助于对人们行为的理解和引导。这并不是对职工进行操纵，而是使职工有一个最好的机会在各种明确规定的备选方案中进行选择。因而，强化理论已被广泛地应用在激励和人的行为的改造上。

4. 综合型激励理论

综合型激励理论是由美国学者波特和劳勒于 1968 年提出的。这一模式较为全面地说明了激励理论的全部内容，如图 7.5 所示。

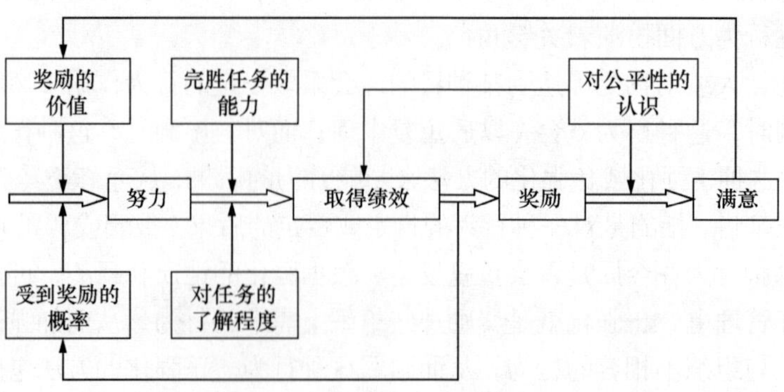

图 7.5 综合型激励理论示意图

（1）个人的努力及其程度取决于奖励的价值和得到奖励的概率。如果个人认为奖励的价值比较高，且有把握完成任务或过去曾经完成（即得到奖励的概率高），他将乐意做出努力。

（2）工作的实际绩效取决于能力的大小、努力的程度和对任务理解的深度。特别是对于比较复杂的任务，个人能力及理解程度比努力程度对绩效的影响更大。

（3）激励措施是否让人感到满意，取决于奖励内容和受激励者对所获报酬公平性的感觉。奖励内容有内在奖励和外在奖励，内在奖励如取得具有挑战性的工作、获得更大的自主权等，外在奖励如工资的提高、获得更好的工作环境等。这些奖励可以强化个人的有利行为。此外，受激励者对所获报酬感觉越公平，其满意程度越高。

（4）个人的满意程度将会反馈到下一项任务的努力过程中，满意将会产生进一步的努力，不满意将会导致努力程度降低。

综合激励理论对于管理实践的启示如下：①合理安排任务，要根据个人能力进行任务分工；②合理设定目标，即要设定合适的工作目标；③奖励内容和形式多样化，即要根据不同人的需求给予不同的奖励；④考核与奖励要公平，即要进行公平考核、公平奖励，以使员工真正感到满意。

第二节 激励的原则与方式

【本节任务】

理解激励原则；掌握激励方式。

一、激励的原则

一个组织要在激烈的市场竞争中赢得胜利，必须充分依靠和调动其职工的积极性，引导员工为组织的发展目标而奋斗。管理者对员工进行激励活动应遵循以下原则，才能取得较好的效果。

1. 按需激励原则

激励的起点是满足员工的需求，由于不同员工的需求不同，相同的激励措施起到的激励效果也不尽相同。例如，年轻工作者比较重视拥有自主权和创新的工作环境；中年工作者比较重视工作与私生活的平衡及事业发展的机会；老年工作者则比较重视工作的稳定性及分享公司的利润。即便是同一位员工，在不同的时间或环境下也会有不同的需求，并且只有采用满足其最迫切需求（主导需求）的措施，其效价才高，其激励强度才大。所以，激励要因人而异。在制订和实施激励措施时，管理者必须深入地进行调查研究，了解每个员工真正的需求是什么，弄清楚员工需求层次和需求结构的变化趋势，有针对性地采取激励措施，才能收到实效。

视野拓展

《唐僧的管理哲学》一文有助于读者加深对按需激励原则的理解，推荐扫描二维码阅读该文。

2. 物质激励和精神激励相结合的原则

精神激励是指满足人的精神需求的一种激励方法。精神激励能促进人们自身能力发展完善，使人们目光远大、心胸开阔、志趣高尚，把组织长远利益置于个人短期利益之上。尽管精神激励十分重要，但它不是万能的，不可能代替物质激励。在许多情况下，对员工给予适当的奖励，同样能在精神上起到鼓励和鞭策作用，它不仅可以鼓励获奖者，还可以激励未获奖者。当然，物质激励也不是万能的。可以这样说，物质激励是基础，精神激励是根本。应在两者结合的基础上，逐步过渡到以精神激励为主。

3. 合理性原则

激励的合理性原则包括两层含义。其一，激励的措施要适度，即要根据所实现目标本身的价值大小确定适当的激励量。奖励过重会使员工产生骄傲和满足的情绪，失去进一步提高自己的欲望；奖励过轻会起不到激励效果，或者让员工产生不被重视的感觉。惩罚过重会让员工感到不公，或者失去对组织的认同，甚至产生怠工或破坏的情绪；惩罚过轻会让员工轻视错误的严重性，从而可能还会犯同样的错误。其二，奖惩要公平。任何不公的待遇都会影响员工的工作效率和工作情绪，影响激励效果。取得同等成绩的员工，一定要获得同等层次的奖励；同理，犯同等错误的员工，也应受到同等层次的处罚。如果做不到这一点，管理者宁可不奖励或者不处罚。因此，要求管理者在处理员工问题时一定要有一种公平的心态，不应有任何的偏见和喜好，不能有任何不公的言语和行为。

4. 目标结合原则

在激励机制中，设置目标是一个关键环节。目标设置必须同时体现组织目标和员工需求的要求。为那些工作能力较强的员工设定一个较高的目标，并向他们提出工作挑战，这种做法可以激发员工的斗志，激励他们更出色地完成工作。这种工作目标挑战如果能结合一些物质激励，效果会更好。

5. 明确性原则

激励的明确性原则包括三层含义。其一，明确激励的目的，让员工清楚需要做什么和必须怎么做；其二，公开有关的制度措施，特别是对于分配奖金等大量员工关注的问题；其三，表达直观，在实施物质奖励和精神奖励时都需要直观地表达它们的指标。

6. 时效性原则

要把握激励的时机，“雪中送炭”和“雨后送伞”的效果是不一样的。激励越及时，越有利于将人们的激情推向高潮，使其积极性得以保持，并连续有效地发挥其创造力。

> **思考与讨论**
>
> 世界著名经理人韦尔奇认为搞好一家企业并不难，关键是给 20%的优秀员工不断地加薪再加薪，对 10%的落后员工不断地淘汰再淘汰。
>
> **思考：**如何理解韦尔奇的观点？在企业中采用这种观点会产生什么样的效果？

7. 正激励与负激励相结合的原则

所谓正激励就是对员工的符合组织目标的期望行为进行奖励。所谓负激励就是对员工违背组织目标的非期望行为进行惩罚。正负激励都是必要而有效的，不仅作用于当事人，而且会间接地影响周围其他人。

8. 引导性原则

外激励措施只有转化为被激励者的自觉意愿，才能取得激励效果。因此，管理者必须引导员工的认识和提高员工的觉悟，也让员工对完成目标有自信，使员工能充分理解组织目标与其自身目标之间的统一性。引导性原则是激励过程的内在要求。

思考与讨论

你是最优秀的和最聪明的

1960 年，哈佛大学的罗森塔尔博士曾在加利福尼亚州一所学校做过一个著名的实验。

新学年开始时，罗森塔尔博士让校长把三位教师叫进办公室，对他们说："根据你们过去的教学表现，你们是本校最优秀的老师。因此，我们特意挑选了 100 名全校最聪明的学生组成三个班让你们教。这些学生的智商比其他孩子都高，希望你们能让他们取得更好的成绩。"

三位老师都高兴地表示一定尽力。校长又叮嘱他们，对待这些孩子要像平常一样，不要让孩子或孩子的家长知道他们是被特意挑选出来的，老师们都答应了。

一年之后，这三个班的学生成绩果然排在整个学区的前列。这时，校长告诉了老师们真相：这些学生并不是被刻意选出的最优秀的学生，只不过是随机抽调的最普通的学生。老师们没想到是这样，因此都认为是自己的教学水平高的缘故。这时校长又告诉了他们另一个真相，那就是，他们也不是被特意挑选出来的全校最优秀的教师，也不过是随机抽调的普通老师罢了。

这个结果正是博士所料到的：这三位教师都认为自己是最优秀的，并且学生又都是高智商的，因此对教学工作充满了信心，工作自然非常卖力，结果自然就非常好了。

讨论：结合激励理论相关内容，讨论一下为什么会出现这种结果。

二、激励的方式

要提高激励的有效性，必须采取恰当的激励方式，形成有效的激励机制。任何激励的方式与手段，都是以形成一定量的诱因来对人的行为产生影响的。按照诱因的性质与内容，可将激励的方式分为物质利益激励、社会心理激励、工作激励三类。

1. 物质利益激励

物质利益激励是指以物质利益为诱因，通过调节被管理者的物质利益来刺激其物质需求的方式与手段。物质利益激励是调动人的积极性的最基本动力。在低水平消费的情况下，需求大多以物质利益为中心，绝大多数人对物质利益相当关心，物质利益对人行为的激发作用就越加明显。物质利益激励的主要形式有以下几种。

（1）薪酬激励。薪酬激励包括工资、奖金、各种形式的津贴及实物奖励等。商品经济条件下，人们的消费是有支付能力的消费，薪酬对于绝大多数人来讲是满足其物质消费的主要经济来源，是最重要和根本的激励因素。因此，在薪酬激励过程中，要坚持按劳分配与责权利相结合的原则，把组织成员的收入与其贡献及组织的效益挂钩，掌握恰当的刺激量。

（2）产权激励。产权激励就是将一个组织的产权卖给其员工，或根据员工的贡献、业绩给予分红、股票期权等。对于高层次的经营管理、技术人员而言，为了体现贡献与收益成正比，持久地、最大限度地调动其积极性，可以对其进行产权激励，这样既能在物质利益上保证其合理的收入，又能从制度上保证其主人翁的地位。

（3）关怀激励。关怀激励即领导者通过对下属在生活上进行关心照顾来激励职工。关怀激励不但可以使下属获得物质上的利益和帮助，而且还能使其获得尊重和归属感。领导者对下属关怀的内容多种多样，既包括物质上的，也包括精神上的。

薪酬激励、产权激励、关怀激励都是从正面来对下属的行为进行正强化，但有时对于下属出现违反组织的规章制度、不听从领导者的指挥管理等行为也需要进行必要的处罚和经济制裁。在处罚过程中应当有充分的事实根据与政策依据，做好思想转化与疏导工作，处罚的“刺激量”要适度。

2. 社会心理激励

社会心理激励就是管理者根据下属复杂的心理需求，以心理需求的满足为诱因，利用社会心理学、行为科学的方法来刺激与满足心理需求的方式和手段。社会心理激励的方法主要有以下几种。

（1）目标激励。目标激励即通过设置振奋人心的经过努力可以实现的奋斗目标来激发集体和个人的积极性。就企业而言，实行目标激励就是把企业和国家的整体目标与个人目标相结合，形成目标链。这样，人们在生产和工作中就会把自己的行动同整体目标联系起来，产生激励作用。实现目标激励的好处是：第一，能使职工看到自己的价值和责任，一旦达到目标便会有满足感；第二，有利于上下左右之间沟通信息，减少达到目标的阻力；第三，能使职工的个人利益与组织的整体目标得到统一。

（2）领导行为激励。领导行为激励即领导者通过自己的模范行为来调动下属的积极性。领导者的模范作用和带头作用是一种无声的命令，对下属的行为有很大的激励作用。领导者优良的思想作风、工作作风与生活作风，能感染下属、教育下属。而领导者搞不正之风，就会使下属不信服，挫伤下属的积极性。领导者廉洁奉公、身先士卒，一言一行做下属的表率，关心群众、团结同事，做下属的知心朋友，就能激励下属去克服困难，完成组织目标。

（3）榜样激励。榜样激励即通常所说的典型示范。榜样的力量是无穷的，它是一面旗帜，具有生动性和鲜明性，说服力强，容易引起人们感情上的共鸣。有了榜样，可以使人学有方向，赶有目标。它的号召力大，是一种重要的激励方法。开展榜样激励，应注意榜样来自群众，有广泛的群众基础。榜样的事迹要真实，能经得起检查和时间的考验。

（4）教育激励。教育激励即通过教育方式与手段，激发动机、调动下属积极性的形式。教育激励最主要的是搞好政治教育与思想教育。这就要求领导者应注重探索思想政治工作的规律性，提高思想政治工作的科学性。

（5）感情激励。感情激励即以感情作为激励的诱因，调动人的积极性。现代人对社会交往和感情的需要是强烈的，感情激励已成为现代管理中极为重要的调动人的积极性的手段。搞好感情激励就要求上下级之间建立融洽和谐的关系，促进上下级之间关系的协调与融洽，营造健康、愉悦的团体气氛，满足组织成员的归属感。

（6）尊重激励。随着人们需求层次的提高，人们渴求受到尊重的需求不断提升。领导者应利用各种机会鼓励、支持下属，努力满足其被尊重的需求，以激励下属的积极性。这就要求领导者尊重下属的人格，尽力满足下属对成就感的需求，支持下属自我管理、自我控制。

视野拓展

如何搞好社会心理激励？推荐读者扫描二维码阅读《精神激励的十大黄金法则》一文。

（7）参与激励。参与激励即以让下属参与管理为诱因，调动下属的积极性和创造性。让下属参与管理，有利于使决策民主化，使下属受尊重的心理得到满足；有利于下属提高对上级决策的认同感，降低决策实施的阻力，保证决策的顺利实施。

（8）竞赛激励。竞赛激励即利用人们争强好胜、不甘落后的心理，来激励人们的行为。这是由人们有追求自我实现的需要所决定的。领导者应结合组织的目标及任务，开展各种形式的竞赛，形成竞争的组织氛围，激发组织成员的热情和兴趣,将组织成员的积极性和行为最大限度地调动到实现组织目标轨道上来。要有效实现竞赛激励，作为领导者必须要设置恰当的、能激发人们奋发向上的目标，形成公平的竞争环境，公正评价竞赛结果并根据该结果给予恰当的奖励。

3. *工作激励*

每个人都有对自己工作与事业的追求，希望事业有成，工作有所成就。这种对自己工作、事业的追求，成为人们行为的最大激励。领导者必须善于调整和调动各种工作因素，千方百计地使下属满意于自己的工作，“以事业留人”，以实现最有效的激励。工作激励可以通过以下途径来实现。

（1）工作的适应性。工作的适应性包括两方面的内容：一是根据每个组织成员的专长与个性，将其安排到最能发挥其优势的工作岗位上，提高组织成员的工作兴趣与工作满意度；二是对一项需集体完成的团队工作，领导者应当把具有不同专长或优势、不同性格、不同素质的组织成员合理组合起来，形成一个团结、有战斗力、凝聚力强的团队，形成和谐的人际关系团队，为完成团队工作打下组织基础。

（2）工作的意义与挑战性。组织成员如何看待自己所从事的工作，直接关系到其对工作的兴趣与热情，进而决定其工作的积极性高低。人们愿意从事重要的工作，并愿意接受有挑战性的工作，因为工作富有挑战性能使组织成员更快地成长与发展，这反映了人们追求实现自我价值、渴望获得别人尊重的需求。因此，领导者激励组织成员的重要手段就是向他们宣传工作的重要性，造就工作的挑战性，使组织成员充分重视和热爱本职工作。

（3）工作的完整性。人们一般愿意承担完整的工作。从一项工作的开始到结束，都是由自己完成的，工作的成果就是自己努力与贡献的结晶，就可获得一种强烈的成就感。领导者应根据工作的性质与需要，以及人员情况，尽可能将工作划分成较为完整的单元分派给组织成员。使每个组织成员都能承担一份较为完整的工作，为他们创造获得完整工作成果的条件与机会。

（4）工作的扩大化与丰富化。为了消除技术发展、机械化和自动化水平的提高所形成的精细专业化分工对组织成员情绪带来的消极影响,改变简单重复劳动对人的全面发展的影响,西方国家在组织变革中积极推行“工作扩大化”“工作丰富化”等制度，试图使人们对所从事的工作感到更有意义，以提高满足感。“工作扩大化”是指从横向扩大工作范围，即在一些重复性劳动中，为了减少工人单调、乏味的工作而扩大某些工作内容。每个工人同时承担几项工作，以增加他们对工作的兴趣。这种工作扩大化，不仅能明显地提高员工的热情，而且赋予员工更多的责任，鼓励其自我发挥、自我控制，有利于调动员工的积极性和创造性。“工作丰富化”是指从纵向扩大工作范围，让人们的工作内容适当地向纵深发展，不仅参加一般生产，而且参加一部分管理工作，通过工作本身增加工人的责任感和成就感，从而得到更大的激励。工作的扩大化与丰富化可通过小组管理、参与管理来实现。

（5）工作的自主性。人们出于自尊和自我实现的心理需求，期望独立自主地完成工作，而自觉不自觉地排斥外来干预，不愿意在

视野拓展

为了加深对工作激励的理解，推荐读者扫描二维码阅读《经理人如何激励下属？》一文。

别人的指使或强制下被迫工作。这就要求领导者能尊重下属的这种心理，通过管理规章制度的健全、组织结构的合理设置、合理的授权与分权、目标管理等措施与手段，使下属能独立自主地开展工作。

（6）及时获得工作成果反馈。人们对于工作周期长，长时期看不到或根本看不到工作成果的工作很难有大的兴趣，而对于只要有投入，立即就看到产出效果的工作则兴趣较浓。这也是人们渴望成就感的一种反映。领导者在工作过程中应及时测量、评定组织成员的工作成就，并及时反馈，使每个成员能及时了解自己的工作情况，巩固成绩，克服缺点。但在工作成果评定过程中应设置科学的评价指标体系，采用科学的评价方法，使评价反馈的结果能真实反映组织成员的工作成就，以免产生负面效果。

本章小结

激励指管理者运用各种管理手段，刺激被管理者的需求，激发其动机，使其朝向所期望的目标前进的心理过程。

激励理论基本上分为两类：内容激励理论、过程激励理论。其中内容型激励理论主要包括需求层次理论，成就需求理论，双因素理论和X、Y、Z理论。过程激励理论主要包括公平理论、期望理论、强化理论和综合型激励理论。

管理者进行激励活动时应遵循一些原则，才能取得较好的效果。激励的方式主要有物质利益激励、社会心理激励和工作激励三大类。

综合练习与实训

一、重点概念

激励　　公平理论　　期望理论

二、填空题

1. 激励的构成要素包括________、________、________和________。

2. 公平理论的基本内容是，人的劳动积极性不仅受_________的影响，更重要的是受_________的影响。

3. 按照赫茨伯格的双因素理论，________因素是以工作为中心的，而________因素则与工作的外部环境有关。

4. 按照成就需求理论，在满足了生存需求后，人还有______、______、_______三个方面的需求。

5. 按照期望理论，激发力量=_______×_________。

三、单项选择题

1. 按照马斯洛的需求层次理论，（　　）需求是最基本的需求。

A. 自我实现　　B. 尊重　　C. 生理　　D. 安全

2. 人们在通往目标的道路上所遇到的障碍就是（　　）。

A. 抑制　　B. 紧张　　C. 防范　　D. 挫折

3. 需求层次理论是美国著名管理心理学家和行为学家亚伯拉罕·马斯洛提出来的一种激励理论，属于（　　）。

A. 内容激励理论　　B. 过程激励理论

C. 行为改造激励理论　　D. 权变型激励理论

4. 赫茨伯格提出的双因素理论认为（　　）不能直接起到激励的作用，但能防止人们产生不满情绪。

A. 保健因素　　B. 激励因素　　C. 成就因素　　D. 需求因素

5. 梅奥对其领导的霍桑试验进行总结，认为工人是（　　）。

A. 经济人　　B. 社会人　　C. 理性人　　D. 复杂人

6. 每个工人同时承担几项工作，以增加他们对工作的兴趣，这是激励中的（　　）。

A. 工作丰富化　　B. 工作自主性　　C. 工作扩大化　　D. 工作挑战性

四、判断题

1. 根据戴维·麦克利兰的研究，对一般职员来说，成就需求比较强烈。（　　）

2. 表彰和奖励能起到激励的作用，批评和惩罚不能起到激励的作用。（　　）

3. 高层次的专业人员和管理人员不是工作丰富化的重点对象。（　　）

4. 让基层员工参与管理或技术工作，这属于工作激励中的工作扩大化。（　　）

5. 按照赫茨伯格的双因素理论，能够对人产生激励作用的是保健因素。（　　）

五、思考题

1. 你怎样使用期望理论来提高你自己的激励水平？

2. 一些管理者认为："我们已经为员工所做的工作支付了薪水，为什么还要激励他们呢？"你对此有何看法？

3. 每个同学准备一张纸，回答下列问题：在你的学习生涯中，什么时候最开心？什么时候最不开心？然后具体分析使你开心或不开心的因素，按照双因素理论将这些因素进行分类。

4. 激励的原则有哪些？有哪些激励方式？

5. 绩效考核有哪些类型？

六、案例分析

这是为什么

2010年新年后的一天，外贸局王局长坐在办公室里，审阅着财务科刚送来的财务收支情况报表。面对A办事处4年来业务收入的大起大落，王局长心情沉重，陷入了沉思。

A办事处是外贸局下属的一个办事处，共有5名工作人员，其中一名中年人担任办事处主任，另外4名均为年轻人。2007年初王局长到外贸局走马上任，他点燃的头一把火就是搞业务创收，给各下属部门分别制定创收目标，实施目标管理。A办事处虽然人不多，但业务收入却在全局中占有举足轻重的地位，而且潜力巨大。2006年A办事处的业务收入达83万元，占全局收入的36%。为鼓励A办事处为创收多做贡献，王局长拟订了一个相当诱人的奖励计划：若A办事处能完成100万元的任务指标，年终可以计提3%的奖金；若创收达120万元，则给办事处配备一辆汽车；若收入达150万元，则给全处年轻人解决住房问题。

奖励方案一经推出，立即在A办事处引起震动，所有人员积极性空前高涨，他们憋足了劲，加班加点拼命干。结果2007年A办事处创收达156万元，超额完成了计划指标。

事后，王局长开始兑现奖励，除发放奖金、配备汽车、解决住房外，还把A办事处树为先进集体，对办事处李主任给予全局通报表扬，越级晋升一级工资，并将一名年轻人提拔为副科长。同时，王局长还承诺：如果A办事处2008年的业务收入能维持150万元，将继续提取3%的年终奖。王局长本来希望通过奖励的实施来进一步调动A办事处员工的积极性，争取2008年业务收入再创新高，最低目标也要保持2007年的水平。

但奇怪的是，奖励实施后，A办事处人员的积极性却骤然下降，有人开始自满，有人觉得不公平，开始闹情绪，不合作。结果2008年A办事处在外界环境没有明显变化的情况下，业务收入直线下滑到105万元，没有完成任务指标。王局长对此非常恼火，对A办事处下达指令，若2009年业务收入不能恢复到120万元，就撤换办事处主任和其他工作人员。但令人遗憾的是，2009年A办事处的收入再次令王局长失望，全年收入仅85万元。这种结果让王局长百思不得其解。

案例思考：

1. 简要说明本案例中王局长使用了多少种激励理论来激励办事处的工作人员。

2. 运用理论结合实际的方法解释2008年A办事处在外界环境没有明显变化的情况下，业务收入直线下滑的原因，并给出解决办法。

七、实训练习

实训项目：激励手段的调查分析

实训目标：认识激励的重要性，感受激励理论和方法在管理中的实际应用。

实训内容：由学生自愿组成小组，选择一个组织进行调查访问。要了解组织的基本情况，并走访一位高层管理人员，了解组织的激励方式。访问组织员工，了解他们对激励方式的态度。运用所学理论对以上现象进行分析，并提出建议。

实训要求：写出调查分析报告。报告应包括以下内容：组织的名称和性质；该组织的基本情况；领导的激励方式以及员工对领导激励方式的反应；对以上现象的分析及建议。

第八章

控　制

管理格言：管理的控制工作是务使实践活动符合于计划。

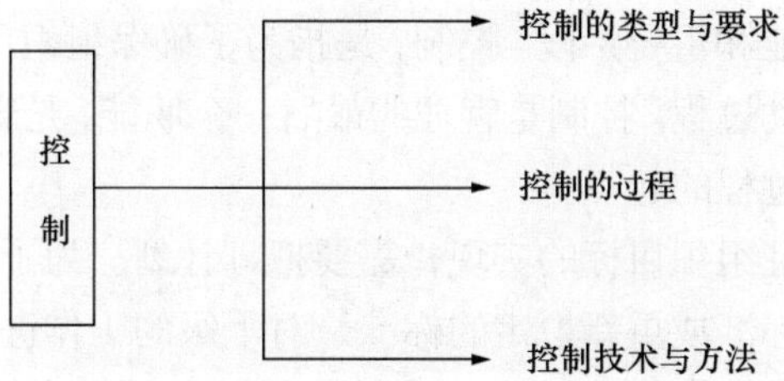

导入案例

多元化控制不力致使澳柯玛几近倒闭

以生产冷柜闻名的澳柯玛，曾是青岛工业的“五朵金花”之一，一度与海尔、海信、青岛啤酒、双星齐肩，然而却因多元化控制不力，在2005年、2006年一度陷入了资金链紧张，以及冰柜、冰箱、空调三大主营业务全面瘫痪的境地。当时有媒体预测“澳柯玛将成为中国家电业倒下的第一块骨牌”。之后在青岛市国资委的大力支持下，历经三年的“二次创业”才实现了解忧脱困，此时与其他四朵金花相比已经明显落后。

进入21世纪后，家电行业的市场竞争日趋激烈，家电业备受原材料涨价、价格战激烈的双面夹击之苦，家电企业的利润空间被越压越薄。澳柯玛集团对日趋恶化的环境早有察觉，因此将大量资金投入到了新领域的研发，试图选择走多元化的发展道路。澳柯玛集团及上市公司除冰柜、冰箱等主业外，还生产空调、自动售货机、锂电池、太阳能材料等产品。除了主业有赢利，其他产业当时几乎没有一个能为上市公司或集团公司提供赢利支持。

主业微薄的利润难以支撑虽然前景看好，却一时难以有回报的多元化道路，过多的“副业”耽误了澳柯玛的“主业”，家电方面的发展反而停滞不前了。盲目扩张与过急的多元化道路，导致过度投资，集团公司不断挤占上市公司的巨额资金，使企业陷入了“圈钱—上马新项目—亏损—圈钱—再上马新项目”的恶性循环中。最终导致公司资金链的断裂，财务危机加剧，公司经营陷入十分危机的境地，多元化“突围”不成反陷“重围”。澳柯玛的危机从根本上来说就是管理失控，盲目外延发展的结果。

一家企业必须根据内外环境的变化，对自身发展的规模、速度及投资进行严格控制，才能保证自身健康稳定地发展。澳柯玛公司为什么会陷入危机？其根源是什么？什么是控制？应该如何控制？应该采取哪些手段？这就是本章要讲述的内容。

第一节　控制的类型与要求

【本节任务】

掌握控制的概念及要求；知晓控制的分类及各种控制类型的特点及优缺点。

一、控制及其重要性

（一）控制的含义

控制是管理的重要职能和重要手段。控制，是指为了确保组织目标的实现而实施的检查、监督及纠正偏差的管理活动过程。控制是管理的最后一个职能，是管理循环过程的最后一环，同时又是新一轮管理循环过程的起点。

在实际工作中为了保证组织目标的实现，需要拟订计划。为了保证计划的实现，各级管理者必须根据事先确定的标准或重新拟定的标准，对下级的工作进行衡量、测定和评价，并在出现偏差时进行纠正，以防止偏差继续发展或再度发生。控制的核心就是纠正偏差。

控制要达到两个目的。一是要限制偏差的积累。任何工作的开展都不可避免地会出现偏差，虽然小的偏差和失误不会立即给组织带来严重损害，但偏差积少成多就会酿成灾难性后果。因此，应该防微杜渐，及时发现潜在问题并进行处理。二是适应环境变化。组织的计划和目标在制订出来后总要经过一段时间的实施才能实现，在实施过程中内外环境会发生改变，会妨碍计划的实施进程。这就需要组织构建有效的控制体系，使组织对内外环境的变化有较强的适应能力。

（二）控制的重要性

在实际管理工作中，因为环境的变化、管理权力的分散、下属工作能力的差异等因素存在，组织实际工作与计划难免会产生偏差，所以必须搞好管理控制。管理控制的重要性表现在以下几个方面。

1. 控制是完成计划、实现组织目标的保证

计划是组织未来行动的谋划与运筹，是面向未来的，而未来是不确定的。在组织发展的过程中，由于内外环境因素与条件的制约，任何组织都必须通过控制及时掌握环境变化的原因、程度和趋势，不断补充、完善和调整计划，以有效控制或减轻环境的各种变化对组织活动的影响，从而实现组织的目标。

2. 控制可以使组织的活动协调、有序地进行

现代组织的各种活动日趋复杂，往往需要众多部门和人员的参与。因此，要使组织中不同层次的不同部门和人员在分工的基础上能够协调一致地工作，完善的计划是必备的基础，但还要以控制为保证，否则就可能会出现各自为政、一盘散沙的局面，不利于组织的运行。

3. 控制可以减少和避免因管理失误造成的损失

由于组织所处的内外环境因素的影响以及组织活动的复杂性，管理失误是不可避免的。通过控制对整个管理过程进行监督和检查，可以及时发现组织运行中出现的问题并采取措施

纠正，能够避免和减少因管理失误而造成的损失。

二、控制的类型

按照控制信息的性质、控制所采用的手段、控制来源、控制点的位置、控制活动的性质和控制的内容等，可以把控制分为不同的类型。下面重点介绍三种分类方法下的控制类型。

（一）按控制的时间、目的划分

按控制的时间、目的的不同，可以将控制分为前馈控制、现场控制和反馈控制两种类型。

1. 前馈控制

前馈控制又称事前控制、预先控制，是指一个组织在一项活动开始之前对活动中可能产生的偏差进行预测并采取防范措施的过程。

前馈控制的最大优点是克服了“时滞现象”，其目的是“防患于未然”。前馈控制是一种面向未来的控制，它能把握将来的发展态势，把偏差消灭在萌芽状态，及时排除隐患，力求实现损失最小、效率最高。例如，企业制定一系列规章制度让员工遵守，企业为了生产高质量的产品而对原材料采购质量及各生产环节严格检查把关等，这些都属于前馈控制。

2. 现场控制

现场控制又称事中控制、同步控制，是指对正在进行的管理活动给予指导与监督，以保证管理活动按预定的程序和方法进行的一种控制。现场控制能及时发现偏差、纠正偏差，使损失控制在最低程度。

现场控制是一种主要为基层管理者所采用的控制方法，一般都在现场进行，其最大特点是即时发现、即时了解、即时解决。现场控制主要包括：向下级批示恰当的工作方法和工作过程；监督下级的工作以保证计划目标的实现；发现不符合标准的偏差时，立即采取措施纠正。国外现在流行的“走动式管理”，其实质就是重视同步的、现场的控制。

现场控制的关键就是做到控制的及时性。它必须有赖于信息的及时获得、多种控制方案的事前储备，以及事发后的镇静和果断。这也显示出现场控制的难度。在计划的实施过程中，大量的管理控制工作，尤其是基层的管理控制工作都属于这种类型。因此，它是控制工作的基础。一个管理者的管理水平和领导能力的高低常常会通过这种工作表现出来。

在现场控制中，要避免单凭主观意志进行控制工作。控制工作的内容应该和被控制对象的工作特点相适应。例如，对简单的体力劳动采取严厉的监督可能会带来好的效果，而对于创造性的劳动，控制的内容应转向如何创造出良好的工作环境。而且，控制工作的效果往往取决于管理者的个人素质、个人作风、指导的方式方法以及下属对这些指导的理解程度。

3. 反馈控制

反馈控制也称为成果控制、事后控制，它是在工作或行为结束后进行的控制。这种控制是管理人员分析已形成的执行结果，把它与控制标准相比较，发现偏差及原因，拟定纠正措施，指导现在和将来。控制的目的是防止已经发生或即将出现的偏差继续发展或今后再度发生。反馈控制用过去的情况来指导现在和将来，是管理控制工作的主要方式，也是最常用的控制类型之一。

反馈控制的优点是，它为管理者提供了关于计划执行的效果究竟如何的真实信息。如果反馈显示标准与现实之间只有很小的偏差，说明计划的目的达到了；如果偏差很大，管理者就应该利用这一信息及时采取纠正措施，也可以参考这一信息使新计划制订得更有效。反馈控制还可以提高员工的积极性，因为人们希望获得评价他们绩效的信息，反馈为人们提供了这样的信息。

反馈控制具有“时滞”的缺点。从发现偏差到采取更正措施，可能有时间延迟现象，在进行更正的时候，实际情况可能已经有了很大变化，而且往往是损失已经造成了。所以，反馈控制类似于亡羊补牢。

思考与讨论

春秋战国时期，有位神医扁鹊。一次，魏文王问扁鹊：“你们家兄弟三人，都精于医术，到底哪一位医术最好呢？”扁鹊答：“长兄最好，中兄次之，我最差。”文王又问：“那么为什么你最出名呢？”扁鹊答：“长兄治病，是治病于病情发作之前，由于一般人不知道他事先能铲除病因，所以他的名气无法传出去；中兄治病，是治病于病情初起时，一般人以为他只能治轻微的小病，所以他的名气只及本乡里；而我是治病于病情严重之时，一般人都看到我在经脉上穿针管放血，在皮肤上敷药等，所以以为我的医术高明，我的名气因此响遍全国。”（出自《史记·鹖冠子》）

讨论：现场控制和前馈控制三种控制的优缺点是什么？你认为现代管理中什么控制最重要？

（二）按控制的手段划分

按照所采用的手段，可以将控制划分为间接控制和直接控制两种类型。

1. 间接控制

间接控制是指控制者与被控制对象并不直接接触，而是通过中间媒介进行控制的形式。间接控制的最大特点是控制者对控制对象不直接发号施令，而是通过中间媒介来影响被控制者的利益以达到管理控制的目的。比如，市场经济条件下，国家就是通过利率、税收等经济杠杆来影响企业的经济利益，从而间接影响企业投资经营等经济行为的。

2. 直接控制

直接控制是指控制者与被控制者直接接触的控制形式。在一个组织中通常主要是通过行政命令和行政手段直接对被控制者进行控制。直接控制的最大特点就是控制者直接对被控制者直接发号施令以控制被控制者的行为，这使得被控制者缺乏自主权，会影响被控制者的积极性和主动性。直接控制采用的方式有行政命令、指令、指令性计划、各种考核、指标等。

（三）按控制的主体划分

按照控制主体的不同，可以将控制分为正式组织控制、群体控制和自我控制。控制可来源于正式组织，也可来源于非正式组织或成员自身。

1. 正式组织控制

正式组织控制是通过组织正式框架和组织内部的各项规章制度及构建的控制体系进行的控制。企业的战略、规划、规章制度、预决算、管理控制体系等都属于正式组织控制的范畴。正式组织控制相对于群体控制和自我控制而言具有刚性和强制性的特点。正式组织控制对于企业正规化、标准化，以及正常有序的健康发展起着关键的作用。

2. 群体控制

群体控制是基于非正式组织成员之间不成文的价值观念和行为准则进行的控制。非正式组织没有明文规定的行为规范，但是其成员都十分清楚这些规范的内容，都知道如果自己遵守这些规范，就会得到其他成员的认可，可能会强化自己在非正式组织中的地位。群体控制在某种程度上左右着职工的行为，处理得好则有利于组织目标的实现，如果处理不好将会给组织带来很大的危害。

3. 自我控制

自我控制是指个人有意识地去按某一规范进行活动。自我控制能力取决于个人本身的素质。具有良好修养的人一般具有较强的自我控制能力，顾全大局的人比看重个人局部利益的人具有较强的自我控制能力，具有较高层次需求的人比具有较低层次需求的人具有较强的自我控制能力。

正式组织控制、群体控制和自我控制有时是相互一致的，有时又是相互抵触的。有效的管理控制系统应该综合利用这三种控制类型，并使它们尽可能和谐。

三、控制的前提

1. 控制要有明确完整的计划

计划是控制的标准，没有计划，就谈不上控制。实现计划是控制的最终目的。计划制订得越详细、越明确、越可行，控制也就越有效。所以，做好控制工作的前提之一就是做好计划工作。控制本身也需要有计划。对于施控者来说，不仅要建立控制标准、控制程序，而且还必须明确控制工作的重点、方法和目标。这些都说明控制工作本身也需要计划。

2. 控制要掌握足够的信息

信息是组织活动的要素，也是控制的基础和前提。控制必须依据有效的信息。控制过程实质上就是一个施控者向被控制者传递指挥和决策信息、被控制者向施控者反馈执行信息的过程。没有信息的传递，控制就不能进行，没有正确、全面、及时的信息，就难以达到控制的效果和目的。

3. 控制要有完善的控制系统与控制机制

控制系统是指由决定动态系统稳定状态的元素有机结合而成的集合。控制机制是指控制主体在控制系统中对控制对象进行调节的机制。控制系统具有如下特征：系统有一个预定的稳定状态，或必须保持的平衡状态；它是一个不断变化的动态系统；从外部环境到系统内部有信息传递；系统具有一种能保证实现系统稳定或平衡状态的可进行纠正行动的装置。

企业管理就是一个具有上述特征的控制系统。控制系统越完善，组织目标就越容易实现。

四、控制的基本要求

控制的目的是保证企业活动符合计划的要求，以有效地实现预定的目标。为此，有效的控制必须注意以下几点。

（一）适时控制

对企业经营活动中产生的偏差只有及时采取措施加以纠正，才能避免偏差的扩大，或防止偏差对企业不利影响的扩散。及时纠偏，要求管理人员及时掌握能够反映偏差产生及其严重程度的信息。如果等到偏差已经非常明显，且对企业造成了不可挽回的影响后，反映偏差的信息才姗姗来迟，那么，即使这种信息是非常系统、绝对客观、完全正确的，也不可能对纠正偏差带来任何指导作用。

纠正偏差的最理想方法应该是在偏差未产生之前，就注意到偏差产生的可能性，从而预先采取必要的防范措施，防止偏差的产生。或者由于某种企业无力抵抗的原因，偏差的出现不可避免，那么这种认识也可指导企业预先采取措施，消除或遏制偏差产生后可能对企业造成的不利影响。

预测偏差的产生，虽然在实践中有许多困难，但在理论上是可行的，即可以通过建立企业经营状况的预警系统来实现。我们可以为需要控制的对象建立一条警报线，反映经营状况的数据一旦超过这个警戒线，预警系统就会发出警报，提醒人们采取必要的措施防止偏差的产生和扩大。

（二）适度控制

适度控制是指控制范围、程度和频度要恰到好处。这种恰到好处的控制要注意以下几个方面的问题。

1. 要防止控制过多或控制不足

控制常给被控制者带来某种不愉快。但是如果缺乏控制则可能导致组织活动的混乱。有效的控制应该既能满足对组织活动的监督和检查需要,又要防止与组织成员发生强烈的冲突。适度的控制应能同时体现两个方面的要求：一是要认识到，过多的控制会对组织中的成员造成伤害，对组织成员行为的过度限制会扼杀他们的积极性、主动性和创造性，会抑制他们的首创精神，从而影响个人能力的发展和工作热情的提高，最终会影响企业的效率；二是要认识到，较少的控制将不能使组织活动有序进行，也就不能保证各部门活动进度和比例的协调，将会造成资源的浪费。此外，过少的控制还可能使组织中的个人无视组织的要求，我行我素，不为组织做出应有的贡献，甚至利用在组织中的便利地位谋求个人的利益，最终导致组织的涣散和崩溃。

控制程度适当与否，受到许多因素的影响。判断控制程度和频度是否适当的标准，通常要随活动性质、管理层次以及下属受训练程度等因素而变化。一般来说，科研机构的控制程度应小于生产活动；企业中对科室人员工作的控制要少于现场生产作业的；对受过严格训练、能力较强的管理人员的控制要低于那些缺乏必要训练的新任管理者或单纯的执行者。此外，企业环境的特点也会影响人们对控制严厉程度的判断。在市场疲软时期，为了共渡难关，部分职工会同意接受比较严格的行为限制，而在经济繁荣时期则希望工作中有较大的自由度。

2. 处理好全面控制与重点控制的关系

任何组织都不可能对每一个部门、每一个环节的每一个人在每一个时刻的工作情况进行全面的控制。由于存在对控制者的再控制问题，这种全面控制甚至会造成组织中控制人员远远多于现场作业者的现象。然而，事实上并不是所有成员的每一项工作都具有相同的发生偏差的概率，也并不是所有可能发生的偏差都会对组织带来相同程度的影响。因此，全面系统的控制不仅代价极高，是不可行的，而且也是不必要的。适度的控制要求企业在建立控制系统时，利用 ABC 分析法和例外原则等工具，找出影响企业经营成果的关键环节和关键因素，并据此在相关环节上设立预警系统或控制点，进行重点控制。

3. 要注意控制成本与收益之间的关系

任何控制都需要一定的费用，衡量工作成绩，分析偏差产生的原因，以及为了纠正偏差而采取措施等，都需要支付一定的费用；同时，任何控制，由于纠正了组织活动中存在的偏差，都会带来一定的收益。一项控制，只有当其带来的收益超出其所需成本时，才是值得的。

（三）客观控制

控制工作应该针对企业实际情况，采取必要的纠偏措施，或促进企业活动按原先的轨道继续前进。因此，有效的控制必须是客观的，符合企业实际的。客观的控制源于对企业经营活动状况及其变化的客观了解和评价。为此，控制过程中采用的检查、测量技术与手段必须能正确地反映企业经营在时空上的变化程度与分布状况，准确地判断和评价企业各部门、各环节的工作与计划要求的相符或相背离程度。这种判断和评价的正确程度还取决于衡量工作成效的标准是否客观和适当。为此，企业还必须定期地检查过去规定的标准和计量规范，以使之符合现实的要求。没有客观的标准和准确的检测手段，人们对企业就不易有一个正确的认识，从而难以制订出正确的措施来进行客观的控制。

（四）弹性控制

企业生产经营过程中经常可能遇到某种突发的、无力抗拒的变化，这些变化使企业计划与现实条件严重背离。有效的控制系统应在这样的情况下仍能发挥作用，维持企业营运，也就是说，应该具有灵活性和弹性。

弹性控制通常与控制的标准有关。比如说，预算控制通常规定了企业各经营单位的主管人员在既定规模下能够用来购买原材料或生产设备的经营额度。这个额度如果规定得绝对化，那么一旦实际产量或销售量与预测数发生偏差，预算控制就可能失去意义：经营规模扩大，会使经营单位感到经费不足；而销售量低于预测水平，可能使经费过于富余，甚至造成浪费。有效的预防控制应能反映经营规模的变化，应该考虑到未来企业经营可能呈现出的不同水平，从而规定标志经营规模的不同参数值和规定不同的经营额度，使预算在一定范围内是可以变化的。一般来说，弹性控制要求企业制订弹性的计划和弹性的衡量标准。

（五）计划控制

有效控制不是随机进行的，而是预先安排、预先计划的。必须按计划来进行控制。这就要提高控制的预见性，要搞好预测、预算，重视预先控制；即使在现场控制与反馈控制中，也要充分注意预见性问题，要建立组织的信息系统，及时捕捉信息，发现偏差，及时纠偏。有效的控制应该有预见地按既定标准、程序来进行。

第二节　控制的过程

【本节任务】

掌握控制的过程；了解控制过程中人的行为反应，洞晓其中人们的心理反应过程。

控制的对象一般都是针对人员、财务、作业、信息及组织的总体绩效。无论哪种控制，都必须根据计划的要求，确定衡量绩效的标准，把工作的结果与预定的标准相比较，找出偏差，有针对性地采取必要的纠正措施。因此，基本控制过程都包括三个步骤：一是确定控制标准；二是衡量绩效；三是纠正偏差。

一、确定控制标准

标准是人们检查和衡量工作及其结果的规范。控制标准是指计量实际或预期工作成果的尺度，是从整个计划方案中选出的对工作绩效进行评价的关键指标，是控制工作的依据和基础。确定控制标准是控制过程的第一步，要控制就要有标准，离开可比较的标准，就无法实施控制。没有一套完整的标准，衡量绩效和纠正偏差就失去了客观依据。

（一）控制标准的分类与要求

在实际的管理过程中，控制标准多种多样，大致有以下几种。

（1）定量控制标准与定性控制标准。定量控制标准就是可以用数字量化的标准，比如，营销部门全年应完成的销售量。定性控制标准就是难以定量化的标准，比如企业的发展方向。

（2）实物标准与价值（财务）标准。实物标准是一种非货币化的标准，比如企业全年的产量。价值（财务）标准是用货币度量的标准。具体又分为费用标准、资金标准和收入标准。

（3）绝对量标准与相对量标准。绝对量标准是反映事物发展总量方面的标准，如企业销售收入；相对量标准则是两个相关事物绝对量标准的比值，如销售收入成本率。

在管理控制中，管理者需要根据管理控制的需要，制定与采用必要的控制标准。在制定与采用管理控制标准时，要达到以下要求。

（1）简明适用。即保证标准明确、不含糊，对标准的量值、单位、可允许的偏差范围等要明确说明，对标准的表述要通俗易懂，便于理解和接受。含糊的、解释起来主观随意性大的控制标准是不利于控制的。

（2）综合协调。管理控制工作覆盖着组织活动的各个方面，制定出来的各项控制标准不可相互冲突，应该彼此协调一致。

（3）可行且易操作。即标准的确定要客观，不能过高，也不能过低，要使绝大多数人通过努力都可以达到。因为建立标准的目的是用它来衡量实际工作，并希望工作达到标准的要求。所以，控制标准的建立必须考虑到工作人员的实际情况。如果标准过高，人们将因根本无法实现而放弃努力；如果标准过低，人们的潜力又会得不到充分发挥，从而降低工作效果。

（4）相对稳定。即标准要有一定程度的稳定性，要能用于一段较长的时间，即使有弹性，也是在一定的原则范围内变化。否则，标准经常变化，会使标准缺乏权威性，并加大控制工作的难度。但这种稳定不是绝对的，控制标准也要随组织活动的发展进行必要的调整。在一般情况下，随着组织的发展和组织效率的提高，控制标准应不断提高。

（5）前瞻性。建立的标准既要符合现时的需求，又要考虑到将来的发展对控制指标的要求。

（二）制定控制标准的步骤

1. 确定控制对象

标准的具体内容涉及需要控制的对象。那么，企业经营与管理中哪些事和物需要加以控制呢？经营活动的成果是需要控制的重点对象。控制工作的最终动机就是要促进企业有效地取得预期的活动结果。因此，要分析企业需要什么样的结果。这种分析可以从赢利性、市场占有率等多个角度来进行。

要保证企业取得预期的成果，必须在成果最终形成以前进行控制，纠正与预期成果的要求不相符合的活动。因此，需要分析影响企业经营成果的各种因素，并把它们列为需要控制的对象。影响企业在一定时期经营成果的主要因素有以下三种。

（1）环境的因素。企业在特定时期内的经营活动是根据决策者对经营环境的认识和预测来计划和安排的。如果预期的市场环境没有出现，或者企业外部发生了某种无法预料和抗拒的变化，那么原来计划的活动就可能无法继续进行，从而难以为组织带来预期的结果。因此，制订计划时所依据的对经营环境的认识应作为控制对象，并列出各项环境控制的具体标准和标志。

（2）资源的投入。企业经营成果是通过对一定资源的加工转化得到的。没有或缺乏这种资源，企业经营就会成为无源之水、无本之木。投入的资源，不久会在数量和质量上影响经营活动的按期、按量、按要求进行，从而影响最终的物质产品，而且其取得费用会影响生产成本，从而影响经营的赢利程度。因此，必须对资源投入进行控制，使之在数量、质量以及价格等方面符合预期经营成果的要求。

（3）组织的活动。输入到生产经营中的各种资源不可能自然形成产品。企业经营成果是通过全体员工在不同时间和空间上，用一定技术和设备对不同资源进行不同的加工劳动才最终得到的。企业员工的工作质量和数量是决定经营成果的重要因素，因此必须使企业员工的活动符合计划和预期结果的要求。要建立员工的工作规范，以及各部门和各员工在各个时期的阶段成果的标准，以便对他们的活动进行控制。

2. 选择关键控制点

所谓关键控制点就是对计划目标实现具有重大影响的关键点，它们是业务活动中的一些限定性不利因素，或者是能使计划更好地发挥作用的有利因素。关键控制点有以下几个。

（1）影响整个工作运行过程的重要操作与事项。

（2）能在重大损失出现之前显示出差异的事项。

（3）若干能反映组织主要绩效水平的时间与空间分布均衡的控制点。

然而，由于不同企业和不同部门的特殊性，有待衡量的产品与服务的种类繁多，以及有待执行的计划方案多得不可胜数，所以不存在可供所有管理人员使用的专门的控制表。美国通用电气公司在分析影响和反映企业经营绩效的众多因素的基础上，建立了相应的控制标准。比如，获利能力、市场定位、生产率、产品领先地位、人员发展、员工态度、公共责任、短期目标与长期目标的平衡性八个方面的标准。另外，管理人员在实行控制时，必须使控制行为和控制标准与其个人需求相一致。

3. 制定控制标准

确定了建立标准的范围之后，就应该根据具体情况，选择恰当的方法制定标准。制定控制标准常用的方法有以下三种。

（1）统计分析法。统计分析法是根据企业的历史数据资料以及同类企业的水平，运用统计学方法来确定企业经营各方面工作的标准。这样制定出的标准，是以历史上统计数据的经验分析为基础的。统计分析法的优点是简便易行，缺点是对历史统计数据的完整性和准确性要求高。要求系统波动不能太大，否则制定的标准没有任何意义。

（2）经验估计法。经验估计法是根据管理人员和工作人员的实际工作经验，并参考有关技术文件或实物，评估计划期内条件的变化等因素，制定标准的方法。经验估计法适用于缺乏技术资料、统计资料的情况。其优点是简单易行，工作量小；但受主观因素影响大，准确性差。

（3）工程标准法。工程标准法是指对工作情况进行客观分析，并以准确的技术参数和实测的数据为基础，通过科学计算确定标准的方法。工程标准法是以精确的技术参数和实测数据为基础，又称为时间研究和动作研究。通过对二者的研究制定生产定额，为基层管理人员更恰当地安排工作、更合理地评估员工绩效，以及预先估计所需的人工和费用建立了客观的标准。

二、衡量绩效

标准的制定根本上是为了保证组织目标的实现。标准直接地被用于衡量实际业绩，即把实际工作成效与标准进行比较，找出实际业绩与控制标准之间的差异，并据此对实际工作做出评估。

1. 对照与衡量

标准是衡量绩效的工具。如果错误地选择了标准，将会导致严重的不良后果。

控制标准具有通用性和特殊性的特点。有些控制标准是在任何管理环境中都通用的，如营业额或出勤率。但是内容广泛的控制系统中管理者之间具有多样性，所以控制的标准也各有不同。例如，一个制造业工厂的经理可以用每日的产量、单位产品所消耗的工时等进行衡量；一个政府管理部门的负责人可用每天起草的文件数、每天发布的命令数的平均时间等来衡量；销售经理可用市场占有率、每笔合同的销售额等来进行衡量。

如果有了恰如其分的标准以及准确测定下属工作绩效的手段，那么对实际或预期的工作进行评价就比较容易。但是，有些工作和活动的结果是难以用数量标准来衡量的。例如，对大批量生产的产品制定工时标准和质量标准是简单的，但对顾客定制的单件产品评价其执行情况就比较困难；对管理人员的工作评价要比对普通员工的工作评价困难得多，而他们本身和他们的工作又恰恰非常重要。管理人员既是计划的制订者，又是计划的执行者和监督者，他们的工作绩效不仅决定着他们个人的前途，而且关系到整个组织的未来，因此不能由于标准难以量化而放松或放弃对其的衡量。有时可以把他们的工作分解成能够用目标去衡量的活动，或者采取一些定性的标准。

2. 衡量的方法

为了对实际工作的绩效做出较为客观的衡量，在确定了标准以后，首先需要收集必要的信息，这是衡量绩效的关键。一般来讲，可以通过个人观察、统计报告、口头汇报和书面报告四种方法取得必要的信息，以此衡量实际工作绩效。

（1）个人观察。这种方法提供了关于实际工作的最直接和最深入的第一手资料。观察可以包括非常广泛的内容，因为任何实际工作的过程总是可以观察到的。个人观察的显著优势是可以获得面部表情、声音语调以及怠慢情绪等，它是常被其他来源忽略的信息。

（2）统计报告。随着信息技术的发展，计算机的广泛应用使统计报告的制作日益方便。这种报告不仅有计算机输出的文字，还包括许多图形、图表，并且能按管理者的要求列出各种数据。需要注意的是，这种统计数据可以清楚有效地显示各种数据之间的关系，但它们对实际工作提供的信息是有限的。因为它只能提供一些关键的数据，而忽略了其他许多重要因素。

（3）口头汇报。通过口头汇报的形式获得信息十分方便，如会议、一对一的谈话或电话交谈等。这种信息可能是经过过滤的，但是它快捷、有反馈，同时可以通过语言词汇和身体语言来扩大信息，还可以录制下来，像书面文字一样能够永久保存。

（4）书面报告。书面报告比较精确和全面，与口头报告相比要显得正式一些，且易于分类存档和查找。

利用这四种方法所获得的信息分别有其长处和缺点。管理者在控制活动中将它们结合起来，可以大大丰富信息的来源并提高信息的准确程度。只要能够综合使用，就能获得较好的效果。

三、纠正偏差

根据衡量和分析的结果采取适当的措施，是控制过程的最后一个步骤。衡量和分析的结果通常有两种情况：结果比较令人满意或发现偏差。当衡量绩效的结果比较令人满意时，可维持原状；如果发现偏差，就要分析偏差产生的原因，并采取不同的措施。

1. 分析偏差产生的原因

偏差可能是由不同的原因造成的。对造成偏差的原因进行正确的分析，是采取措施的依据。

造成偏差的原因是多种多样的，如环境变化、人员不称职、技术设备条件跟不上、制度不完善和策略失误等，这些都有可能造成绩效不足。有时偏差也可能是计划或标准本身有误造成的。即使是同一偏差，也可能是由不同的原因造成的。例如，企业利润的下降，可能是由于生产成本的增加，或者是由于产品质量的下降，还可能是竞争对手采取了有效的策略，甚至是由于市场上出现了替代性产品等。

2. 纠正偏差

根据偏差产生的不同原因，采取不同的纠正措施。如果偏差是由于绩效不足而产生的，管理者就应该采取纠正措施。这种措施的具体方式可以是：管理策略的调整、组织结构的完善、及时进行补救、加强人员培训以及进行人事调整等。

在采取措施时，管理者要决定是应该采取立即纠正行动，还是彻底纠正行动。立即纠正行动是立即将出现问题的工作矫正到正确的轨道上。采取彻底纠正行动，首先要弄清工作中的偏差是如何产生的，为什么会产生，然后再从产生偏差的地方开始进行纠正行动。在日常管理工作中，许多管理者常以没有时间为借口而不采取彻底纠正行动，或者因为采取彻底纠正行动会遇到思想观念、组织结构调整及人事安排等方面的阻力，而满足于救火式的应急控制。事实证明，作为一个有效的管理者，对偏差进行认真的分析，永久性地纠正这些偏差是非常有益的。

3. 修订标准

不合理的标准也可以造成工作的偏差。指标有时会定得太高或太低，原有的标准随着时间的推移可能不适应新的情况，这时就需要调整标准了。

在现实生活中，实际工作与目标之间的差距非常大时，发生偏差的部门及其员工往往首先想到的是标准本身。如销售人员可能会觉得定额太高致使他们没有完成销售计划。人们不大愿意承认绩效不足是自己努力不够的结果，作为一个管理者对此应保持清醒的认识。如果你认为标准是恰当的，就应该坚持，否则就应做出适当的修改。

第三节　控制技术与方法

【本节任务】

对各种控制技术与方法有个大致了解；管理过程中有多种控制方法，下面重点介绍最常用的预算控制和非预算控制。

一、预算控制

预算控制是一种传统的而又广泛使用的控制方法。

所谓预算，就是用数字编制未来某一个时期的综合计划，也就是用财务数字（如费用、收入及资金等）或非财务数字（如材料、实物销售量和生产量等）来表明预期的结果。由此，预算控制就是通过编制预算来进行控制的一种控制方法。

（一）预算的作用

预算有着十分重要的作用，它可以从战略和全局的角度保障组织计划顺利地执行。一方面，预算通过财务形式把计划分解落实到组织的各层次和各部门中去，管理者以此为基础进行人员的委派和任务的分配，协调和指挥组织的活动并在适当的时间将组织的活动结果和预算进行比较。若发生偏差则及时采取纠正措施，以保证组织能在预算的限度内去完成计划。另一方面，预算可使组织的成员明确自己及本部门的任务和权责，以便更好地发挥作用。

（二）预算的种类

根据预算内容，可以把预算分为以下几种类型。

1. 收支预算

收支预算是从财务角度计划和预测未来活动的成果,以及为取得这些成果要付出的费用。它实际上是以货币来表示组织的收入和经营费用支出的计划。收支预算包括收入预算和支出预算。

收入预算主要是销售预算。企业主要是依靠产品销售或提供服务所获得的收入来支付经营管理费用并获取利润的，因此销售预测是计划工作的基石，销售预算是预算控制的基础。

支出预算是企业关于生产活动的预算。支出预算与销售预算相对应，是对保证销售过程顺利进行的生产活动的预算，主要是对直接人工、直接材料和附加费用的预算。支出预算是企业预算中最重要的预算。

2. 资本支出预算

资本支出预算概括了专门用于厂房、机器、设备、库存等类目的支出。由于厂房、机器设备等方面的投资回收期一般较长，这可能涉及几个经营阶段，因此这是一种长期预算。对这部分资金的投入一定要慎重地进行预算，并且应尽量与长期计划工作结合在一起。

3. 现金预算

现金预算是对未来生产与销售活动中现金的流入与流出进行预测。这实际上是对现金收支的一种预测，可用它来衡量实际的现金使用情况。它还可以显示可用的超额现金量，因而可以用来编制剩余资金的赢利性投资计划。从某种意义上来说，这种预算是组织中最重要的一种控制。

4. 资产负债预算

资产负债预算是对企业会计年度末期的财务状况进行预算，是各部门各项目分预算的汇总。它可用来预测将来某一特定时期的资产、负债和资本等账户的情况。由于其他各种预算都是资产负债表项目变化的资料依据，所以此表也就验证了所有其他预算的准确性。

5. 总预算

总预算是以组织整体为范围，涉及组织收入或者支出项目总额的预算。通过编制预算汇总表，可以用于公司的全面业绩控制。它把各部门的预算集中起来，反映了公司的各项计划，从中可以看到销售额、成本、利润、资本的运用、投资利润率及其相互关系。总预算可以向最高管理层反映出各个部门为了实现公司总的奋斗目标而运行的具体情况。

（三）现代预算方法——零基预算

零基预算，是指不考虑过去的预算项目和收支水平，以零为基点编制的预算。零基预算的基本特征是不受以往预算安排和预算执行情况的影响，一切预算收支都建立在成本效益分析的基础上，根据需要和可能来编制预算。

零基预算把组织的计划分为由目标、业务和所需要的资源等所组成的几个“分计划”，然后从零开始计算每个分计划的费用。由于每个分计划的预期费用都是以零为基础开始重新计划的，因而避免了预算控制中只注意前段时间变化的倾向。这种方法的优点在于，它迫使管理者重新安排每个分计划，这样可以从整体出发，连同新计划及其费用一起来考察现有的计划及其费用。需要说明的是，这种方法一般应用于一些对各项费用的安排都拥有一定的自主权的辅助性业务领域，而不适用于实际生产性企业。

（四）预算的局限性及其对策

预算是一种普遍使用的、行之有效的计划和控制方法，有着重要的作用。但它也存在着一些局限性，主要表现在以下几个方面。

（1）缺乏灵活性。这是预算最大的缺陷。因为实际情况常常会不同于预算，情况的发展变化可以使一个刚编制出来的预算很快过时。

（2）导致控制过细倾向。某些预算控制计划过于烦琐，详细地列出细枝末节，以致束缚了管理者在管理本部门时所必需的自由，出现了预算工作过细过死的倾向。

（3）可能导致效能低下。预算通常是在上年度成果的基础上按比例增减来编制，所以许多管理者也常常以过去所花的费用作为今天预算的依据，预算的申请数往往要大于它的实际需要数。

（4）导致本位主义倾向。

（5）部门的预算目标有时会取代组织目标。有些管理者只把注意力集中在尽量使自己部门的经营费用不超过预算，而忘记了自己的首要职责是实现组织的目标。

克服预算这些局限性的对策，通常是采用可变的或灵活的预算方案。首先，可变的预算通常是随着业务量（生产量或销售量）的变化而做出不同的安排，其编制依据是在费用基础数据上进行分析，以此来确定各个费用项目应怎样随着业务量的变化而变化。这种预算主要适合于费用预算。其次，编制可选择的和补充的预算。这种预算是按预测的各种不同情况，编制上、中、下三种不同经营水平的预算，使管理者可根据本部门的经营情况，灵活选择使用其中的一种。再次，还可以通过追加预算的方法来增加预算的弹性，即在中期或长期计划的基础上，通过预测该月业务量来编制每月的补充计划。

（五）有效预算控制的要求

预算是所有管理者的管理手段。有效的预算控制必须注意以下三个方面。

1. 高层管理部门的支持和参与

高层管理部门要给下属编制预算的工作提供时间、空间、信息及资料等方面的方便条件。高层管理部门可以要求各部门编制和维护他们各自的预算，并积极地参与预算审查。高层部门直接参与，置身于预算编制工作，这是保证预算成功的必要条件。

2. 确定各种标准

提出和制定各种可用的标准，并且能够按照这种标准把各项计划和工作转为对人工、经营费用、资本支出、厂房场地和其他资源的需要量，这是预算编制的关键。

3. 及时掌握信息

要使预算控制发挥作用，管理者需要获得按照预算所完成的实际业绩和预测业绩的信息。这种信息必须及时向管理者表明工作的进展情况，应当尽可能地避免因信息迟缓导致发生偏离预算的情况发生。

二、非预算控制

非预算控制主要有审计控制、损益控制、经营分析、目标管理以及网络分析等。另外，还有一些比较简单而常用的控制方法，如现场亲自观察、统计数据资料、鉴定式评价等。下面简要介绍几种主要的非预算控制方法。

（一）审计控制

审计控制是一种常用的控制方法。

审计是对反映资金运动过程及其结果的会计凭证、会计账簿、会计报表以及其他有关的资料和资产进行审核鉴定，以判断其真实性和可靠性，从而为控制和决策提供依据。

1. 审计的分类

审计控制的主要内容包括财务审计与管理审计。财务审计是以财务活动为中心内容，以检查并核实账目、凭证、财物、债务以及结算关系等客观事物为手段，以判断财务报表中所列出的会计事项是否正确无误，报表本身是否可以信赖为目的的控制方法。通过这种审计还可以判明财务活动是否符合财经政策和法令。管理审计是检查一个单位或部门管理工作的好坏，评价人力、物力和财力的组织及利用的有效性，其目的在于通过改进管理工作来提高经济效益。管理审计是管理的智囊系统，利用它可以对整个公司的内部控制系统和计划的制订、执行、控制及程序等进行评估，并提出建设性的建议。

此外，审计还有外部审计与内部审计之分。外部审计是指由组织外部的人员对组织的活动进行审计；内部审计是组织自身专门设有审计部门，以便随时审计本组织的各项活动。

2. 审计的原则

审计工作必须遵循以下原则。

（1）法制原则。审计工作必须依照国家法律、法规和政策的规定进行。这是所有审计工作原则中最主要的、最基本的原则，贯穿于审计工作的全部过程。

（2）独立原则。审计工作只服从国家法律，不受其他行政机关、社会团体和个人的干涉。

（3）客观原则。审计工作必须做到实事求是、客观真实。

（4）公正原则。审计工作必须站在客观的角度，公正地做出判断。

审计工作必须保守秘密，以维护国家的安全和利益。

（二）损益控制

损益控制是根据企业或部门损益表的分析，对其管理活动及其成效进行控制的方法。

损益控制主要是通过损益平衡分析，即通过对业务量（产量、销售量、销售额）、成本、利润三者相互制约关系的综合分析，来预测利润、控制成本。它利用成本特性，即成本总额与产量之间的依存关系，来指明企业获利经营的业务量界限，从而起到控制的作用。

损益平衡分析在管理中有着重要作用。第一，可以指导管理者进行决策。管理者通过损益平衡分析，确定企业的临界产量，针对实际情况决定扩大产品的生产还是收缩生产的规模。第二，可以预测实现目标利润的销售量。根据损益平衡分析，可以确定在不同的产量水平时企业的盈亏情况，要实现预定的利润目标企业需要达到的产量和销售量。第三，进行成本控制。管理者通过分析某些因素的变化对盈亏平衡点的影响，进行成本控制。第四，判断企业经营的安全率。经营安全率是指企业的经营规模（通常指销售量）超过盈亏平衡点的程度，以此可以粗略判断企业的经营状况。经营安全率越高越安全。一般来讲，经营安全率在10%以下就比较危险了。

损益平衡分析的方法也具有一定的局限性。它是一种事后控制，无法改善前期工作，只能为后期工作提供借鉴。许多发生偏差的原因，如外部环境的变化、投资项目的失误等，不能在损益表上反映出来。因此，在运用损益控制时还需要辅以其他方法。

（三）经营分析

经营分析，就是以财务报表为依据来判断企业经营的好坏，并分析企业经营的长处和短处。

财务报表是用于反映企业经营的期末财务状况和计划期内的经营成果的数字表。利用财务报表可以进行三种分析：一是利润率分析，即分析企业收益状况的好坏；二是流动性分析，即分析企业负债与支付能力是否相适应、资金的周转状况和收支状况是否良好等；三是生产率分析，即分析企业在计划期间内生产出多少新的价值，如何进行分配将其变为人工成本、应付利息和净利润。

财务报表分析主要有实际数字法和比率法两种。实际数字法是用财务报表分析中的实际数字来分析。比率法是求出实际数字的各种比率后再进行分析，它能更好地体现出相对性，所以比较常用。

（四）目标管理

目标管理是一种基本的管理技能，在本质上是控制。它通过划分组织目标与个人目标的方法，将许多关键的管理活动结合起来，实现全面有效的管理。

目标管理可分为制定目标、实现目标和检查评价三个阶段。制定目标包括五个步骤：准备；由组织的高层领导制定战略性目标；在各级管理阶层制定试探性的策略目标；各级管理人员提出各种建议，相互进行讨论并修改；就各项目标和评价标准达成协议。实现目标，主要是职工的自我管理和自我控制，上级只对例外发生的重大问题进行指导和控制。对成果进行检查和评价，就是把实现的成果同原来制定的目标相比较。

有人称目标管理是“管理中的管理”。目标管理把经营的目的和根本任务转化为企业的方针和目标，实现各层次的目标的管理，一方面激发有关人员的责任心和创造性，另一方面把总的目标层层分解，最终化为个人的目标。通过目标的分解使控制的标准清晰、明确，各级管理者容易做出判断。目标管理强调让管理人员和工人参与制定工作目标，员工的态度和行为与组织目标更为贴近。目标管理在工作中注重推行自我管理，这使得对人员行为的控制变得容易许多。

（五）网络分析

网络分析就是应用网络图来反映出一项计划中的任务、活动过程、工序、工期及费用的先后顺序或相互关系，通过计算确定出关键路径作为控制的重点，寻求最佳的控制方案。采用网络分析法可以有效地对项目中使用的人力、物力、财力等进行平衡，能够合理而经济地控制项目的进度和成本，能够在实施过程中出现偏差时找出原因和关键性的因素，并从总体上进行调整，以保证项目如期完成。

网络分析是一种前馈控制，它可以及时弥补由于前面项目延期而造成的时间不足，而不致影响整个工期；网络分析法体现了关键点控制的原理，通过把握关键路径，可以使控制工作更加简化、经济、高效。

随着社会的发展和科学技术的进步，控制的技术和方法在传统的基础上也得到了很大的丰富和发展。限于篇幅，这里不再一一介绍。需要注意的是，不管采用哪种控制技术和方法，都必须有一个管理系统作为保障，并且在实际管理活动中随机应变、灵活应用。

本章小结

控制是为了确保组织的目标以及为此而拟订的计划得以实现，各级管理者根据事先确定的标准或重新拟定的标准，对下级的工作进行衡量、测定和评价，并在出现偏差时进行纠正，以防止偏差继续发展或再度发生。控制的重要性表现在两个方面：控制是一项普遍而广泛的管理职能；控制是一项存在于管理活动的全过程中的管理职能。

按照不同的标准，控制可以划分为不同的类型：前馈控制和现场控制；直接控制和间接控制；正式组织控制、群体控制和自我控制等。

控制工作要适时、适度、弹性、客观、有计划地进行。

基本控制过程都包括三个步骤：一是确定标准；二是衡量绩效；三是纠正偏差。标准是衡量实际工作绩效的尺度，制定标准是控制的基础。衡量绩效就是控制当中信息反馈的过程，应根据衡量和分析的结果采取适当的措施。

最常用的控制方法是预算控制和非预算控制。预算控制就是通过编制预算来进行控制的一种控制方法。非预算控制主要有审计控制、损益控制、经营分析、目标管理以及网络分析等。

综合练习与实训

一、重点概念

控制　前馈控制　反馈控制　现场控制

二、填空题

1. 要搞好管理控制，必须符合________、________、________、________和________的要求。
2. 控制的核心是________。
3. 控制的过程分为________、________和________三个阶段。
4. 控制要达到____________和____________两个目标。
5. 控制要有____________、____________和____________三个前提。

三、单项选择题

1. 将工作执行的结果与计划相比较，然后采取纠偏措施，这种控制是（　　）。

   A. 现场控制　B. 反馈控制　C. 前馈控制

2. 不考虑过去的预算项目和收支水平，以零为基点编制的预算属（　　）。

   A. 零基预算　B. 统计预算　C. 审计预算

3. 对正在进行的活动所给予的指导与监督属于（　　）。

   A. 现场控制　B. 反馈控制　C. 前馈控制

4. 企业通过分析财务报表发现问题，以此来实施控制，这是（　　）控制。

   A. 现场　B. 反馈　C. 前馈　D. 重点

5. 控制要根据实际情况来进行，这是控制要求里的（　　）要求。

   A. 实时　B. 适度　C. 弹性　D. 客观

四、判断题

1. 搞好预测与计划属于前馈控制。（　　）
2. 企业资产负债率指标属于绝对量指标。（　　）
3. 以上年经济活动情况为基础来编制预算属零基预算。（　　）
4. 控制是从纠正偏差开始的。（　　）
5. 利用非正式组织之间不成文的价值观念和行为准则来实现控制，是群体控制。（　　）

五、思考题

1. 控制可以分为哪些类型？各有什么特点？
2. 控制的基本要求是什么？
3. 控制的基本过程包括哪些步骤？根据对绩效的衡量和分析结果，通常采取哪些措施？
4. 什么是控制？控制的作用是什么？
5. 有效的预算控制的要求是什么？

六、案例分析

从巴林银行的倒闭看控制管理

巴林银行是英国历史最悠久的商业银行，其在英国金融界投资额的排名在各大银行中占第三位。但这家英国著名的老牌投资银行却在1995年2月26日宣告破产！

一家历史悠久、业绩良好的银行，为何在顷刻间遭到灭顶之灾？罪魁祸首是巴林银行派驻新加坡的期货交易员尼克·里森。1992年，巴林银行新加坡分行开始着手创办新加坡期货交易部，尼克·里森因工作出色被选派到这个部门，负责交易事务的后勤管理和监视工作。几个月之后他被调往交易厅工作，担任交易部经理兼清算部经理。

职位的适当分工是内部管理控制的重要环节。巴林银行给予里森过多的权限和责任范围，这是其在内部控制上的一个巨大漏洞，也是产生问题的最根本原因。作为一名交易员，里森本来应做的是代巴林的客户买卖衍生性商品，并替巴林银行从事套利这两种工作，基本上没有太大的风险。通过清算部门每天的结算工作，银行对其交易员和风险部位的情况也可予以有效了解并掌握。但不幸的是，里森却身兼交易与清算二职。

纠正偏差是控制过程的一个重要环节，巴林银行却在这一环节上犯了严重的错误。巴林银行原来有一个代码为99905的“错误账户”，专门处理交易过程中因疏忽而造成的差错（如将买入误作卖出），并将其上报伦敦总部。

1992年夏天，伦敦总部清算工作的负责人要求尼克·里森另行开设一个“错误账户”，代码为88888的“错误账户”由此设立。几周之后，伦敦总部决定所有新加坡分行的差错记录仍经99905账户向伦敦报告。88888“错误账户”因此搁置不用，成为一个真正的“错误”账户留存在计算机中，为里森提供了以后造假的机会。

1992年7月17日，尼克·里森手下的一名交易员犯了一个交易错误，他将客户要求的买进20手日经指数期货委托误操作为卖出20手。里森在当晚清算时发现了这笔差错。要纠正这笔差错就必须以当日收市价买回40手合约，这样会损失2万英镑，并应向伦敦总部报告。在种种顾虑下，尼克·里森决定利用错误账户88888承接40手卖出合约，以使账面平衡。在随后的半年多时间里，里森又利用88888账户吸收了30多次差错。到1994年7月时，88888账户的亏损额达到了5000万英镑。

伦敦总部曾派人去新加坡分行调查里森的账目。为了应付查账，尼克·里森伪造了在花旗银行有5000万英镑存款的账目。令人难以置信的是，竟没有人去核实花旗银行是否真有这样一笔存款。为掩盖亏损，他不得不继续做假账。伦敦总部的资产负债表显示，尼克·里森为银行赚了数千万美元的利润。事实上，每天都有一张资产负债表，每天都有明显的记录，即使在月底，里森为掩盖问题所制造的假账也极易被发现。然而，在巴林银行破产的两个月前，即1994年12月，在纽约举行的巴林金融成果会议上，250名来自世界各地的巴林银行的职员还将里森当成了英雄。

为了赚回足够的钱来弥补损失，1995年1月开始，尼克·里森把巴林银行的生死全押在了日经指数的走势上。尼克·里森以每天一千万英镑的速度从伦敦总部获得资金，到2月中旬，由伦敦总部转至新加坡分行的资金前后共达5亿英镑（巴林银行全部股份资金为4.7亿英镑）。源源不断的资金，使尼克·里森持有的日经指数期货最终多达6万余份。

这是巴林银行在管理控制上犯下的关键性错误，它忽视了关键控制点的作用。一个银行所关心的不应只是利息，还要保证资金的回收。作为一个主管人员必须时刻关注资金的偿付回收问题。1995年1月11日，新加坡期货交易所的审计与税务部致函巴林银行，提出其对维持88888号账户所需资金问题的一些疑虑，但并未引起伦敦总部的重视。

随着日经指数的一路下跌，到1995年2月23日，尼克·里森为巴林银行所带来的损失已经达到了8.6亿英镑。巴林银行由此寿终正寝。

案例思考：

1. 你认为巴林银行在内部控制过程的哪些环节上出现了严重问题？
2. 巴林银行在内部控制上犯下的关键性错误是什么？
3. 我们可以从此案例中吸取哪些教训？

七、实训练习

实训项目：研究和分析企业的质量保证体系

实训目标：通过对一个生产经营企业或超市的产品质量保证体系的调查，使学生初步认识企业的管理控制系统；通过对企业管理控制系统的进一步了解，培养学生具备初步的管理控制技术和方法的运用能力。

实训内容：选择一家企业进行调研，与管理控制人员沟通，了解企业的产品质量保证体系；了解企业的管理控制系统的控制办法和措施。

实训要求：写出采访记录和被调查企业产品质量保证体系的实训报告。

第九章

管理创新

管理格言：企业家精神的真谛就是创新，创新是一种管理的职能。

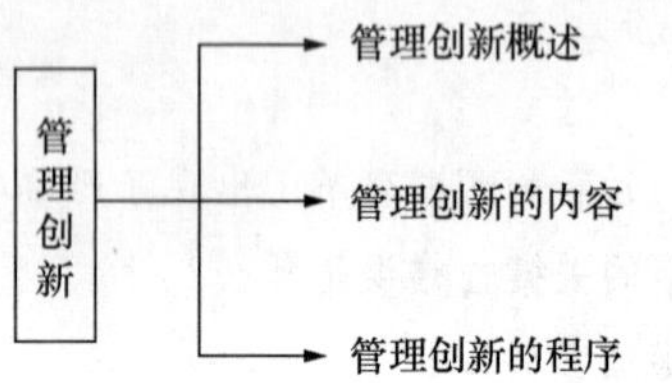

导入案例

“倒金字塔”管理法

20世纪70年代末，石油危机造成了世界范围内的航空业的不景气，瑞典的北欧航空公司也不例外，每年亏损2000万美元，公司濒于倒闭。在这个危急时刻，一位朝气蓬勃、极具领导才能的年轻人——杨·卡尔松受命于危难之际，担任了北欧航空公司的总裁。卡尔松接任后采用了新的管理方法，一年后，北欧航空公司赢利5400万美元。这一奇迹在欧洲、美洲等广为传颂。

卡尔松来到北欧航空公司时，公司一片萧条，人心惶惶，员工们都不知道公司会走向何处。卡尔松用了3个月的时间，在仔细研究了公司的状况后向所有员工宣布，他要实行一种全新的管理方法。他给它起名字叫Pyramid Upside Down，可译为倒金字塔管理法，也有人称之为倒三角管理法。

卡尔松认为，人人都想知道并感觉到他是别人需要的人；人人都希望被作为个体来对待；给予一些人以承担责任的自由，可以释放出隐藏在他们体内的能量；任何不了解情况的人是不能承担责任的，反之，任何了解情况的人是不能回避责任的。卡尔松的“倒金字塔”管理法就是在这样一种思维的指导下产生的。

传统的管理构架是：

最上层，决策者、总经理；

中间层，中层管理者（部门经理、车间主任等）；

最下层，一线工作人员，也叫政策的执行者。

卡尔松的“倒金字塔”构架是：

最上层，一线工作人员（卡尔松将其称为现场决策者）；

中间层，中层管理者；

最下层，总经理、总裁（卡尔松将自己称为政策的监督者）。

"倒金字塔"管理法总的含义是："给予一些人以承担责任的自由，可以释放出隐藏在他们体内的能量。"那么这种管理方法产生了什么效果呢？北欧航空公司在采用这种方法三个月之后，公司的风气就开始转变，它开始让员工感觉到：我是现场决策者，我可以对我分内负责的事情做出决定，有些决定可以不必报告上司。也就是把权力、责任同时下放到员工身上，而卡尔松作为政策的监督者，负责对整体进行观察、监督、推进。

卡尔松的"倒金字塔"管理法体现了管理创新，在公司产生了良好的管理效果。那么什么是管理创新？管理创新包括什么内容？这就是本章要讲述的内容。

第一节　管理创新概述

【本节任务】

掌握创新的概念；了解创新的分类及方法。

一、创新的基本含义

经济学家约瑟夫·熊彼特于 1912 年首次提出了"创新"的概念。他认为创新是对生产要素的新的组合，即通过一种生产要素与生产条件的重新组合，使企业获得潜在的超额利润。改变生产要素的组合有五种方式：生产新的产品或为一种产品提供新的特性；采取一种新的生产方法或新的工艺过程；开辟一个新市场；获得新的原料或半成品供应来源；实行新的企业组织形式。

创新是指人们为了发展的需要，运用已知的信息，不断突破常规，发现或产生某种新颖、独特的有社会价值或个人价值的新事物、新思想的活动。创新的本质是突破，即突破旧的思维定式、旧的常规戒律。

管理创新则是指组织形成一种创造性思想并将其转换为有用的产品、服务或作业方法的过程。亦即，富有创造力的组织能够不断地将创造性思想转变为某种有用的结果。当管理者说到要将组织变革成更富有创造性的时候，他们通常指的就是要激发创新。

有三类因素有利于组织的管理创新，分别是组织结构、文化和人力资源实践。

（1）从组织结构因素看，有机式结构对创新有正面影响，拥有丰富的资源能为创新提供重要保证，单位间密切的沟通有利于克服创新的潜在障碍。

（2）从文化因素看，充满创新精神的组织文化通常有如下特征：接受模棱两可、容忍不切实际、外部控制少、接受风险、容忍冲突、注重结果甚于手段、强调开放系统。

（3）在人力资源这一类因素中，有创造力的组织积极地对其员工开展培训，以使其保持知识的更新；同时，它们还给员工提供高工作保障，以减少他们担心因犯错误而遭解雇的顾虑；组织也鼓励员工成为革新能手，一旦产生新思想，革新能手会主动且热情地将思想予以深化、提供支持并克服阻力。

人物谱

约瑟夫·熊彼特说创新

约瑟夫·熊彼特（Joseph Alois Schumpeter，1883—1950）是一位有深远影响的奥地利政治经济学家，后来移居美国，一直任教于哈佛大学。其终生与凯恩斯间的"瑜亮"情结是经济学研究者的一个热门讨论题目。虽然他的经济学说并不像凯恩斯那样在生前就获得很大的回响，但研究者都认为他对于经济学科的思想史有着很大的贡献。约瑟夫·熊彼特的重要学说主张包括景气循环、创新、资本主义的创造性破坏、精英民主理论。

"创新"（innovation）——将原始生产要素重新排列组合为新的生产方式，以求提高效率、降低成本的一个经济过程。在熊彼特经济模型中，能够成功"创新"的人便能够摆脱利润递减的困境而生存下来，那些不能够成功地重新组合生产要素的人会最先被市场淘汰。熊彼特认为，因创新而获取暂时性垄断权，并由此而获得超额回报，这种超额回报即"熊彼特租金"。

"资本主义的创造性破坏"（the creative destruction of capitalism）——当景气循环到谷底的同时，也是某些企业家不得不考虑退出市场或另一些企业家必须要"创新"以求生存的时候。只要将多余的竞争者筛除或有一些成功的"创新"产生，便会使景气提升、生产效率提高，但是当某一产业又重新变得有利可图的时候，它又会吸引新的竞争者投入，然后又是一次利润递减的过程，回到之前的状态。所以说，每一次的萧条都包括一次技术革新的可能，这句话也可以反过来陈述为：技术革新的结果便是可预期的下一次萧条。在熊彼特看来，资本主义的创造性与毁灭性因此是同源的。但熊彼特并不认为资本主义的优越性便是由于其自己产生的动力而不停地推动自身发展，他相信资本主义经济最终将因为无法承受其快速膨胀带来的能量而崩溃于其自身的规模。

二、创新的基本类型

管理创新可以从不同的角度去考察，因此有不同的分类方法。

1. 根据创新内容的不同分类

根据创新内容的不同，管理创新可分为管理观念创新、管理手段创新和管理技巧创新。

管理观念创新是指为了取得整体优化效益，打破陈规陋习，克服旧有思想束缚，树立全新的管理观念。管理观念创新是一种管理思维和管理理念的综合性创新，它对管理决策、管理执行、管理监督等一系列环节具有重大的指导价值。

管理手段创新是指创建能够比以前更好地利用资源的各种组织形式和工具的活动，可进一步细分为组织创新、制度创新和管理方法创新。其中，组织创新是指创建适应环境变化与生产力发展的新组织形式的活动，制度创新是指形成能够更好地适应环境变化和生产力发展的新规则的活动，管理方法创新是指创造更有效的资源配置工具和方式的各种活动。

管理技巧创新是指在管理过程中为了更好地实施调整观念、修改制度、重组机构，或更好地进行制度培训和贯彻落实员工思想教育等活动所进行的创新。

2. 根据创新的程度分类

根据创新的程度，管理创新可分为渐变性创新和创造性创新。

从创新的一般定义看，创新既指对原有事物的改变，也指新事物的引入。渐变性创新主要基于对原有事物的改进，创造性创新更多的是基于新事物的引入。例如，根据实践情况对现有管理思想的实现方法加以改进或对运用范围加以拓展，应属于“渐变”性管理创新；根据环境的新变化提出新的管理思想，并在此基础上形成新的管理模式或管理方法，应属于“创造”性管理创新。在实践中，管理创新还可归结为以下三种类型的管理创新。

重大创新：始于管理观念创新，从根本上改变原有管理思想或管理手段的创新。如企业再造理论，它的提出就是源自对传统的分工理论前提条件的否定。

一般创新：管理基本思想改变不大，创新发生在管理手段和技巧上，而且与原方法相比变化不大，即主要是根据实际情况对现有管理思想的实现手段或运用领域、范围进行改进。管理技巧创新一般属于此类。

综合创新：既有管理思想的改变，又有管理手段或管理技巧的改变，但变化程度不大的管理创新。如股份合作制、员工持股制度、合伙人制度等。

3. 从创新的规模以及创新对系统的影响程度分类

从创新的规模以及创新对系统的影响程度来考察，管理创新可分为局部创新和系统创新。

局部创新是指对产品的一部分功能或技术要素进行创新，局部创新的结果表现为现有产品的不断完善。

系统创新是一项创新的组织管理技术，是对组成系统的诸要素、要素之间的关系、系统结构、系统流程及系统与环境之间的关系进行动态的、全面的组织的过程，以促进系统整体功能不断升级优化。系统创新是欲使整个系统发生质变或部分质变的创新，系统创新的结果表现为更新换代产品的推出。

局部创新具有风险小、见效快的特点，故几乎所有企业都对其较为重视。但充分利用局部创新的同时，应看清其固有的局限性，那就是它无法保证企业摆脱现有竞争对手的围追堵截，也很难对企业的长足发展做出贡献。实践证明，几乎企业的每一次突破性进展都源于系统创新，如果企业一味强调局部创新，忽视对企业系统创新能力的培养，就极有可能陷入局部创新的战略盲点。

4. 从创新与环境的关系分类

从创新与环境的关系来分析，管理创新可分为防御型创新与攻击型创新。

防御型创新是指由于外部环境的变化对系统的存在和运行造成了某种程度的威胁，为了避免威胁或由此造成的系统损失扩大，系统在内部展开的局部或全局性调整。

攻击型创新是在观察外部世界运动的过程中，敏锐地预测到未来环境可能提供的某种有利机会，从而主动地调整系统的战略和技术，积极地开发和利用这种机会，谋求系统的发展。

5. 从创新的组织程度分类

从创新的组织程度来看，管理创新可分为自发创新和有组织的创新。

任何社会经济组织都是在一定的环境中运转的开放系统，环境的变化对系统的存在和存在方式产生一定的影响，系统内部与外部直接联系的各子系统接收到环境变化的信号以后，必然会在其工作内容、工作方式、工作目标等方面进行积极或消极的调整，以应付变化或适应变化的要求，可以说这类变化是一种自发性质的，没有任何的组织去强迫和要求。而组织创新则不同，它是一个群体的行为。

有组织的创新包含两层含义：①系统的管理人员根据创新的客观要求和创新活动本身的

客观规律，制度化地检查外部环境状况和内部工作，寻求和利用创新机会，计划和组织创新活动；②与此同时，组织的管理人员要积极地引导和利用各要素的自发创新，使之相互协调并与系统有计划的创新活动相配合，使整个系统内的创新活动有计划、有组织地展开。

三、管理创新的方法

管理创新的方法很多，思考问题的切入点和操作方式各不相同，主要的方法有头脑风暴法（参见第四章决策一节）、综摄法、逆向思维法、奥斯本检核表法等，下面介绍后三种方法。

1. 综摄法

综摄法又称为提喻法、分合法，是美国麻省理工学院的教授戈登在 1952 年发明的一种开发潜在创造力的方法。它是以已知的东西为媒介，把毫不相关、互不相同的知识要素结合起来创造出新的设想，也就是吸取各种产品和知识精华，综合在一起创造出新产品或知识，因此称作综摄法。这样可以帮助人们发挥潜在的创造力，打开未知世界的窗口。综摄法有以下两个基本原则。

（1）异质同化，即“变陌生为熟悉”。在创新没有产生前或问题没有解决前，它们对我们来说都是陌生的，异质同化就是要求我们在碰到一个完全陌生的事物或问题时，要用所具有的全部经验、知识来分析、比较，并根据这些结果，做出很容易处理或很老练的态势，然后利用熟悉的方法、原理和已有的知识去分析对待它，从而提出新设想。

（2）同质异化，即“变熟悉为陌生”。这是综摄法的核心，是对某些早已熟悉的事物，根据人们的需要，从新的角度或运用新知识进行观察和研究，以摆脱陈旧、固定的看法的桎梏，产生出新的创造构想，即将熟悉的事物化成陌生的事物看待。

综摄法的操作步骤如下。

第一，模糊主题。和头脑风景法相反，主持人在会议开始时并不把研究目标和具体要求全部展开，而是将与设计课题本质相似的问题提出来讨论。

第二，类比设想。由于提出的问题十分抽象，与会者可以凭想象漫无边际地发言。当随意提出来的想法中有利于接近主题时，主持人及时加以归纳，并给予正确的引导。

第三，论证可行。将类比所得到的启示进行技术、经济等方面的可行性研究，并编制具体的实施计划。

管理故事

放在外面的电梯

以前，有一家酒店因业务做得十分红火，安装的电梯不够用，经理打算再增加一部。专家们被请来了，他们研究认为：唯一的办法是在每层楼都打个洞，直接安装新电梯。就在专家们坐在酒店里商谈工程细节的时候，他们的谈话恰巧被一位正在扫地的清洁工听到了。清洁工对他们随口说道：“每层楼都打个洞，肯定会弄得尘土飞扬，到处乱七八糟。”专家答道：“这是难免的，谁让当初设计酒店时没有想到多装一部电梯呢。”清洁工想了一会儿，说道：“我要是你们，我就把电梯装在楼的外面。”专家们听了清洁工的话陷入了沉思，但很快他们就为清洁工的这一提议拍案叫绝。从此，建筑史上出现了一个新生事物——室外电梯。

启示：渐进思想（经验）是创新最大的敌人。

2. 逆向思维法

逆向思维是顺向思维的对立面。逆向思维是一种反常规、反传统的思维。顺向思维的常规性、传统性，往往导致人们形成思维定式，这是一种从众心理的反映，因而往往使人形成一种思维“框框”，阻碍着人们创造力的发挥。这时如果转换一下思路，用逆向法来考虑，就可能突破这些“框框”，取得出乎意料的成功。由于逆向思维法是反常规、反传统的，因而它具有与一般思维不同的特点。

（1）普遍性。逆向性思维在各种领域、各种活动中都有适用性，由于对立统一规律是普遍适用的，而对立统一的形式又是多种多样的，有一种对立统一的形式，相应地就有一种逆向思维的角度，所以，逆向思维也有无限多种形式。如性质上对立两极的转换：软与硬、高与低等；结构、位置上的互换、颠倒：上与下、左与右等。不论哪种方式，只要从一个方面想到与之对立的另一方面，都是逆向思维。

（2）批判性。逆向是与正向比较而言的，正向是指常规的、常识的、公认的或习惯的想法与做法。逆向思维则恰恰相反，是对传统、惯例、常识的反叛，是对常规的挑战。它能够克服思维定式，破除由经验和习惯造成的僵化的认识模式。

（3）新颖性。循规蹈矩的思维和按传统方式解决问题虽然简单，但容易使思路僵化、刻板，摆脱不掉习惯的束缚，得到的往往是一些司空见惯的答案。其实，任何事物都具有多方面的属性。由于受过去经验的影响，人们容易看到熟悉的一面，而对另一面却视而不见。逆向思维能克服这一障碍，往往会出人意料，给人耳目一新的感觉。

管理故事

缺陷与创新

据说，曾经有一位裁缝在吸烟时不小心将一条高档裙子烧了一个窟窿，致使其成为废品。这位裁缝为了挽回经济损失，就凭借其高超的技艺，在裙子四周剪了许多窟窿，并精心饰以金边，然后将其取名为“凤尾裙”。没想到的是，这条裙子不但卖了个好价钱，还一传十、十传百，引得不少女士上门求购。该裁缝这种思维方式确实值得称道。

缺陷与市场，从寻常眼光看，确实存在着难以逾越的鸿沟，但是尺有所短、寸有所长，商品本身存在着某些方面的不足，对于一定的市场而言，也许的确是缺陷，是不容许的；但从另一角度看，又未尝不是潜在的市场呢？只要善于寻找两者的最佳结合点，就可以创造出市场，开辟出新天地。市场经济的实践告诉人们，唯思路常新才有出路。墨守成规、邯郸学步、亦步亦趋的经营思维方式在今天已难以取得商战的胜利了。

启示：成功的喜悦总是属于那些不落俗套、富于创意、勇于实践的人们。

3. 奥斯本检核表法

奥斯本检核表法是指以该技法的发明者奥斯本命名，引导主体在创新过程中对照九个方面的问题进行思考，以便启迪思路、开拓思维想象的空间，促进人们产生新设想、新方案的方法。这九个方面的问题是：有无其他用途、能否借用、能否改变、能否扩大、能否缩小、能否代用、能否重新调整、能否颠倒、能否组合。

奥斯本检核表法是一种产生创意的方法。在众多的创新技法中，这种方法是一种效果比较理想的技法。由于它具有突出的效果，因此被誉为创新之母。奥斯本检核表法的核心是改进，通过变化来改进。

其基本做法是：第一选定一个要改进的产品或方案；第二，面对一个需要改进的产品或方案，或者面对一个问题，对照检核表进行思考，并由此产生大量的思路；第三，根据第二步提出的思路，进行筛选和进一步思考、完善。

> **思考与讨论**
>
> 你是否注意到，我们身边的一些警示语的表达方式正在悄然改变？比如将“请勿践踏草坪”变为“小草正在睡觉，别去打扰她”，试分析其内含的创新方法。

奥斯本检核表法的优点很突出，它使思考问题的角度具体化了。但它也有缺点，就是它是改进型的创意产生方法，因此必须先选定一个有待改进的对象，然后在此基础上设法加以改进。它不是原创型的，但有时也能够产生原创型的创意。比如，把一个产品的原理引入另一个领域，就可能产生原创型的创意。

第二节　管理创新的内容

【本节任务】

了解创新的内容。

管理创新涉及许多方面，为了便于分析，我们以社会经济生活中大量存在的企业系统为对象介绍创新的内容。

一、观念创新

管理观念又称为管理理念，指管理者或管理组织在一定的哲学思想支配下，由现实条件决定的经营管理的感性知识和理性知识构成的综合体。一定的管理观念必定受到一定社会的政治、经济、文化的影响，是企业战略目标的导向、价值原则，同时管理的观念又必定折射在管理的各项活动中。

企业管理观念创新主要包括以下三个方面的内容。

（1）知识价值观。改变对知识的陈旧认识，确立知识是创造价值主要的、直接的因素的观念，具有头等重要的意义。

（2）竞争优势观。应该利用知识寻找出把现有知识最大限度地转化为生产力的有效方法，让企业拥有更大的竞争优势，以便在激烈的市场竞争中取胜。

（3）知识更新的观念。知识的更新不仅包括创造新知识，而且包括摒弃旧知识，在一个组织内，新知识不是由个人创造的，而是在整个企业范围内通过团队或群体共享知识与专长来产生的。

管理观念的创新大体经历了五个阶段：管理的效率观念、管理的择优观念、管理的有序观念、管理的权变观念、管理的人本观念。

思考与讨论

截至本书出版，部分城市的一些公交站牌已设立了电子显示屏，以提示下一班公共汽车到站时间，这既可以方便等车人更合理地安排时间，也可以提高全社会的经济效率。从技术上看落实这种想法并不是很困难，但却没有引起相关部门的重视。可能他们认为，只为这几分钟的提示而耗费精力去设置电子显示屏，并进行技术调试及后期的不断修正，根本划不来，故而此类电子显示屏在国内尚未普及。

试从观念创新的角度对这一现象做深入讨论。

二、技术创新

技术创新，指生产技术的创新，包括开发新技术，以及将已有的技术进行应用创新。科学是技术之源，技术是产业之源，技术创新建立在科学道理的发现基础之上，而产业创新主要建立在技术创新基础之上。

技术或依附于物质产品而存在，或为物质产品的实体形态而服务。因此，不论是何种内容的技术创新，最终都会在一定程度上促进产品竞争力的提高，从而提高企业竞争力。企业的技术创新主要表现在要素创新、要素组合方法的创新以及产品创新三个方面。

1. 要素创新

企业的生产过程是一定的劳动者利用一定的劳动手段作用于劳动对象使之改变物理、化学形式或性质的过程。参与这个过程的要素包括材料、设备以及企业员工三类。相应的要素创新则为材料创新、设备创新和人事创新。

2. 要素组合方法的创新

利用一定的方式将不同的生产要素加以组合，是形成产品的先决条件。要素的组合包括生产工艺和生产过程的时空组织两个方面。

生产工艺创新既要求根据新设备的要求改变原材料、半成品的加工方法，也要求在不改变现有设备的前提下，不断研究和改进操作技术和生产方法，以求使现有设备得到更充分的利用，使现有材料得到更合理的加工。

生产过程的时空组织创新要求企业不断地研究和采用更合理的空间布置和时间组合方式，以提高劳动生产率、缩短生产周期，从而在不增加要素投入的前提下提高要素的利用效率。如福特创造的流水生产线。

3. 产品创新

产品是企业向外界最重要的输出，也是组织对社会做出的贡献。产品创新包括产品的品种和结构的创新。品种创新要求企业根据市场需求的变化，根据消费者偏好的转移，及时地调整企业的生产方向和生产结构，不断开发出用户喜欢的产品；结构创新在于不改变原有品种的基本性能，对现有产品结构进行改进，使其生产成本更低、性能更完善、使用更安全、更具市场竞争力。

综合来看，技术创新一方面通过降低成本而使企业产品在市场上更具价格竞争优势，另一方面通过增加用途、完善功能、改进质量以及保证使用而使产品对消费者更具特色吸引力，从而在整体上推动企业竞争力不断提高。

管理故事

改进冰箱的创新

20世纪90年代，冰箱在日本市场上严重滞销，其零售价以每年5%的幅度下跌，各厂家对此叫苦不迭。然而在1998年2月到1999年2月的一年时间里，冰箱的销售量比上年同期却增加了6.1%。原因是什么？答案在于日本冰箱厂家的技术创新。

三菱公司发现−18℃时会把肉食冻硬，而0℃左右的冷藏室又无法冻肉，两者都有缺点。于是，该公司开发制造了新的−7℃的冷冻室。日立公司则提供了25分钟内将食品速冻的冷冻室（是普通冰箱冷冻速度的3倍），提高了保鲜度，且节电50%。三洋公司将超市出售肉类生鲜食物的“冷气帘”（冷气循环）技术用到冰箱中，提高了防腐性，将保鲜期提高了一倍。松下公司则听取家庭主妇的意见，提高了冰箱的方便性。正是这些技术改进，使冰箱市场由冷变热。

启示：改进也是创新。日本的经验还告诉我们，创新不分大小，小小创新也蕴含着大大商机。

三、组织创新

任何组织机构经过合理的设计并实施后都不是一成不变的。它们如同生物的机体一样，必须随着外部环境和内部条件的变化而不断地进行调整和变革，才能顺利地成长、发展，从而避免老化和死亡。应用行为科学的知识和方法，把人的成长和发展希望与组织目标结合起来，通过调整和变革组织结构及管理方式，使其能够适应外部环境及组织内部条件的变化，从而提高组织活动效益的过程，就是组织创新。

对于企业来说，组织创新的主要内容就是要全面系统地解决企业组织结构与运行，以及企业间组织联系方面所存在的问题，使之适应企业发展的需要，具体内容包括企业组织的职能结构、组织体制、机构设置、横向协调、运行机制和跨企业组织联系等方面的变革与创新。

1. 职能结构的变革与创新

要解决的主要问题包括：第一，走专业化的道路，分离由辅助作业、生产与生活服务、附属机构等构成的企业非生产主体，发展专业化社会协作体系，精干企业生产经营体系，集中资源强化企业核心业务与核心能力。第二，加强生产过程之前的市场研究、技术开发、产品开发和生产过程之后的市场营销、用户服务等环节，同时加强对信息、人力资源、资金与资本等重要生产要素的管理。

2. 组织体制的变革与创新

企业组织体制是指以集权和分权为中心，全面处理企业纵向各层次特别是企业与二级单位之间权责利关系的体系。其变革与创新要注意以下问题。

（1）在企业的不同层次，正确设置不同的经济责任中心，包括投资责任中心、利润责任中心、成本责任中心等，消除因经济责任中心设置不当而造成的管理过死或管理失控的问题。

（2）突出生产经营部门的地位和作用，管理职能部门要面向一线，对一线既管理又服务，根本改变管理部门高高在上，对下管理、指挥监督多而服务少的传统结构。

（3）作业层实行管理中心下移。作业层承担着作业管理的任务。可以借鉴国外企业的先进经验，调整基层的责权结构，将管理重心下移到工段或班组，推行作业长制，使生产现场发生的问题由最了解现场的人员在现场迅速解决，从组织上保证管理质量和效率的提高。

3. 机构设置的变革与创新

考虑横向上每个层次应设置哪些部门，部门内部应设置哪些职务和岗位，怎样处理好它们之间的关系，以保证彼此间的配合协作。改革方向是推行机构综合化，在管理方式上实现每个部门对其管理的物流或业务流，能够做到从头到尾、连续一贯的管理，达到物流畅通、管理过程连续。其次是推行领导岗位单职制，即企业高层领导尽量少设副职，中层和基层基本不设副职。

4. 横向协调的变革与创新

实行自我协调、工序服从制度，以实现相关工序之间的指挥和服从；实行主动协作、工作渗透的专业搭接制度，在设计各职能部门的责任制时，对专业管理的接合部和边界处，有意识地安排一些必要的重叠和交叉，以保证同一业务流程中的各个部门能够彼此衔接和协作；对大量常规性管理业务，在总结先进经验的基础上制定制度标准，大力推行规范化管理制度。

5. 运行机制的变革与创新

建立企业内部的“价值链”，上下工序之间、服务与被服务的环节之间用一定的价值形式联结起来，相互制约，力求降低成本、节约费用，最终提高企业整体效益。改革原有自上而下进行考核的旧制度，按照“价值链”的联系，实行上道工序由下道工序考核、辅助部门由主体部门评价的新体系。

6. 跨企业组织联系的变革与创新

前面几项组织创新都属于企业内部组织结构及其运行方面的内容，除此之外，还要考虑企业外部相互之间的组织联系问题。重新调整企业与市场的边界，重新整合企业之间的优势资源，推进企业间组织联系的网络化，这是企业组织创新的一个重要方向。

四、环境创新

环境创新不是指企业为适应外界变化而调整内部结构或活动，而是指通过企业积极的创新活动去改造环境，去引导环境朝着有利于企业经营的方向变化。例如，通过企业的公关活动，影响社区、政府政策的制定；通过企业的技术创新，影响社会技术进步的方向；等等。就企业而言，环境创新的主要内容是市场创新。

市场创新主要是指通过企业的活动去引导消费，创造需求。新产品的开发往往被认为是企业创造市场需求的主要途径。其实，市场创新的更多内容是通过企业的营销活动来进行的，即在产品的材料、结构、性能不变的前提下，通过市场的地理转移或通过揭示产品新的物理使用价值，来寻找新用户，或通过广告宣传等促销工作，来赋予产品以一定的心理使用价值，影响人们对某种消费行为的社会评价，从而诱发和强化消费者的购买动机，增加产品的销售量。

思考与讨论

大润发老总说“我战胜了竞争对手，却输给了这个时代”，扫描二维码阅读短文后，思考与讨论下面的问题：面对快速变化的环境，作为一家企业的管理者，应该如何应对？

五、文化创新

文化在交流的过程中传播，在继承的基础上发展，都包含着文化创新的意义。文化发展的实质就在于文化创新。文化创新，是社会实践发展的必然要求，是文化自身发展的内在动力。

企业文化创新是指为了使企业的发展与环境相匹配，根据本身的性质和特点形成体现企业共同价值观的企业文化，并不断创新和发展的活动过程。企业文化创新的实质在于企业文化建设中突破与企业经营管理实际脱节的僵化的文化理念和观点的束缚，实现向贯穿于全部创新过程的新型经营管理方式的转变。面对日益深化、日益激烈的国内外市场竞争环境，越来越多的企业不仅从思想上认识到创新是企业文化建设的灵魂，是不断提高企业竞争力的关键，而且逐步深入地把创新贯彻到企业文化建设的各个层面，落实到企业经营管理的实践中。

企业文化创新要以对传统企业文化的批判为前提，对构成企业文化的诸要素（包括经营理念、企业宗旨、管理制度、经营流程、仪式、语言等）进行全方位系统性的弘扬、重建或重新表述，使之与企业的生产力发展步伐和外部环境变化相适应。

1. 企业领导者应当加强自身修养，担当企业文化创新的领头人

从某种意义上说，企业文化是企业家的文化，是企业家的人格化，是其事业心和责任感、人生追求、价值取向、创新精神等的综合反映。他们必须通过自己的行动向全体成员灌输企业的价值观念。这正如我国著名企业家张瑞敏就他个人在海尔公司充当的角色时所说的，“第一是设计师，考虑如何使组织结构适应企业发展；第二是牧师，不断地布道，使员工接受企业文化，把员工自身价值的体现和企业目标的实现结合起来。”

企业文化创新的前提是企业经营管理者观念的转变。因此，进行企业文化创新，企业经营管理者必须转变观念，提高素质。首先，要对企业文化的内涵有更全面、更深层次的理解；其次，要积极进行思想观念的转变，牢固树立适应市场要求的全新的发展观念、改革观念、市场化经营观念、竞争观念、效益观念，等等；再次，要认真掌握现代化的管理知识和技能，在文化上要积极融入世界，为企业走国际化道路做好准备；最后，要有强烈的创新精神，思维活动和心理状态要保持一种非凡的活力。

2. 企业文化创新与人力资源开发相结合

人力资源开发在企业文化的推广中起着不可替代的作用，全员培训是推动企业文化变革的根本手段，相应的激励和约束机制是企业文化创新的不竭动力。现代企业间的竞争主要是人才的竞争，也是企业凝聚力的较量。这归根结底又是以人为本的企业文化的竞争。顽强的企业团队精神，是企业获得巨大成功的基础条件。要把企业成千上万名员工凝聚起来，只靠金钱是不够的，企业必须具有共同的价值观、目标和信念。对共同价值的认同会使员工产生稳定的归属感，从而吸引和留住人才。事实证明，企业只有形成了优秀的企业文化，才能打造一支战无不胜的员工队伍。

3. 建立学习型组织

企业间竞争是人才的竞争，实际上应该是学习能力的竞争。如果说企业文化是核心竞争力，那么其中的关键是企业的学习能力。建立学习型组织和业务流程再造，是当今最前沿的管理理念。知识经济、知识资本成为企业成长的关键性资源，企业文化作为企业的核心竞争

力的根基受到前所未有的重视。企业要生存与发展，提高自己的核心竞争力，就必须强化知识管理，从根本上提高企业综合素质。

六、制度创新

制度创新是指在人们现有的生产和生活环境条件下，通过创设新的、更能有效激励人们行为的制度、规范体系来实现社会的持续发展和变革的创新。所有创新活动都有赖于制度创新的积淀和持续激励，通过制度创新得以固化，并以制度化的方式持续发挥着自己的作用。

制度创新的核心内容是社会政治、经济和管理等制度的革新，是支配人们行为和相互关系的规则的变更，是组织与其外部环境相互关系的变更，其直接结果是激发人们的创造性和积极性，促使不断创造新的知识和社会资源的合理配置及社会财富源源不断的涌现，最终推动社会的进步。

制度创新是指引入新的制度安排，如组织的结构、组织运行规范等。大的如整个国家的经济体制，小的如具体企业的组织形态、运行机制。

作为市场微观基础的企业组织，其制度创新可以从以下几个方面入手。

1. 企业产权制度创新

西方市场经济国家在产权明确界定的情况下，实行公司制度，即“先定产权，后定公司”。而我国很多企业是在产权关系还没有理顺的情况下实行公司制度，然后再推动产权关系的改造，即“先有公司，后定产权”，因而在我国产权制度改革和创新更为重要。

2. 人事制度的创新

企业领导者应从独裁式的管理向民主管理、聘任优秀职业经理人管理企业过渡，要打破企业中各种亲属关系盘根错节的局面，坚持“能者上、平者让、庸者下”的用人原则，建立一套能吸引多方面人才、能让优秀人才脱颖而出的激励、淘汰机制，要注重职工的教育与培训，为员工学习提供良好的条件，并要力争使企业成为“学习型组织”。

视野拓展

用人之道

去过寺庙的人都知道，一进门，首先是弥勒佛笑脸迎客，而在他的北面，则是黑口黑脸的韦陀。但相传在很久以前，他们并不在同一个庙里，而是分别掌管不同的庙。弥勒佛热情快乐，所以来的人非常多，但他什么都不在乎，经常丢三落四，也不好好管理账务，所以经常入不敷出。而韦陀虽然管账是一把好手，但成天阴着个脸，太过严肃，搞得人越来越少，最后香火断绝。

佛祖在查香火的时候发现了这个问题，就将他们俩放在同一个寺庙里，由弥勒佛负责公关，笑迎八方客，于是香火大旺；而韦陀铁面无私，锱铢必较，则让他负责财务，严格把关。经过两人的分工合作，寺庙里呈现出一派欣欣向荣的景象。

其实在用人大师的眼里没有废人，正如武功高手，不需名贵宝剑，摘花飞叶即可伤人，关键看如何运用。

3. 分配和激励制度创新

完善激励机制，要给员工赋予职业上的成就感，还要慷慨奖励做出重大贡献的高级管理人员和科技人员，如送股份、给予期权等，使其通过自身的努力获得应得的劳动报酬，同时又有一定的资本收益，使其在工作中能充分发挥积极性、主动性和创造性，真正成为企业的主人。要进行分配制度创新，积极探索，推行经营者年薪制，提高经营者的经营责任感，想方设法加强管理，促进企业各项经济指标的完成。比如，微软提供股票选择权给所有员工作为报酬，结果，创造了无数百万富翁甚至亿万富翁，也提高了员工的忠诚度，减少了员工的流动。

4. 以市场为导向的过程管理制度创新

一方面，目标管理是企业管理制度的重要内容，但管理制度要以过程展开，将时空结合起来，运用现代管理思维的时效观念和动态观念，强调管理的过程和对过程的管理。另一方面，现代企业管理制度的建立必须以市场为导向，既重视市场、技术、经济因素，又考虑社会环境因素。企业要按用户的要求去开发产品、开展业务，以销定产。

5. 科学决策、制度化管理创新、“依法治企”

决策必须改变领导拍板定夺的现象，克服家长制、长官意志的管理弊端，普遍实行民主管理，通过职工民主建立健全多项规章制度及实施规划，要集思广益、多思善思，把科学决策作为企业管理制度的关键一环。要着力于实现管理制度化、规范化和法制化，建立一种制度规范和一种运行秩序，以使企业健康地发展。

6. 质量管理制度创新

企业要建立健全各项质量责任制，认真实行质量否决制度。严格按《产品质量法》宣传贯彻的标准来实施产品的开发和生产，积极采用国际标准，严格按照标准组织生产和进行产品检验。有条件的企业要积极申请质量体系认证或产品质量认证。努力抓好服务质量和设计质量，开展质量改进和全面质量管理，搞好全员全过程的质量控制。

制度创新的基础就是文化创新，没有文化的创新，制度创新就是一句空话。制度创新是企业文化创新的主要现实表征。企业在深化改革、完善企业制度的过程中，应切实重视企业文化的建设，把创新与企业文化结合起来，以企业文化创新为载体推动制度创新，真正为企业健康注入持久的文化推动力。

思考与讨论

以愚困智

北宋时期的徐铉（916—991）以博学多才闻名于世。

一次，江南选派徐铉进京纳贡。按照惯例，朝廷要派一位陪同的押伴使。但是，朝中众人都因没有徐铉的学问大，怕被他耻笑，而不敢前往陪行，宰相也委实感到有些棘手，只得奏请宋太祖定夺。

宋太祖深知徐铉的学问和为人，便传旨要求呈上一份不识字的殿侍名单。宋太祖看了一眼名单，用笔随便一点，说：“此人可以胜任。”众大臣颇感惊讶，皇上怎么会派一个如此愚笨的人去陪同满腹经纶的徐铉呢？

被点名的殿侍还没弄清楚怎么回事，就被糊里糊涂地派到了江南。

当这位殿侍陪伴徐铉上路后，从渡江开始，徐铉便妙语连珠、语惊四座，令同船的人叹服不已，唯独陪同他的这位殿侍默不作声，除了点头应是，其他的时候则一言不发。

徐铉好生奇怪，不知这人学问深浅，便饶有兴致地与他攀谈，以此卖弄自己的学问，满以为这样会使对方感到自惭形秽。

谁知殿侍仍旧点头称是，既不发表意见，也不回答问题。

这样一连几天，徐铉深感没趣，傲气渐失，只好乖乖地随殿侍来到京城。

启示：大凡领导都爱才。可如何驾驭那些恃才傲物的人？是呕心沥血找到一位比他更有才气的人去降服，然后恶性循环吗？其实，运用相生相克的反向思维，懂得组合特质完全不同的人，往往是解决问题并且一举多得的诀窍。

讨论：宋太祖的领导艺术怎样？宋太祖的领导艺术属于何种管理创新？

第三节 管理创新的程序

【本节任务】

了解管理创新的程序。

要有效地组织创新工作，就必须研究和揭示创新的规律。归纳起来，完整的创新过程一般包括以下五个阶段。

一、寻求潜在的创新信息阶段

组织的创新往往是从密切地注视、系统地分析社会经济组织在运行过程中出现的不协调现象开始的。创新是对原秩序的破坏。之所以要打破原有秩序，是因为其内部存在着或者出现了某种不协调的现象，这些不协调对系统的发展造成了某种不利的影响。创新活动正是从发现和利用旧秩序内部的这些不协调现象开始的，可以说不协调为创造提供了契机，这种不协调可以从一个组织内外两个方面来分析。

就组织外部而言，有可能成为创新契机的变化主要有以下四个方面。

（1）技术的变化。这可能影响组织相关资源的获取、生产设备及产品的技术水平。

（2）人口的变化。这可能影响劳动市场的供给和产品销售市场的需求。

（3）宏观经济环境的变化。迅速增长的经济背景可能给一个组织带来不断扩大的市场，而整个国民经济的萧条则可能降低社会对一个组织产品的购买能力。

（4）文化与价值观念的转变。这可能改变消费者的消费偏好或劳动者对工作报酬的态度。

就组织内部而言，引发创新的不协调现象主要有两种。

（1）经营中的“瓶颈”。这些瓶颈可能影响组织生产率的提高和劳动积极性的发挥，因而始终困扰着组织的管理人员。

（2）组织意外的成功和失败。一个组织在经营中，可能因为外界环境的变化、政策的改变等出现出乎意料的成功和失败，而这些变化往往可以把组织从原先的思维模式中解放出来，从而成为组织创新的一个重要源泉。

二、战略制定阶段

当组织观察到不协调的现象，寻找到创新的突破点和机会后，还要运用前文列举的各种创新思维方法，消除不协调，使企业在更高层次实现新的平衡。

三、筛选创意，资源整合阶段

创意是由组织中的人或与组织有关的人所产生的，能够产生一些好的创意绝不是容易的事，它受人的素质、能力等各种同素的影响和制约。

产生了许多创意之后，需要根据组织的现实状况、外部环境的状况对这些创意进行筛选，看看其中哪些有实际操作意义。进行创意筛选的人员要有丰富的管理经验、极好的创造性潜能以及敏锐的分析判断能力。

四、实施阶段

选择后的创意要经过一系列具体的操作方案，变为一项确实有助于组织资源配置的管理范式。创意的验证实施是整个管理过程中非常重要的阶段，许多好的创意往往由于找不到合适的具体操作方案，导致最终无法成为创新。因此，将创意转化为具体的操作方案并实施，是管理创新的困难所在，也是管理创新成功的要求。

五、学习和再创新阶段

管理创新的成果之一是为下一轮创新循环提供新的动力。如果前一轮的产品或工艺创新失败，将使公司积累有价值的信息，从而找到改进的方向。再创新是建立在原有成功创新基础之上的，企业可以通过修正和重新定义产品特性而展开再创新。研究表明，如果基础设计足够“强大”的话，公司有可能在原来创新的基础上展开长期持续的再创新。

这个阶段要求企业必须经常对项目进行总结和审核，具有从已完成的项目中学习的愿望。企业要实现有效学习，就必须有决心从成功和失败中获取宝贵的经验教训，并将这些经验教训融入下一个项目中。学习可以从技术方面着手，例如，了解新产品开发过程或产品特性。这种学习有助于增强组织的技术能力。但是，学习更需要围绕有效创新管理所需的能力和规程来进行。正确地把握好创新过程的基本步骤和方法，可以避免在下一轮的创新过程中出现不必要的失误，重视总结创新过程的经验教训，有利于形成良好的创新机制，提高创新的成功率。

以上划分的各阶段，只是大致地反映了人们创新的思维过程。在实践中，这些阶段并非是截然分割的、刻板的法定模式。作为成功的管理者，理解创新的过程不仅有助于充分发挥自身的创造性，也有助于激励他人的创新能力。

本章小结

本章主要讲述创新及管理创新的基本观点。创新是指人们为了发展的需要，运用已知的信息，不断突破常规，发现或产生某种新颖、独特的有社会价值或个人价值的新事物、新思想的活动。创新可以从多个角度来分类。创新的方法多种多样。

管理创新包括观念创新、技术创新、组织创新、环境创新、文化创新、制度创新等内容。

管理创新要经过寻求创新信息、战略制定、筛选创意、实施、学习和再创新等阶段。

综合练习与实训

一、重点概念

创新　管理创新　渐变性创新　观念创新

二、填空题

1. 要改变人们的既定看法和思维模式，换一个新的观察角度，得出一个新的结论或形成一个新的观点，这是________创新。

2. 要实现机构和结构的变革，这是________创新。

3. 管理创新的理念包括________、________和________三个方面的内容。

4. ________、________和________这三类因素有利于组织创新。

5. 按照创新程度可以把创新分为________和________创新两类。

6. 技术创新主要体现在________、________以及________三个方面。

三、单项选择题

1. 在激烈的市场竞争中，要根据内外条件的变化及时调整组织结构，这是（　　）创新。

A. 制度　　B. 组织　　C. 观念　　D. 管理方法

2. 企业的（　　）创新主要表现在要素创新、要素组合方法的创新以及产品创新三个方面。

A. 观念　　B. 制度　　C. 技术　　D. 组织

3. 在管理过程中要更好地实施调整观念、修改制度、重组机构等创新，这是（　　）创新。

A. 管理观念　　B. 管理手段　　C. 管理技巧　　D. 管理组织

4. 以已知对象为媒介，把毫不相关、互不相同的知识因素结合起来进行创新的方法是（　　）。

A. 头脑风暴法　　B. 综摄法　　C. 逆向思维法　　D. 奥斯本检核表法

5. 按照创新的组织程度可以把创新分为（　　）。

A. 局部创新、系统创新　　B. 自发创新、有组织创新

C. 渐变性创新、创造性创新　　D. 管理观念创新、管理手段创新、管理技巧创新

四、思考题

1. 管理创新的基本程序有哪些？
2. 管理创新的内容有哪些？
3. 企业制度创新的内容包括哪些？
4. 什么是创新？哪些因素有利于创新？
5. 什么是观念创新？你认为企业应该树立什么样的观念？

五、案例分析

不要老板，但有足够的领导

任何一个正式组织都有层级，各级领导都是由上级领导任命或挑选出来的。但美国戈尔公司却与众不同，在戈尔公司漫步，或者坐在他们的会议室中，你不会听到类似“老板”“总裁”“管理人员”“副总裁”这样的字眼。它们与戈尔的平等主义是完全背离的。在戈尔公司虽然没有组织或上级授予的头衔和等级，但是有些合伙人拥有简单的称呼——“领导”。

在戈尔公司，高层领导并不委任低层领导。相反，当同事认为某个合伙人能担任领导时，他就是

领导。一个领导的影响力来自他展现出来的做事的能力，以及作为团队建设者的卓越性。在戈尔公司，那些为团队成功做出较多贡献，并且不止一次如此作为的合伙人就会吸引追随者。“我们用脚投票。”里奇·贝克汉姆，戈尔公司网状团队的首创者（戈尔公司的组织结构是“网格状”的，没有像梯子那样的层级）如此评价，“如果你召开一个会议，人们都来参加了，那么你就是领导。”反复被要求担任团队领导的人，就有权在他的业务名片上印上“领导”这一称呼。大约有10%的戈尔合伙人拥有这个称呼。

特瑞·凯莉获得首席执行官的头衔就是一种典型的戈尔公司方式。当戈尔公司的前首席执行官查克·卡罗尔退休时，董事会通过在戈尔公司范围内进行跨部门的选举来增补首席执行官。他们要求戈尔公司的合伙人选择一个他们想要跟随的人。“他们没有现成的备选名单——我们可以自由选择公司中的任何一个人。”凯莉回忆道，“让我惊讶的是，这个人居然是我。”

通过这种戈尔公司称之为“自然领导”的方式，公司建立起它的系统。在这个系统中执行者的权力永远不能被认为是理所当然的，因为团队可以自由罢免它的头领。所以同级选举产生的领导必须持续地获得同事的忠诚从而维持他的权力。这确保了领导的主要责任总是为了被领导者，也意味着领导永远无法滥用他们的职位权力，因为他们没有这种权力。

案例思考：

1. 戈尔公司的这种自然领导方式有什么好处？

2. 应该怎样增加一个人的领导力？

六、实训练习

实训内容：对组织管理创新的设计

实训要求：教师指定一个组织或学生自选一个组织，根据组织目前的运行或经营管理现状，有针对性地提出该组织的管理创新的设想或设计。学生分成学习小组，可以通过实地调研、文献分析、集体研讨完成。

主要参考文献

[1] 余凯．2016．管理学[M]．北京：清华大学出版社．

[2] 季辉．2017．管理学[M]．重庆：重庆大学出版社．

[3] 克雷格·里德．2006-11-17．在中国做生意：什么可做什么不可做[N]．汪析，译．环球时报，06 版．

[4] 李镜．2010．管理学基础[M]．大连：大连理工大学出版社．

[5] 李海峰．2018．管理学——原理与实务[M]．3 版．北京：人民邮电出版社．

[6] 玫琳凯·艾施．2006．玫琳凯谈人的管理[M]．陈淑琴，范丽娟，译．北京：中信出版社．

[7] 单凤儒．2011．管理学基础[M]．3 版．北京：高等教育出版社．

[8] 魏洪茂．2017．应用管理学[M]．上海：上海财经大学出版社．

[9] 杨文士．2012．管理学[M]．北京：中国人民大学出版社．

[10] 吴秀敏．2010．管理学原理[M]．成都：西南财经大学出版社．

更新勘误表和配套资料索取示意图

说明：本书配套资料可在 http://www.ryjiaoyu.com/下载，其中配套学习资料注册后可直接下载；**教学用资料**仅供采用本书授课的教师下载，**教师身份**、**用书教师身份**需网站后台审批（咨询邮箱 13051901888@163.com）。

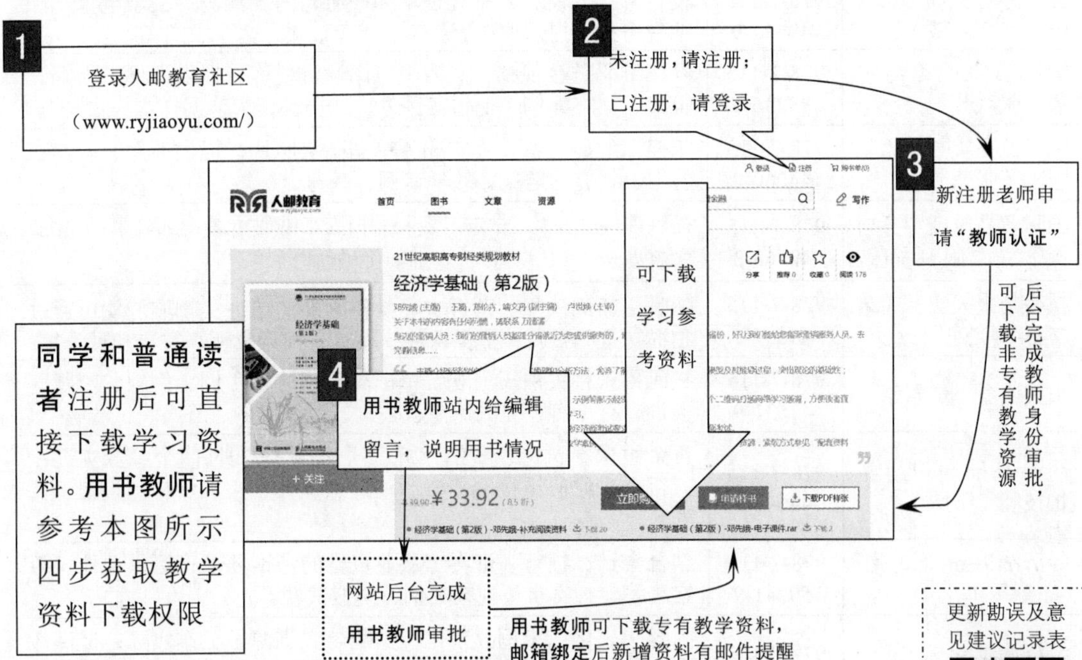

更新勘误及意见建议记录表

本丛书部分已出版教材推荐

（更多教材请登录人邮教育社区搜索）

书名（作者）	书　号	特 点 简 介
管理学基础（第 3 版）（季辉）	978-7-115-50742-6	正文内有丰富的课堂互动栏目；二维码链接网络学习资源；提供课件、视频教学案例、习题答案、试卷、阅读资料等
管理学基础（第 2 版）（李海峰）	978-7-115-50335-0	以二维码链接视频案例、专业文章、自测试卷等；提供课件、教案、教学体会、实训说明、文字与视频案例、习题集、试卷等
人力资源管理（第 2 版）（吴少华）	978-7-115-44162-1	以二维码链接新闻、案例等；案例阅读与分析、实战演练等形式促进边学边练；提供课件、教案、实训指导、答案、案例和试卷等
生产运作管理（微课版）（王肇英）	978-7-115-46701-0	以二维码链接动画视频、操作实例；以实例解读为依托展开理论知识、操作技能的学习；提供课件、教案、答案、教学动画、试卷等
电子商务基础（第 2 版）（白东蕊）	978-7-115-49698-0	涉及跨境电商、微信运营等新内容；以二维码链接视频案例、专业文章、自测试卷；提供课件、实训指导、文字与视频案例、试卷等
公共关系理论与实务（吴少华）	978-7-115-38147-7	大量采用 2013 年、2014 年案例；二维码链接案例、视频等网络资源；提供课件、教案、答案、案例和试卷等
经济学基础（第 2 版）（邓先娥）	978-7-115-42219-4	数百实例讨论连接理论与生活；百余二维码打通网络学习通道；提供课件、答案、阅读资料、教案、文字与视频案例、试卷等

续表

书名（作者）	书　　号	特点简介
会计基础与实务（第3版）（杨桂洁）	978-7-115-42694-9	山东省潍坊市第二十次社会科学优秀成果二等奖；满足会计从业资格考试要求；原始凭证单独成册，方便裁剪；二维码展示在线视频等学习资源；提供课件、教案、答案、试卷等
成本会计（上、下册）（第3版）（徐晓敏）	978-7-115-48967-8	提供课件、教案、习题及实训答案、试卷；实训部分单独成册，方便使用
会计综合实训（第3版）（甄立敏）	978-7-115-49752-9	校企合作开发，原始凭证单独成册；内容涵盖手工、电算化和纳税申报；提供课件、教案、答案、电子备份文件等
国际贸易理论与实务（张燕芳）	978-7-115-48236-5	以二维码链接视频、高清图、阅读资料等；提供课件、大纲、答案、文字案例、视频案例）、试卷、真实单据样本等
国际贸易实务（第3版）（张燕芳）	978-7-115-44060-0	扫描二维码可查看真实业务单据高清照片；提供课件、教案、答案、补充习题集、教学案例、试卷
国际贸易单证实务与操作（第2版）（徐薇）	978-7-115-42568-3	提供课件、答案、试卷等资料；扫描二维码可查看部分单证原图；实例展示与知识巩固、实训操作相结合
报检与报关实务（第2版）（熊正平）	978-7-115-44607-7	随时更新的法规、贴近实际操作的高清单证实物照片均可通过扫描二维码查看；提供课件、教案、视频案例、答案和试卷等
报关实务（黄君麟）	978-7-115-47631-9	扫码可查相关法规、观看单证高清照片；实例、例题、习题、实训应有尽有；提供课件、教案、视频案例、答案、试卷等
商品基础知识与养护技能（于威）	978-7-115-44647-3	百余组课堂讨论、案例分析；八个自学实训+两个综合实训；近百个二维码链接网络资源；提供课件、实训资料、答案、试卷等
经济法实务（第3版）（王琳雯）	978-7-115-50741-9	结合会计、银行、证券等从业资格的考试要求；提供课件、教案、答案、文字与视频案例、模拟试卷等
经济法概论（第2版）（刘磊）	978-7-115-46178-0	内容图表化、案例故事化，实践与实训源于工作实际；提供教案、教学计划、课件、答案、补充教学案例（文字、视频）、试卷等
金融法理论与实务（第3版）（罗艾筠）	978-7-115-50129-5	“十二五”职业教育国家规划教材；增加互联网金融相关法律知识；提供课件、教案、答案、文字与视频案例、实训指导、试卷等
金融学概论（第2版）	978-7-115-47097-3	时事、案例提升学习兴趣；视频、图例拓展阅读空间；提供课件、答案、视频案例、试卷等
金融基础知识（第2版）（韩宗英）	978-7-115-35666-6	“十二五”职业教育国家规划教材；以故事提升学习兴趣，以通俗降低学习难度；提供课件、教案、答案、试卷、视频案例等
证券投资实务（孟敬）	978-7-115-43069-4	二维码拓展学习通道；学练结合提高学习效果；涵盖证券从业资格考试知识点；提供课件、文字与视频案例、试卷等
保险基础与实务（第3版）（徐昆）	978-7-115-49308-8	“十二五”职业教育国家规划教材；校企合作开发，与职业资格证书考核内容和专业岗位要求相衔接；提供课件、文字与视频案例、答案、试卷和实训资料等
商务礼仪　案例与实践（王玉苓）	978-7-115-46646-4	内含实践与训练指导，即学即练；高清彩图、视频案例，边学边看；提供教案、大纲、课件、视频及文字案例、试卷等
人际关系与沟通技巧（龙璇）	978-7-115-41966-8	数十组实训寓教于乐；近百实例开启思考讨论大门；五十多个二维码拓展网络空间；提供课件、大纲、实训指导手册、答案、补充教学案例集等